火车
压缩时空的革命者

[意] 佛朗哥·塔尼尔 著

孟 新 译

中国科学技术出版社
·北京·

目录

前言
第6页

铁路问世
1830—1880年
第12页

从东方快车到西伯利亚大铁路
1880—1900年
第68页

挑战纪录
1900—1930年
第104页

铁路与战争
1930—1945年
第160页

从欧洲重建到新铁路网
1945—1980年
第176页

从高速列车到可持续发展
第220页

乘火车旅游观光
第282页

作者简介、参考文献、图片来源
第326页

前言

今天，看到一列火车驶过，人们已不再感到好奇。就像面对日常生活中的许多其他事物一样，我们已经习以为常。但两个世纪前，铁路的诞生，却有着划时代的意义。在人类历史上，陆路上的客运、货运，首次摆脱了动物牵拉，运输速度也不再受制于动物的运动速度。一夜之间，距离似乎短了起来，而蒸汽机车（某些人心目中的怪兽）使人们的旅行成本大为降低。

在那个大多数人终其一生也不离家远游的年代，这种廉价的运输方式，带来了巨大的社会变革。如果没有四通八达的铁路网，欧洲的工业革命就无从谈起。要没有铁路，美国经济可能永远不会发展到今天的程度。轨道和机车，年复一年地向地球的各个角落延伸，叙述其发展史，似乎像重温欧洲现代文明史。这也表明，火车这种运输方式，与我们的历史多么地密不可分。

最初的两辆蒸汽机车，很快被功率更大、速度更快的机型所替代。1825年，斯蒂芬森的机车，让英国人的旅行时速达到了22千米；27年后的1852年，法国的克兰普顿机车，时速达到了70英里（113千米），这对那些惯于乘马车的人而言已是风驰电掣，更不用说那些坐牛车的人了。一开始时使用的简陋的车皮，被专门设计的车厢所替代；到20世纪初，舒适的国际列车已比比皆是。随着铁路网的不断扩展，成千上万的货车车厢，运送着各式各样的产品。这是快速发展的年代，但也是政治极不稳定的年代。20世纪的两次世界大战，极大地影响了铁路发展，其中第二次世界大战的影响，更是具有深远的军事意义和战略意义。

第二次世界大战后，在对铁路网进行的、现仍存有争议的现代化进程中，蒸汽牵引先是被柴油动力取代，最后又被电力取代。不过，无论客运还是货运，铁路都无法抵御汽车的扩张。公路运输以其灵活机动、时效较快的特点，令世界上的铁路陷入岌岌可危的境地。在这一时期，权威经济学家预测，铁路系统与国家行政管理行将退出历史舞台。面对有增无减的亏损，长达成千上万英里的铁路轨道被关闭。由于燃油价格低廉，轿车、卡车、客车，似乎成了唯一合理的运输方式，而铁路好像注定要靠边站。

然而，20世纪80年代初，公路运输的主导地位发生了变化。1973年的第一次石油危机，表明公路运输的模式从长远看显然不可持续。此后若干年中，对环境问题的日益重视，也提升了铁路的地位。以如此低廉的成本和对环境如此微小的影响来运输这么多的乘客，毕竟还没有任何其他替代方式。

经过了多年的放任自流，各国政府又开始投资铁路基建。铁路重新跟上了时代的发展：平均来看，在长距离运输中，铁路再次具备了竞争力，这要归功于高速列车的引进，其时速在开始阶段是135～150英里（217～241千米），现阶段则高达220英里（354千米）。随着特别通勤列车与高效的货物联运（即公路运输与铁路运输相结合）的发展，地方与区域性运输得以实现现代化。交通管控系统还将很快交由卫星管理。

游客对铁路的使用也大为增加，越来越多的人选择火车作为出行方式。许多时候，铁路和机车不仅仅是交通方式上的不同，而且往往带有文化和休闲色彩。如今，在世界的各个角落，都有多条历史与旅游专线铁路，这就是最好的证明。要是去中国，我们可以选择乘坐老式蒸汽火车，或在豪华列车中舒服地穿山越岭。无论采用哪种方式，由于乘坐的是火车，这趟旅行就成了一次值得品味与回味的经历，火车也变得不仅仅是从一处到另一处的工具。当然，经由铁路运送的人员与货物的占比仍然较低，但各地都逐渐认识到，铁路是基本的、极其宝贵的运输方式，作为一种更为休闲因而也更加人性化的旅行方式，更是不二之选。

火车及铁路网这一话题，一方面复杂难懂，另一方面又引人入胜。在铁路的演进中，折射着历史的、经济的、技术的和社会的变化，这些变化因国家而异，因不同地区而异。用区区一本书的篇幅来讲述这个话题近乎徒劳；但通过聚焦基本事实和最具代表性的火车车型，我们试着给出一个概览，试着就铁路的故事提供一个轮廓。我们的成果不具备百科全书式的完整性，但在揭示火车与铁路那往往鲜为人知的魅力方面，则是一次真诚而富有激情的尝试。

▌ 第2-3页　一列由蒸汽机车牵引的货车驶过中国北方的一座铁路桥。

▌ 第4-5页　一列印度蒸汽机车在阿格拉地区的泰姬陵附近穿行。

▌ 第7页　太平洋联盟的"草原之傲119"号蒸汽机车驶往犹他州的普瑞蒙特瑞市，这是1869年一个型号的重造。

▌ 第8-9页　太平洋联盟的"洛杉矶城市"号是这家公司最负盛名的火车，从1936年到1971年，在芝加哥与洛杉矶之间运行。

▌ 第10-11页　日本新干线高速列车驶过一座桥梁。

铁路问世
1830—1880 年

第一辆蒸汽机车
第 14 页

早期铁路
第 46 页

第一辆蒸汽机车

▌第 14-15 页 19 世纪初，在英国纽卡斯尔（Newcastle）的一个煤矿，一辆运煤车在沿简易轨道行进；这些马车所用的路轨，便是现代铁路的先驱。

"母牛会停止产奶！"

"这种速度有害健康！"

"这完全是魔鬼工具！"

19 世纪初，蒸汽火车和第一条铁路在英国乡间、城市的出现，激起了人们的兴趣与好奇，但也引发了恐惧和古老的偏见。实际上，人们的反应再正常不过，因为这是一项将在几年时间内彻底改变人员与货物运输方式的发明，也是工业革命的原动力。

像大多数发明一样，蒸汽火车与铁路并非一蹴而就，而是许多人在不同背景下合力而为的成果。这项技术进步，汇聚了多个领域的经验和发现，汇聚了传统知识，也幸运地得到了当时的历史与经济条件的眷顾。以上这些因素，兼之少数天才的贡献，使得这一发明改变了历史进程。

铁路这一发明，对工业革命的发展不可或缺。

早在遥远的古代，人类就认识到，车轮在平滑的表面行进效果最好。因此，先是在意大利，继而在欧洲其他地方，罗马人铺平了其公路干线。他们按战车两侧车轮之间的距离，铺设出两排石板路。有意思的是，根据在庞贝所做的测量，石板路上经战车多年碾压而形成的两条凹槽间的距离，仅比标准铁路轨距（也就是两条铁轨内侧之间的距离）短1/5英寸（1英寸等于2.54厘米）。

到了17世纪，立伯索尔（Leberthal）的阿尔萨斯矿工，使用在木质轨道上行进的带凸缘轮的矿车，将煤炭运出矿山。在随后几十年中，这一旨在减轻矿工负担的技术手段不胫而走，尤其在英格兰得到了广泛应用。1676年，罗杰·诺斯（Roger North）对这项技术突破做了详尽描述。他解释了为什么一匹马能够拉动4～5个每个都有1吨重的矿车。这是因为移动矿车所需的拉力，随着车轮与地面之间摩擦的减少而成比例递减。表面光滑、规格一致的路轨，成就了这项突破。

▍第15页上　矿山内沿简易木轨道移动的矿车，在1700年便已得到使用，这张出自那个时期的版画，描绘了采煤的各个阶段。

▌第16-17页上与第16-17页下 在19世纪中叶的法国，由里昂到圣艾蒂安之间的铁路运输就是以马作为动力。这条铁路既有客运又有货运，所使用的车厢显然来自马车和矿山的矿车。

钢铁工业兴起后，用金属路轨替代容易腐朽的木轨便成为大势所趋。这种金属路轨开始是用铸铁制造，后来改为铁制。1776年，在英格兰的谢菲尔德，人们开始制造横截面呈L形的路轨：车轮沿水平轨道行进时，由垂直的凸缘起固定作用。

可能因为最早的铁路轨道是为当时现成的车辆铺设的，轨距的尺寸被确定为4.85英尺（1英尺约等于30.48厘米）。这成了英国铁路的正常轨距，随后也被世界其他地方所仿效。随着铁路雨后春笋般的出现，到今天我们早已司空见惯［第一条铁路，可能是由威廉·杰索普（William Jessop）于1789年在英国拉夫伯勒（Loughborough）矿山所建］。铁路网先是在矿山发展起

第16页中、第17页中 19世纪中叶，英国画家威廉·弗朗西斯·弗里洛夫用画笔描绘了适合马拉铁路使用的两种车辆：一种是只能坐1～2名乘客的二轮马车，一种是用作运输牲畜的推车。

来，之后从矿山扩展到内河港，那里有成群结队的马车随时拉货。

1803年是铁路发展史上重要的一年：7月24日，英国的萨里（Surrey）铁路投入使用，这是世界上第一条享有议会特许权的公共铁路。此前，议会还曾垂青于1801年5月1日启用的克罗伊登、默舍姆和戈德斯通之间的铁路，并批准建造一条由泰晤士河上的旺兹沃思码头到克罗伊登之间的铁路（以畜力作为动力）。这条铁路本来只是想做货运；但在试运输那天，一匹马拉着载有50人、总重量达60吨的车队，走完了10千米的全程。不过，当时的纪事，没有记下这匹可怜的马抵达终点时的状况。

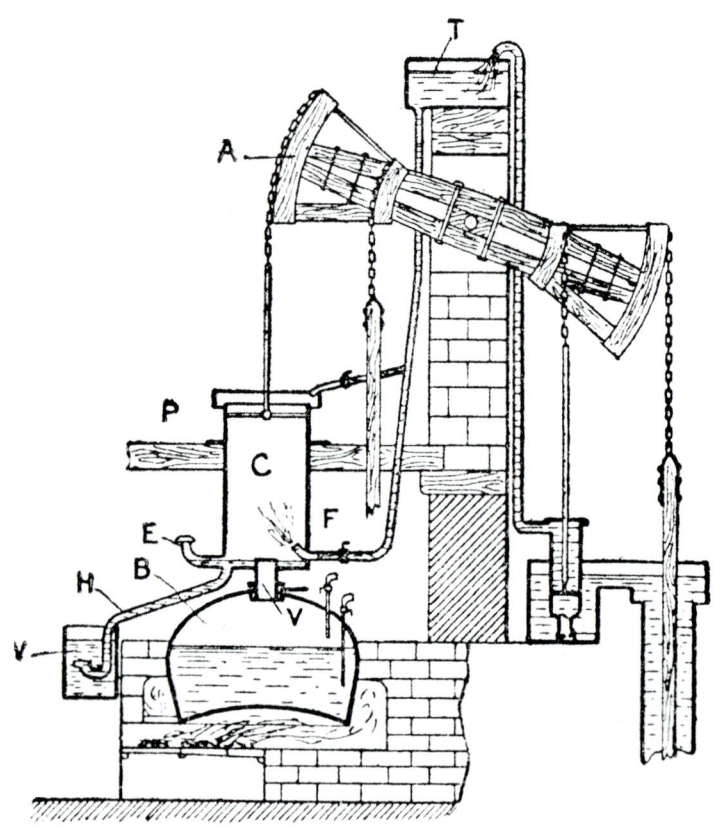

有人试图用瓦特蒸汽机来实现人类一个古老的梦想,那就是让无生命的物体自己移动起来。这就是为什么法国人尼古拉·约瑟夫·居纽(Nicolas Joseph Cugnot)于1769年开始建造其"蒸汽车"。这种车今天看来就像是老爷车,但在当时肯定是技术上的奇观。居纽的"蒸汽车"装有一个球状铜锅炉,锅炉下面是与车轮联动的两个汽缸。车子装有3个车轮,操控起来十分不便。巴黎首秀那天,车子失控撞到了墙上,使这位不幸的发明者的美梦就此破灭。

▍第18页上 这幅绘画展示了托马斯·纽科门发明的蒸汽机的工作原理。它通过活塞的交替运动,可以把水从矿井里泵出。

讲到此处,我们已明白了铁路的"前世",但这一发明发挥出划时代的作用,则是在牲畜运输被取代之后。这里我们需要再回溯一下。1700年年初,托马斯·纽科门(Thomas Newcomen)用法国人帕潘(Papin)将蒸汽能量转化为机械能的研究成果,造出了第一台真正意义上的蒸汽机,其主要组成部分是锅炉、汽缸和摇臂。锅炉所产生的蒸汽会提升汽缸上的活塞,汽缸随后被一股冷水冷却,这会使活塞落下,从而使摇臂摆动起来。这一尚在雏形阶段的机器,立即被矿山用于抽水。由于得到了实际应用,蒸汽机在短时间内即得以推广,而不像其他许多实验成果那样无人问津。

许多年后的1765年,一位名叫詹姆斯·瓦特(James Watt)的人去修理这样的一台蒸汽机。这台蒸汽机,时至今日仍保存在苏格兰的格拉斯哥大学博物馆。不过,瓦特并没有满足于只是修复纽科门的机器。经过4年努力,他开发出一种更为高效也更为经济的机型,在使用同等数量燃料的情况下,完成的工作是原来的4倍。瓦特蒸汽机走出了矿山,在英格兰的许多工厂得到广泛应用,为工业革命的腾飞做出了重要贡献。

可以想见,在由此激发的创新、好奇和实验热中,

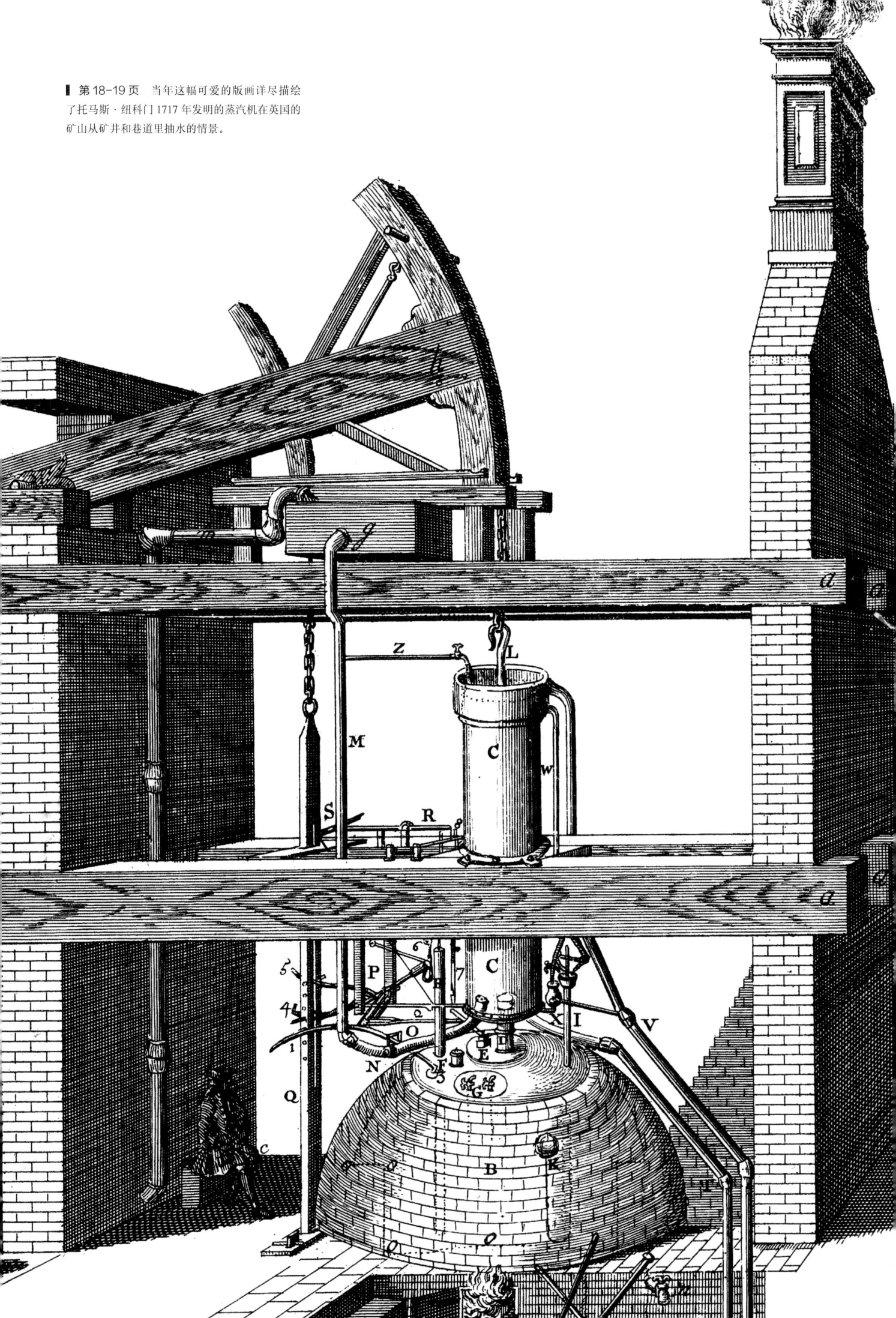

第18-19页 当年这幅可爱的版画详尽描绘了托马斯·纽科门1717年发明的蒸汽机在英国的矿山从矿井和巷道里抽水的情景。

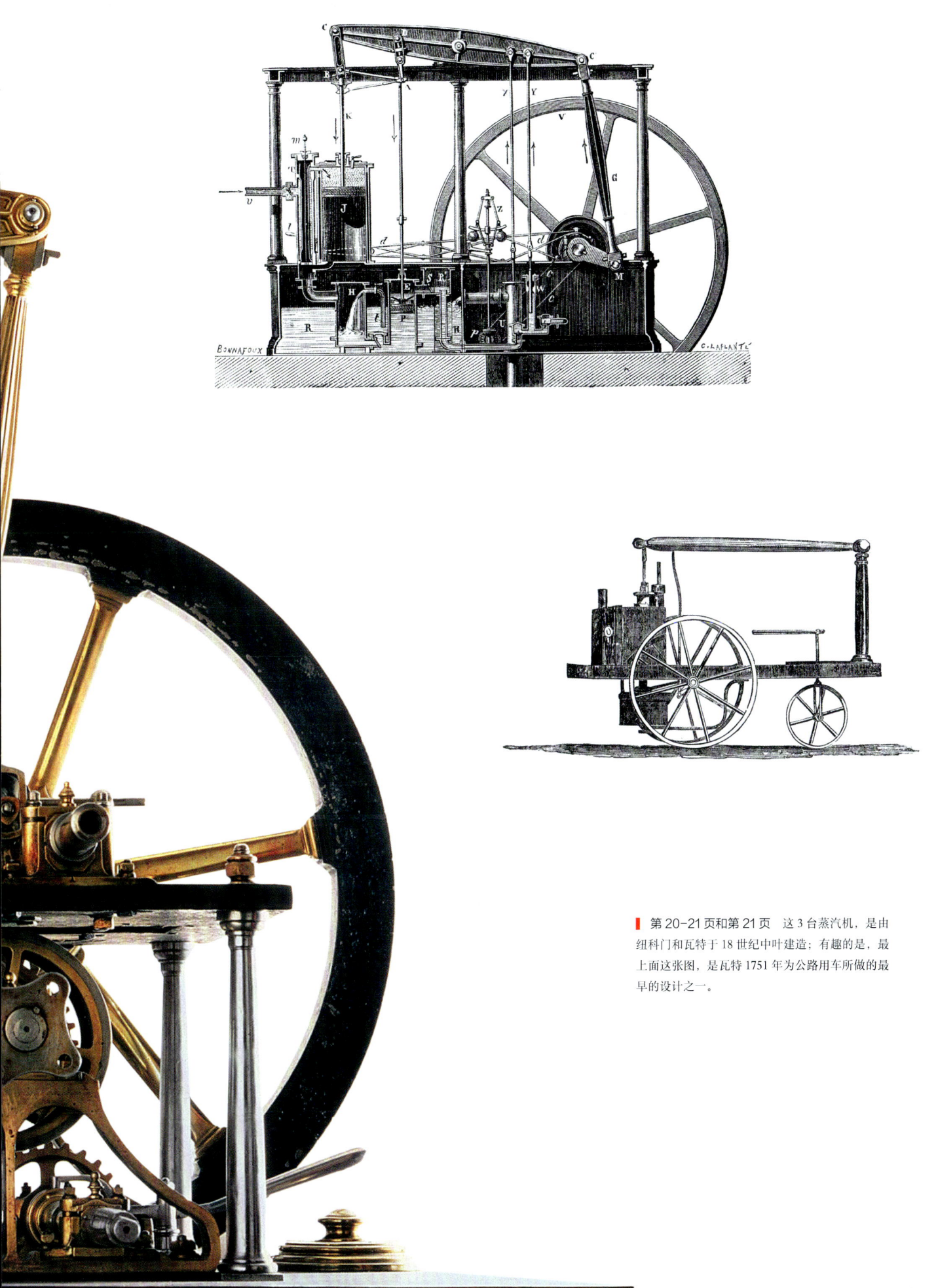

▎第 20-21 页和第 21 页 这 3 台蒸汽机,是由纽科门和瓦特于 18 世纪中叶建造;有趣的是,最上面这张图,是瓦特 1751 年为公路用车所做的最早的设计之一。

第 22 页上、第 22-23 页　法国工程师约瑟夫·居纽于 1769 年设计的 3 轮公路用车，动力来自蒸汽锅炉，尽管其速度仅为每小时 3 千米，却很难驾驭，最后以撞到砖墙而告结束。

蒸汽发动机在车辆上的应用，是第一辆机车问世过程的转折点。

第24页 19世纪初,理查德·特里维希克（Richard Trevithick）设计了数种不同的蒸汽驱动车,图中这款车受洗后被命名为"肯辛顿"号,他据此又制造出一款更小的、完全可用的车型。

第25页上 1812年约翰·布伦金索普设计的这辆机车,应用了齿轮齿条传动装置,在离利兹不远的米德尔顿矿区得到使用,他本人也在那里工作。后来人们以1∶8的比例复制的这个模型,存放在约克的英国国家铁路博物馆。

第25页下 本图所描绘的是布伦金索普发明的使用齿轮齿条传动装置的机车牵引煤车的场景,这种情况下拉动的货车,重量可达100吨以上。

然而,蒸汽车辆的概念是毋庸置疑的。到1804年,就在第一条马拉铁路于1803年下半年投入使用数月后,理查德·特里维希克推出了第一台真正意义上的铁路蒸汽机车。早在1800年,他就开始进行研究,一年后,制造出一款在一般道路上行进的车型,康沃尔郡的当地居民称之为"迪克机长的喷气手"。1803年,特里维希克为什罗普郡的煤溪谷（Coalbrookdale）钢铁厂设计了一款机车,但没能投入使用。这款车型肯定与一年后在威尔士潘尼达伦（Penny-Darren）钢铁厂一条长约16千米的轨道上正常使用的车型非常相近,其所运载的货物都在20吨以上。特里维希克的机车仅有一台大汽缸和一个巨大的飞轮,飞轮通过一系列钝齿轮驱动左侧的车轮,右侧的车轮随之而动。司机不是坐在车上,而是在一旁步行。

为推广其发明,康沃尔郡的这位天才于1808年把自己设计的车辆带到了伦敦,在今天的尤斯顿广场附近开设了展示中心。为此,他在一片用挡板围起的空地上建起了一条环形轨道。在这里展示的新车型,时速足有20千米,所拉的货车则是专为这里的路轨改装而成的。这款新机车被称为"看看谁能追上我",人们花1先令就可以观摩,甚至还能试乘。这台惊人的机车,吸引了成千上万的观众,可是后来一条轨道断裂,展览也就由此告终。

特里维希克本非商人,此时的他不但信心受损,而且没什么资金支撑,于是放弃了自己的追求。但他是当之无愧的蒸汽机车之父,是他首次使用高压蒸汽,首次利用烟囱中的蒸汽紊流来提高锅炉吸力,并对蒸汽进行再使用。随后几年中,另外两名发明家也制造出了简陋的蒸汽机车,基本也能使用。1812年,马修·默里（Matthew Murray）和约翰·布伦金索普（John Blenkinsop）整合了几种先进机车车型,利用钝齿轮和齿条的组合制造出一种车型,并在米德尔顿煤矿的铁路上得以使用。

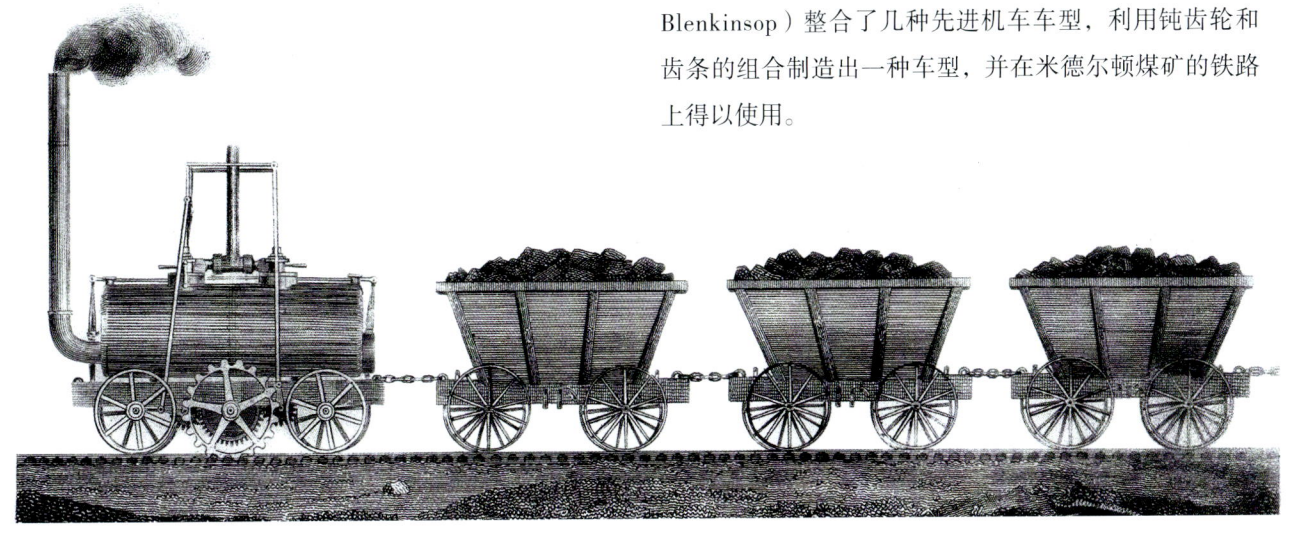

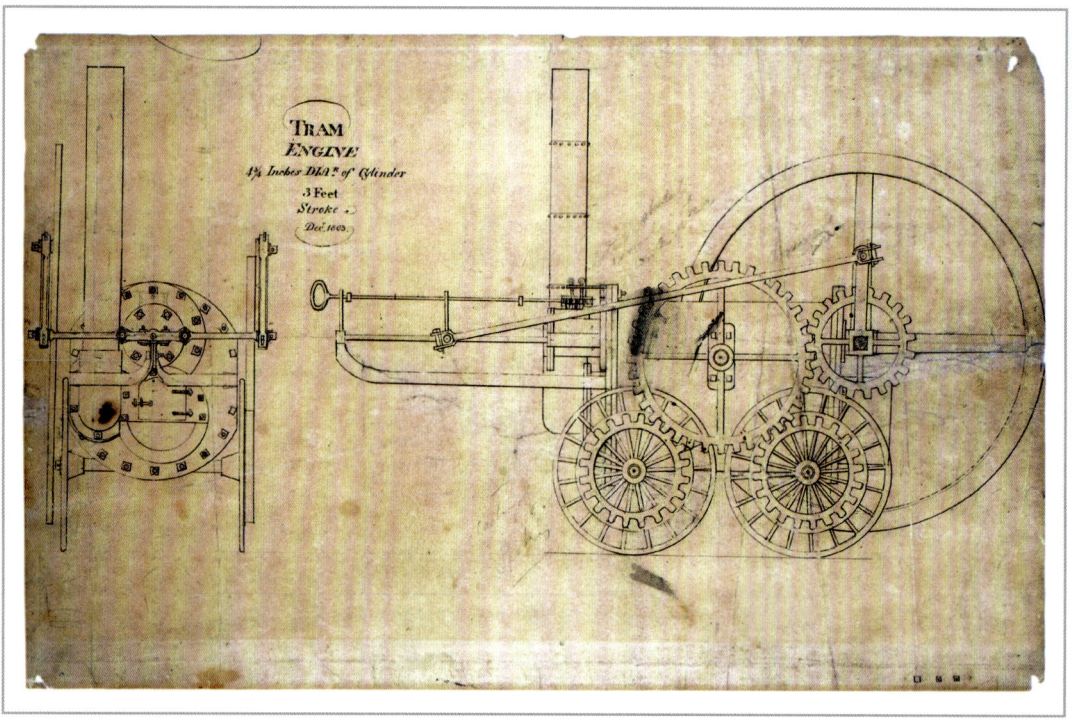

▌第26页上、下与第27页上　理查德·特里维希克于19世纪初设计的早期蒸汽机车中的3款车型；康沃尔郡的这位发明家是使用高压蒸汽的第一人，解决了那个时期锅炉方面的技术难题。

▌第27页下　第一台沿路轨行进的蒸汽机车，是由理查德·特里维希克为威尔士的潘尼达伦铸铁厂建造的，图中这款模型，应用了特里维希克在1803年所做的某些初始设计。

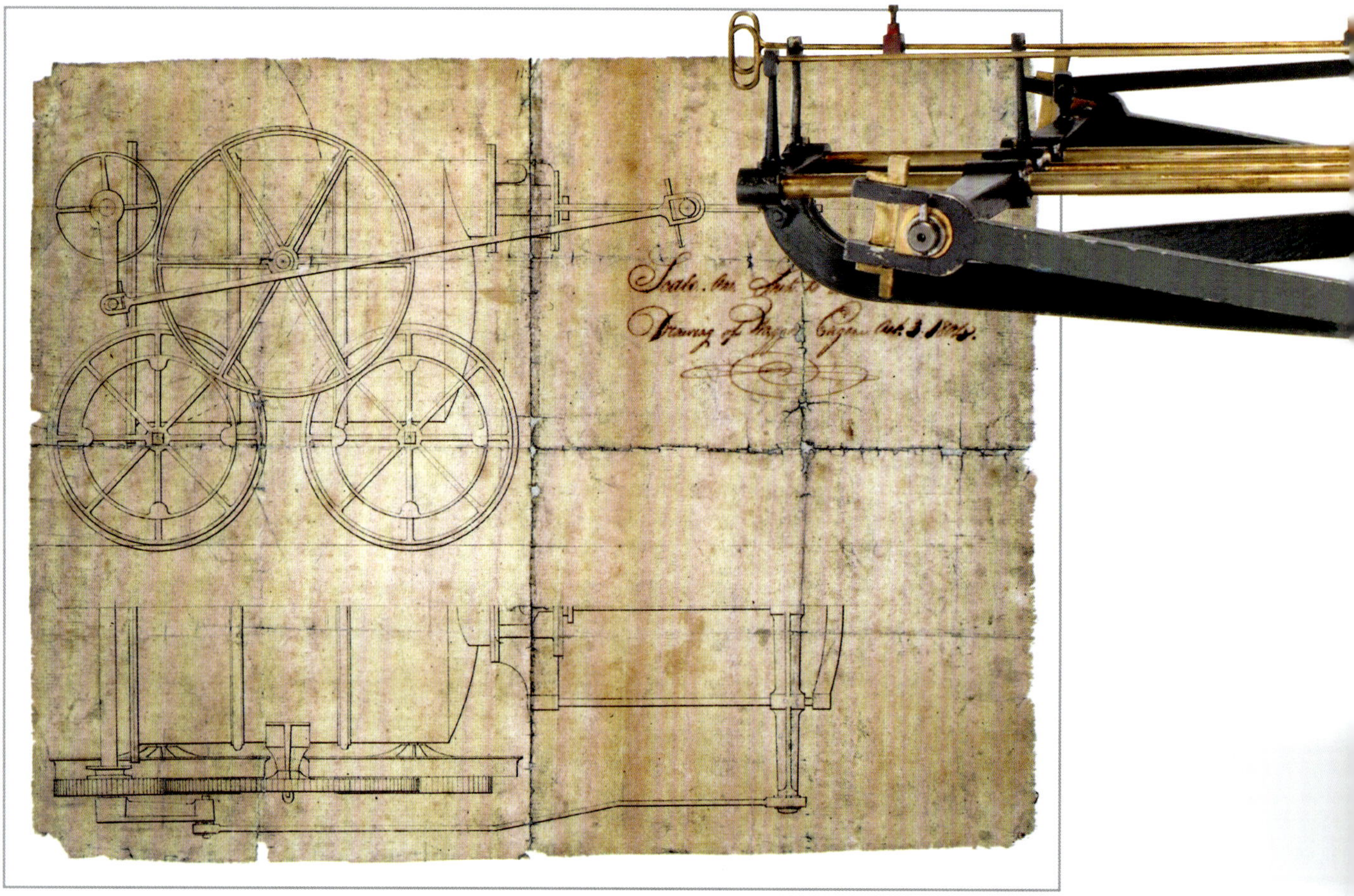

▌第28-29页　1808年，在伦敦的尤斯顿广场，特里维希克搭建起一条环形轨道，展示了自己的最新车型——受洗后命名为"看看谁能追上我"；观众花1先令就可以试乘。

▌第28页下　爱德华·埃弗里特·温切尔（Edward Everett Winchell）的这幅画作，描绘的是驾着"看看谁能追上我"蒸汽机车的理查德·特里维希克。特里维希克在尤斯顿广场进行了四个星期的展示，让伦敦人大开眼界。

28

▌第29页上　当时的一份报纸，为特里维希克的"轻便式"蒸汽机车"看看谁能追上我"做了宣传，并以"机械力量战胜动物速度"为题，总结出这台机车的开创性特点。

▌第29页下　英国国家铁路博物馆以1∶1的比例复制了理查德·特里维希克于1808年在今天的尤斯顿广场附近展示的车型，他还为此设计了一条特别的轨道。

THE "PUFFING BILLY" LOCOMOTIVE.
Scale 1½ inch: = 1 foot.

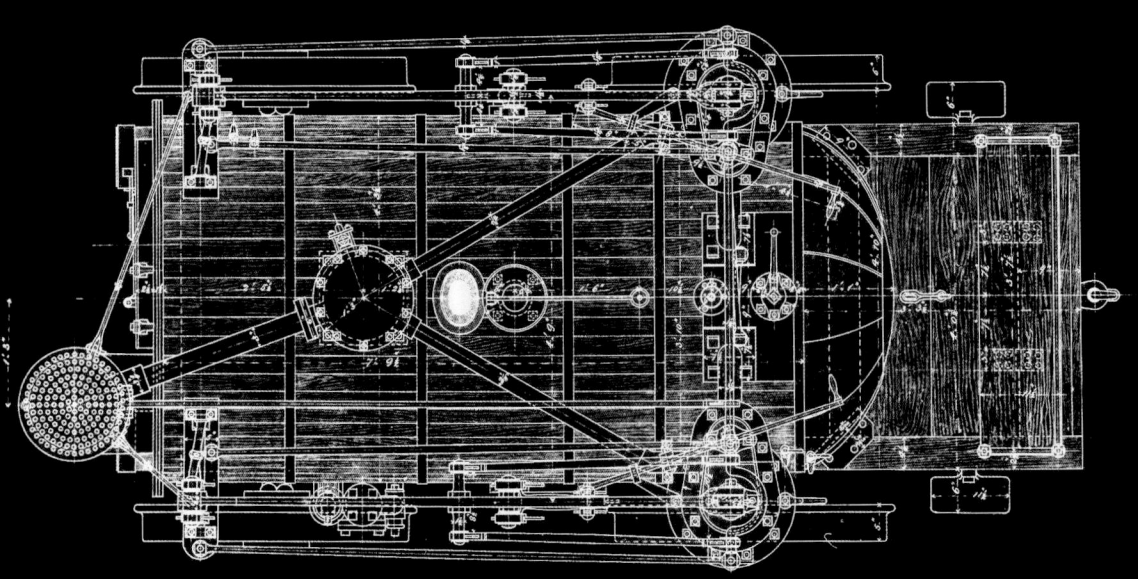

Side Elevation.

1813年，威廉·赫德利（William Hedley）与克里斯托弗·布莱克特（Christopher Blackett）为怀勒姆煤矿铁路建造了一台机车，这台机车以矿工们为其所起的绰号"喷气比利"（Puffing Billy）而载入史册。这一绰号的由来，是活塞每循环一次，便会喷出烟雾和蒸汽。实际上，赫德利很快认识到利用烟囱里的吸力所能带给燃烧室的好处。与其他探索者不同的是，他还正确地认识到，不用钝齿轮和轨道支架，机车的牵引力也能传送到轨道。经过长时期运行后，"喷气比利"现在存放在伦敦科学博物馆。下面这张拍摄于1862年的照片，表明当时这台机车仍在使用。

▎第30页　这张技术绘图即为"喷气比利"机车，由威廉·赫德利于1813年制造，行驶在连接怀勒姆煤矿和泰恩河上莱明顿码头的8千米长的铁路上。

▎第31页　1813年的"喷气比利"号机车是现存最老的原创蒸汽机车，保存于约克的英国国家铁路博物馆。这台机车至少使用到了1862年。

■ 第32页上 这幅用来装饰巴克特劳特牌卷烟的绘画，描绘了有着现代蒸汽机车发明人之称的乔治·斯蒂芬森和他著名的"火箭"号（Rocket）机车。

■ 第32-33页 这张可爱的、带有时代特点的照片，记录的是乔治·斯蒂芬森制造的最早的蒸汽机车之一；这台十分古旧的机车，与1825年在斯托克顿-达灵顿线上首度登场的"旅行"号非常接近。

讲到现在，我们终于可以谈谈乔治·斯蒂芬森（George Stephenson）了。在一般人心目中，他才是蒸汽机车的发明人，只有他才配得上这一非凡发明的荣耀。1814年前后，斯蒂芬森建造的第一台机车，拉着由8节车厢组成的、装有40吨煤的火车，行驶在基灵沃思（Killingworth）煤矿长约6.5千米的坡道上。这台机车受洗后被命名为"布吕歇尔"号（Blücher），这是一位有名的普鲁士将军的名字，在英国也赫赫有名。但乔治·斯蒂芬森又是何许人呢？他出身贫寒，18岁才在夜校学习读写。他很快对机械学显示出浓厚兴趣，20岁时被纽卡斯尔矿山雇为锻工，同时在业余时间做些零活，以补充自己那微薄的工资。在他工作的矿山，有一台用于抽水的纽科门式蒸汽机，不过已经年久失修。奇妙的是，仅仅用了5天时间，这个年轻的锻工就修好了这台机器。这一经历令他对机器产生了强烈爱好，也使他成为那个时代最有能力和最具亲和力的机车制造者。

在1814年"布吕歇尔"号机车之后，斯蒂芬森还制造了数台更好机型的机车，这些机车无一例外地用在了矿区。后来，当地的一名矿主爱德华·皮斯，申请改建从达灵顿（Darlington）到蒂斯河畔斯托克顿（Stockton on Tees）之间一条长38千米的马拉铁路以供蒸汽机车使用，并得到政府批准。为此成立了一家公共有限公司，从当地人中募集了款项，乔治·斯蒂芬森则被任命为该公司首席技术主管。

1825年9月27日，一群好奇的观众，见证了首列火车的运行；为安全起见，车前还有人骑马开道。所用的蒸汽机车，由斯蒂芬森特别制造，名字就叫"旅行"号。这是新型机车中的第一台，由其发明人亲自驾驶。行程非常顺利，平均时速9千米，牵引着装有煤炭和面粉的33节小车厢，还有数百名踊跃爬到车上的观众。根据当时的记录，火车总重量近100吨，最高时速24千米。

一个新的时代诞生了，这就是铁路旅行时代。这里，我们花些篇幅描述一下可爱的"旅行"号还是有必要的。这台机车仅8吨重，配置是0-4-0（这里的"配置"，是标示铁路机车导轮与驱动轮排列的技术术语）。这一数字序列所表示的，是从机车前面开始的导轮和驱动轮的次序。因此，第一个0表示没有前导轮，4表示有4个驱动轮，也就是蒸汽动力经由传送杆驱动的车轮，第二个0表示没有后轮。发动机由两部内置汽缸组成，尺寸为24厘米×61厘米，锅炉内的最大压强仅为每平方英寸50磅力（约为0.345兆帕）。无论怎样，这就是一台机车，采用的是已经有些过时的技术方案。汽缸仍然是垂直放置，锅炉也还不是管状，这些创新手段，几年后被斯蒂芬森用到了他的"火箭"号。

虽然首战告捷，斯托克顿-达灵顿（Stockton-Darlington）线仍主要用于货运。公众依然担心机车会爆炸，而这种担心不无道理。因此，在那些年，客运还是依靠马拉。"旅行"号一直用到1846年。概而言之，斯托克顿-达灵顿铁路的运行，确立了一种组织模式，这种模式随后风靡世界。模式由3个分支组成：轨道与其固定装置；机车与车厢；运行。每个分支内都有严格的等级体系，明确每个雇员的职责。

▎第34-35页 1820年前后的这一引人注目的设计，是纽卡斯尔铸铁厂所有人乔治·斯蒂芬森和威廉·洛什（William Losh）共同研究的成果，他们设计的这款蒸汽机车，仍然使用垂直汽缸和平衡器。

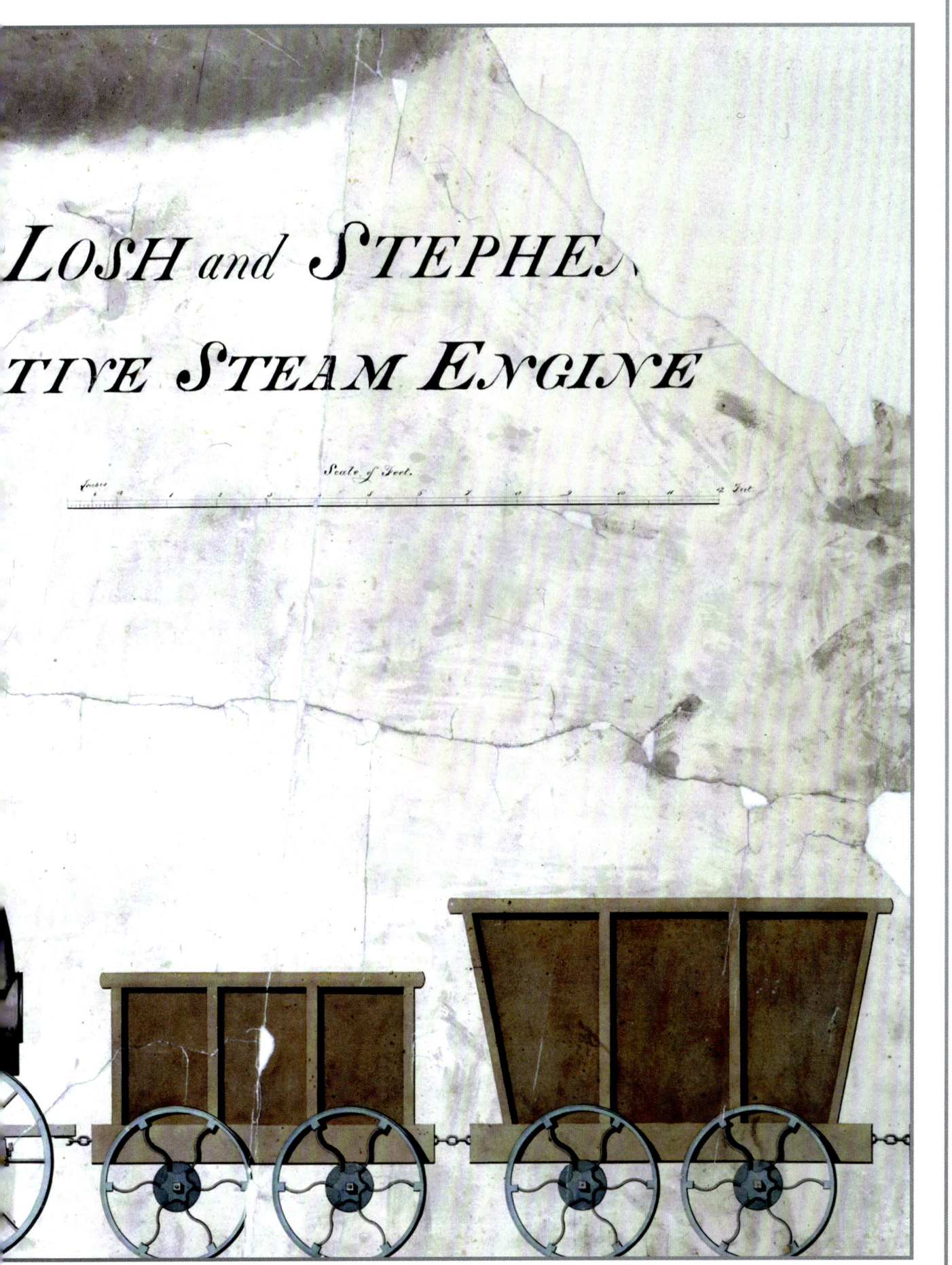

PIONEER OF THE RAILWAY SYSTEM.
BORN JUNE 9TH, 1781. — DIED AUG. 12TH, 1848.
Geo. Stephenson

THE "ROCKET" BUILT BY R. STEPHENSON & CO. FOR THE LIVERPOOL & MANCHESTER RAILWAY IN 1829.

THE "ROYAL GEORGE" BUILT BY T. HACKWORTH IN 1827. THE FIRST ENGINE WITH THE STEAM BLAST.

THE FIRST LOCOMOTIVE ENGINE EMPLOYED ON A PUBLIC RAILWAY.
THIS ENGINE WAS BUILT BY GEO. STEPHENSON IN 1825, AND CONTINUED TO RUN ON THE STOCKTON & DARLINGTON RAILWAY UNTIL 1850.

Stockton & Darlington Railway.

The Company's COACH

CALLED THE

EXPERIMENT,

Which commenced Travelling on MONDAY, the 10th of OCTOBER, 1825, will continue to run from *Darlington* to *Stockton*, and from *Stockton* to *Darlington* every Day, (Sunday's excepted) setting off from the DEPOT at each place, at the times specified as under, (viz.)——

ON MONDAY,
From Stockton at half-past 7 in the Morning, and will reach Darlington about half-past 9; the Coach will set off from the latter place on its return at 3 in the Afternoon, and reach Stockton about 5.

TUESDAY,
From Stockton at 3 in the Afternoon, and will reach Darlington about 5.

On the following Days, viz:—

WEDNESDAY, THURSDAY & FRIDAY,
From Darlington at half-past 7 in the Morning, and will reach Stockton about half-past 9; the Coach will set off from the latter place on its return at 3 in the Afternoon, and reach Darlington about 5.

SATURDAY,
From Darlington at 1 in the Afternoon, and will reach Stockton about 3.

Passengers to pay 1s. each, and will be allowed a Package of not exceeding 14lb. all above that weight to pay at the rate of 2d. per Stone extra. Carriage of small Parcels 3d. each. The Company will not be accountable for Parcels of above £5. Value, unless paid for as such.

Mr RICHARD PICKERSGILL at his Office in Commercial Street, Darlington; and Mr TULLY at Stockton, will for the present receive any Parcels and Book Passengers.

THE FIRST RAILWAY TIME BILL, OCTOBER 10TH, 1825.

OPENING OF THE FIRST PUBLIC RAILWAY THE STOCKTON & DARLINGTON. SEPTEMBER 27TH, 1825.

PIONEER OF THE RAILWAY SYSTEM.
BORN JUNE 22ND, 1799. — DIED FEB. 8TH, 1872.

THE "EXPERIMENT" FIRST RAILWAY PASSENGER COACH 1825.

THE FIRST RAILWAY SUSPENSION BRIDGE ERECTED OVER THE RIVER TEES IN 1830.

Published by the Proprietors
E. D. WALKER & WILSON, DARLINGTON.

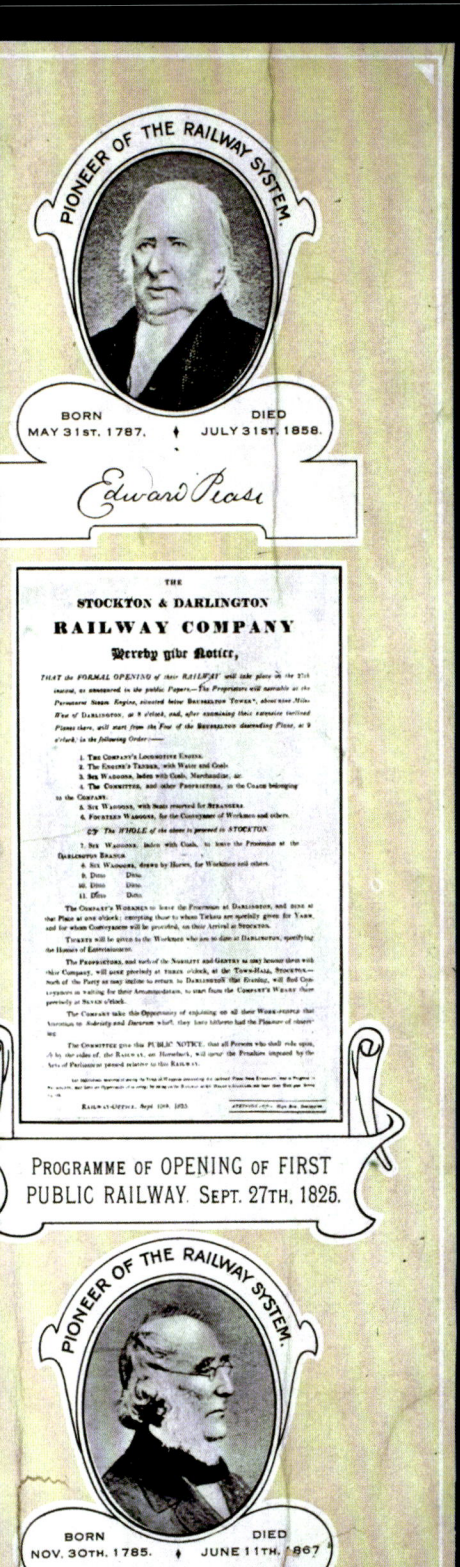

▌ 第36-37页 这幅精致的版画，是为庆祝斯托克顿-达灵顿铁路的开通而专门制作的，它同时描绘了3台早期蒸汽机车：中间的是"旅行"号，上面是"火箭"号和"皇家乔治"号。

▌ 第37页 1830年的这幅彩图，描绘了第一条铁路线即斯托克顿-达灵顿线在1825年的开通。画面充分展现了见证这一历史时刻的观众们的热情与好奇。

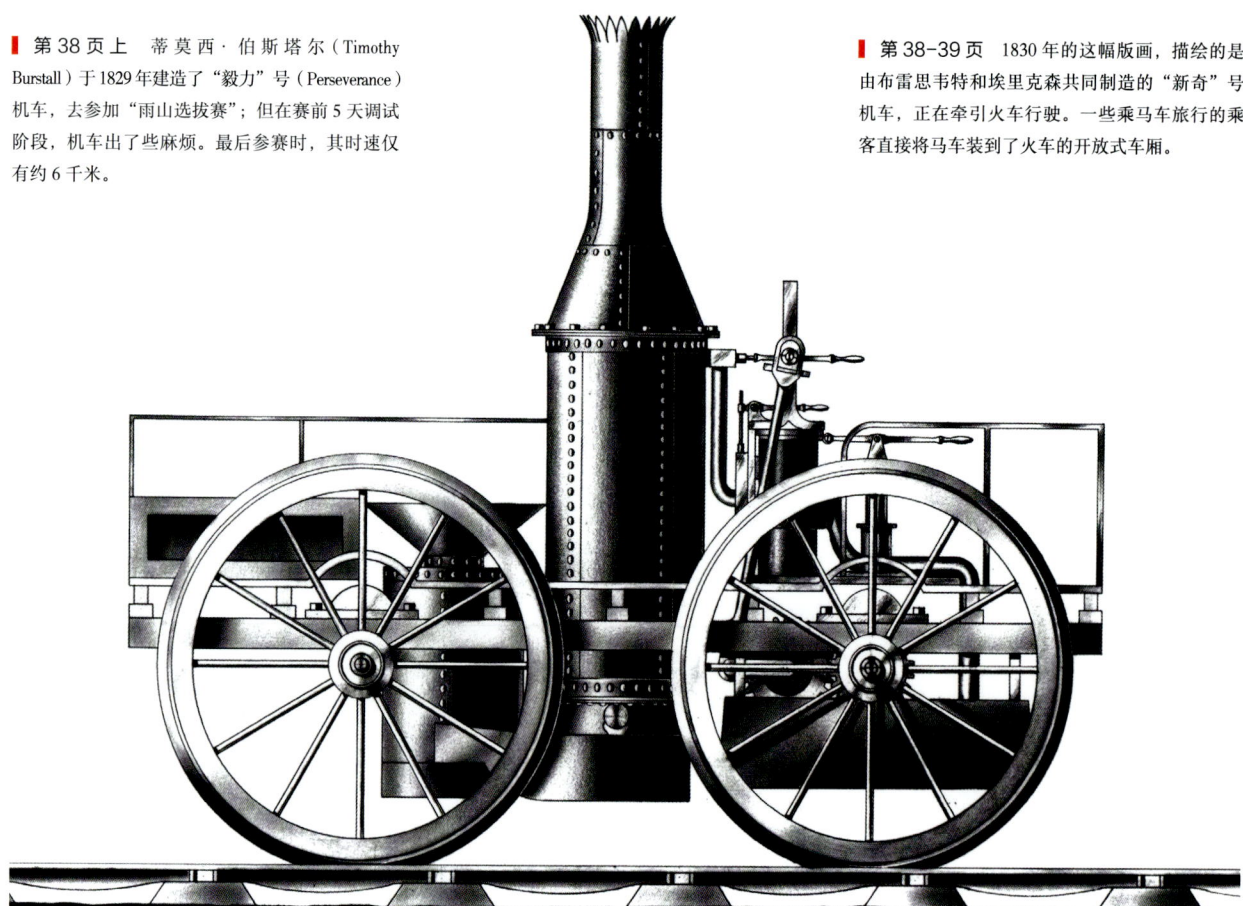

▌第38页上　蒂莫西·伯斯塔尔（Timothy Burstall）于1829年建造了"毅力"号（Perseverance）机车，去参加"雨山选拔赛"；但在赛前5天调试阶段，机车出了些麻烦。最后参赛时，其时速仅有约6千米。

▌第38-39页　1830年的这幅版画，描绘的是由布雷思韦特和埃里克森共同制造的"新奇"号机车，正在牵引火车行驶。一些乘马车旅行的乘客直接将马车装到了火车的开放式车厢。

　　第一条专为蒸汽机车修建的、真正意义上的铁路，是建于1830年的利物浦 - 曼彻斯特线（Liverpool-Manchester）。在其建设过程中，抛开了煤矿铁路所采用的陈旧的技术标准。建设者选取了最平坦的路径，以填埋和桥梁来克服自然障碍及斜坡。在那个年代，并不是每个人都看好蒸汽机车，部分原因是仍有很多技术问题，此外则是经济原因：有些行当的工人担心因此而失去工作，例如船工（有人一度认为，铁路就是要替代运河上运输棉花的驳船，因为火车速度要快得多），还有马车夫。为展示蒸汽机车的效率，1829年举办了著名的雨山选拔赛（Rainhill Trials），拔得头筹的机车，将获得500英镑的奖金。

　　首次为选择铁路供应商而举办的这场公开竞标，只设置了几条最低标准：机车最低时速为16千米，能拉动20吨货物，自重不超过6吨。竞赛于1829年10月6日在离曼彻斯特约6千米处的雨山举行，参赛的是4台蒸汽机车和1台马拉机车。

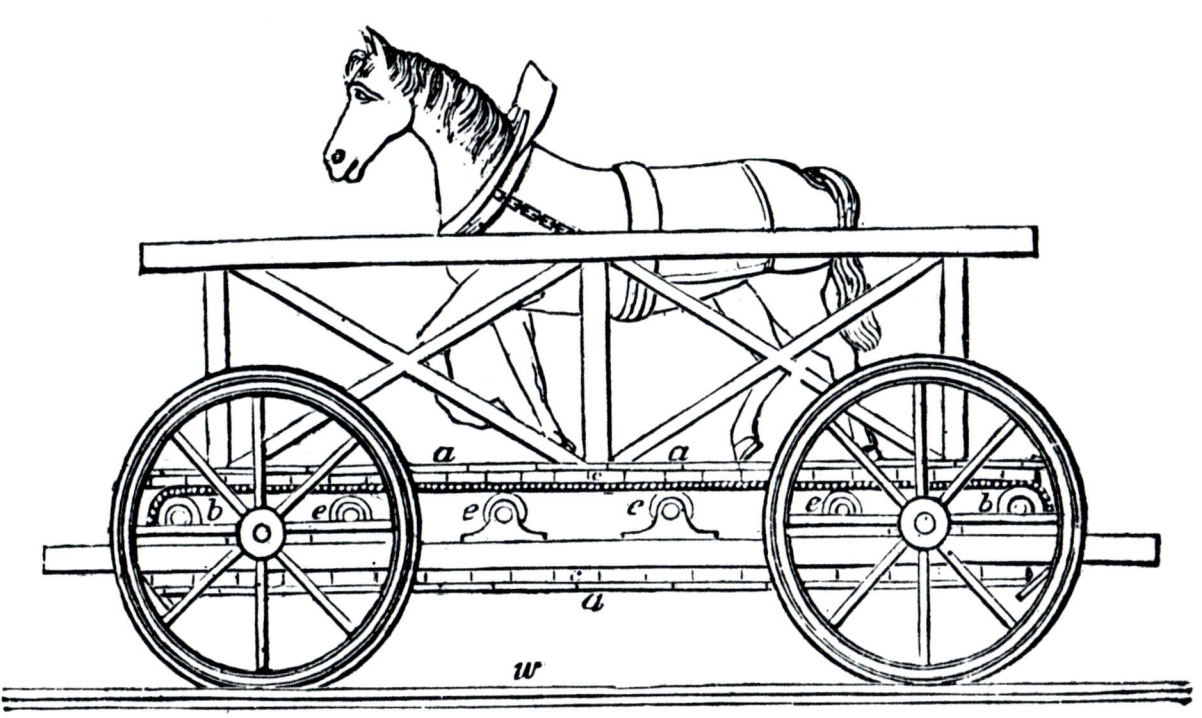

(Brandreth's Patent Cyclopede. 1829.)

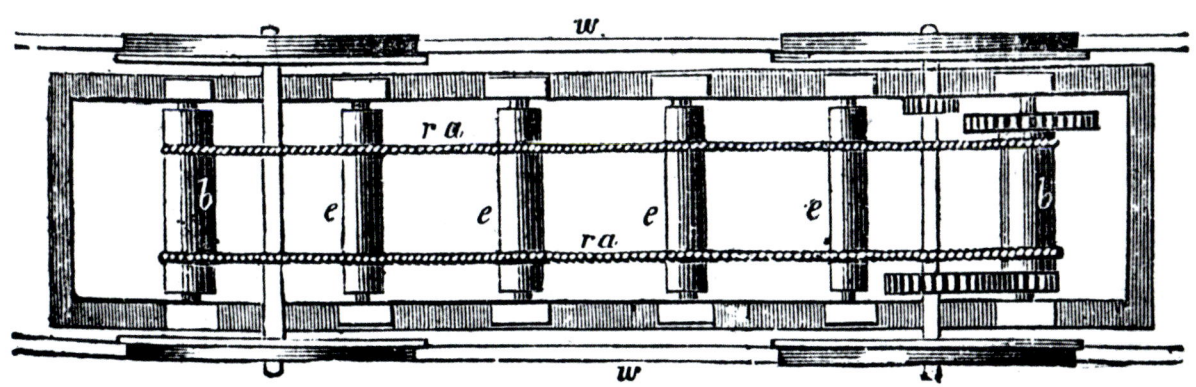

■ 第39页上、中 托马斯·肖·布兰德雷思（Thomas Shaw Brandreth）制造的马拉式"旋轮"号（Cyclopede）机车，也参加了旨在为曼彻斯特－利物浦铁路选择合适机车车型的"雨山选拔赛"，但与蒸汽机车相比明显处于下风。

■ **第 40 页上** 当时的一幅彩色版画，描绘了好奇的观众，围在乔治·斯蒂芬森的蒸汽机车"火箭"号四周，啧啧称羡。这台机车赢得了 1829 年举办的雨山选拔赛头筹。

■ **第 40 页下与第 41 页** 现保存于英国国家铁路博物馆的"火箭"号原型。不幸的是，1862 年躲过被报废的命运后，这一历史遗物状况不佳，其煤水车及数个部件均已遗失。

在儿子罗伯特的协助下，乔治·斯蒂芬森携其新发明"火箭"号机车参赛。约翰·布雷思韦特（John Braithwaite）和约翰·埃里克森（John Ericsson）以其"新奇"号，蒂莫西·哈克沃恩（Timothy Hackworth）以其"无双"号（Sans Pareil），蒂莫西·伯斯塔尔以其"毅力"号参赛；另外一个参赛的是托马斯·肖·布兰德雷思的"旋轮"号，这是一台奇怪的机器，靠滚动地毯上的两匹马驱动。"旋轮"号和"毅力"号都没能达到速度要求，"无双"号则超出了自重限制。坚持到最后的是"新奇"号和"火箭"号。后者速度不及前者，但稳定性大大超出，从而赢得了比赛。"火箭"号成了所有蒸汽机车的先驱，成了蒸汽机车所有基本原理的集大成者：管状锅炉、蒸汽排放激活的强制通风、使用凸轮系统将蒸汽送入汽缸，等等。

应用了多管锅炉和鼓风管的"火箭"号,是第一台真正"现代"意义上的机车。

■ 第42-43页 伦敦的科学博物馆绘制的斯蒂芬森"火箭"号模型,是按这台著名机车的第三版按比例绘制的,所选用的颜色,是根据当时的报道所做的推断。

■ 第43页上 当时的这幅绘图,展示的是"火箭"号的侧面和后面;斯蒂芬森的这台机车,在为新修建的利物浦-曼彻斯特铁路确定机车车型的竞赛中胜出。

A First Class Train, with the Mail.

A Second Class Train for Passengers.

A Train of Waggons with Goods &c.

A Train of Carriages with Cattle.

"雨山选拔赛"大约一年后开通的利物浦-曼彻斯特铁路，也是现代铁路的雏形。这条铁路于 1830 年 9 月 15 日投入使用。斯蒂芬森父子受邀设计这条路线。他们采用了当时最先进的技术手段，建造出宽敞的车站，架设起 63 座桥梁和高架桥，甚至还修建了一条长 3.2 千米的隧道，而且坡度都控制在 0.3% 之内。不幸的是，开通仪式那天，发生了铁路史上第一起致死事故：由于被周围热情的观众分散了注意力，议会议员威廉·赫斯基森（William Huskisson）跨过路轨，想去跟威灵顿公爵说话，而此时"火箭"号恰好驶过。他死于此次事故。

铁路开通一年后，乘客数量达到预计的 10 倍，这给铁路方带来了足足 14000 英镑的收益。所有对铁路前景的怀疑烟消云散，在仅仅 4 年时间内，出现了 33 家铁路公司。到 1844 年，英国已有近 4000 千米的铁路线；此后，仅在 1846 这一年，就又铺设了 8000 千米。到 19 世纪 80 年代末，英国已有长达 30000 千米的铁路。

▌第 44-45 页　1834 年的这组版画，描绘了利物浦-曼彻斯特线所用的四款火车；火车前面的车头从上到下依次为："利物浦"号、"激情"号、"北极星"号和"朱庇特"号。在那个年代，每台机车都会受洗命名。

▌第 45 页　1831 年 1 月 1 日刊出的这幅彩图中，我们看到好奇的人群在参加利物浦-曼彻斯特线的开通仪式，这是世界上首条连接两座重要城市的铁路。

早期铁路

■ 第46-47页 1835年12月7日,"老鹰"号机车牵引着首列火车,行驶在德国的第一条铁路即纽伦堡－菲尔特(Nürnberg-Fürth)线上。欢呼的人群见证了这一时刻。"老鹰"号由斯蒂芬森在纽卡斯尔制造。

■ 第47页上 新铁路线的开通,在欧洲各国都是件可喜可贺的大事,人们创作各种作品来庆祝,包括文章、图书、绘画、雕刻等,就像这幅法国绘画,描绘了鲁昂和迪耶普之间火车旅行的情景。

铁路在英国获得成功的消息,很快传到了海峡对岸,在欧洲大陆和北美洲都传播开来。要叙述铁路在每个国家的发展史,会用去数十页篇幅,因此我们只能聚焦在那些充满开拓性的年代里发生的最重要、最显著的史事。

在欧洲大陆,比利时是建设铁路线的第一个国家。1835年5月5日,长达22千米的布鲁塞尔－梅赫伦(Brussels-Malines)线开通。这条铁路于1832年开始建设,也就是利物浦－曼彻斯特线开通后两年。

有意思的是,与英国把铁路完全交给民营公司的做法不同,比利时于1834年通过法律,由国家来宣传并资助这条铁路。自从铁路建设开始后,关于国营、私营孰优孰劣,一直存在争议。此后,在实际运行中,在欧洲几乎每个国家,这两种模式都是交替使用。

那个时期,比利时成立了科克里尔公司(Cockerill),后来发展成为欧洲最重要的蒸汽机车制造厂之一。

此外,1835年12月7日,巴伐利亚王国(德国直到1871年才实现统一)开通了首条铁路,从菲尔特到纽伦堡,全线仅6千米长。为纪念国王路

■ 第48页上和第48-49页 1843年,威廉·巴迪科姆(William Buddicom)开始设计巴迪科姆机车,之后在纽卡斯尔的克鲁建造,出口欧洲各国。

■ 第48页中、下与第49页下 从1846年开始在法国建造的克兰普顿(Crampton)机车,因其速度而声名远扬;这款机车的最高时速在120千米以上,其主要特点包括缓斜式锅炉、大驱动轮,以及置于燃烧室后面的单驱动轴。

德维希一世，这条铁路被称为路德维希铁路。牵引第一列火车的车头由斯蒂芬森制造，受洗后命名为"老鹰"号。此后许多年，这台机车在全德国都非常有名。在当时的德国各州，铁路引起了人们的浓厚兴趣。1837 年，德累斯顿－莱比锡（Dresden-Leipzig）线在萨克森州开通，1838 年又开通了普鲁士的柏林－波茨坦（Berlin-Potsdam）线。

普鲁士是第一个认识到铁路的军事意义的国家，并成为高效的德国铁路网的中心；德国铁路网所确立的国际标准，一直使用到第二次世界大战。此外，1837 年，柏林开设了一家久负盛名的机车制造厂，即伯西格（Borsig）。

在法国，第一条铁路线，巴黎－鲁昂（Paris-Rouen）线，于 1837 年开通。但人们对这种新的交通方式的热情似乎不温不火。数年后，随着一部特别法律于 1842 年起施行，从首都到各地的铁路网才逐渐建成。

第50页 萨尔瓦托·费尔戈拉的这幅画作，描绘了那不勒斯－波蒂奇（Naples-Portici）铁路上的首列火车抵达格拉纳泰罗站，画面背景是那不勒斯湾。火车使用的"维苏威"号机车是在英国制造的。

在意大利，首列火车是在两西西里王国开通的。那是在1839年10月3日，"维苏威"号（Vesuvio）机车开始沿7千米长的铁路，向当时的格拉纳泰罗（Granatello），也就是现在的波蒂奇，轧轧而行。这条线路是计划修到诺切拉（Nocera）的铁路线的一段主干，也是第一段真正使用的干线。整条铁路在托雷安农齐亚塔（Torre Annunziata）分出一条到卡斯泰拉马莱（Castellamare）的支线，全长约为41千米。此后不久的1840年，在当时的伦巴第－威尼西亚（Lombardo Veneto）大区，米兰－蒙扎（Milan-Monza）线开通。1842年，帕多瓦－梅斯特雷（Padua-Mestre）线开始建设，这是米兰－威尼斯（Milan-Venice）线的第一条支线。随后是1844年在托斯卡纳大公国建成的比萨－来航（Pisa-Leghorn）线，以及1848年建成的都灵－蒙卡

第50-51页 萨尔瓦托·费尔戈拉所做的这幅画，描绘了那不勒斯－波蒂奇铁路上的首列火车。这是意大利的首条铁路，建于1839年。这列火车的车头是"维苏威"号，不过后来人们有时将其与其姊妹号"勇敢者"号相混淆。

列里（Turin-Moncalieri）线。当然，这里需要提示的是，在那个年代，意大利尚未统一，半岛由多个小国组成，其中大部分建起了自己的铁路网，这些铁路主要服务当地，只有少数有区域功能。其中一个例外是在撒丁王国，这要归功于加富尔伯爵卡米洛·本索的远见卓识。作为政府首脑，他从19世纪中期就开始设想在全意大利半岛建起整体性铁路网。他明白与相邻国家充分连接的必要性。1861年意大利统一后，开始了艰巨的、将各小国铁路网连接与协调起来的工程。这项工程的成就，是今天仍在意大利铁路网发挥主干线作用的3条南北向铁路：佛罗伦萨－罗马铁路（Florence-Rome）、亚得里亚海（Adriatic）铁路、第勒尼安（Tyrrhenian）铁路。此外，意大利还开始逐渐缩减铁路公司数量，到1885年已仅剩两家，即亚得里亚海铁路公司和地中海铁路公司（准确而言，还应包括西西里铁路公司和意大利皇家铁路公司）。这两家公司从南到北划分了各自的势力范围，负责意大利铁路的管理。1905年，政府决定将全部铁路网国有化，这催生出了FS，即意大利国家铁路公司（Ferrovie dello Stato）。1885年到1905年这家公司的运营盈利可观，这为"意大利派"铁路打下了坚实基础，进而创造出更多辉煌，其中包括蒸汽机车的建造，也包括电力牵引的使用。就后者而言，意大利是绝对的世界前驱。

在整个欧洲，新铁路线的开通很快成了进步的象征。

■ 第52页上 当年的这幅版画，描绘的是1839年凯撒-费迪南德-诺德巴赫（Kaiser-Ferdinands-Nordbahn）铁路完工时行驶其上的皇家列车。这条铁路连接了维也纳和布尔诺，由罗斯柴尔德家族资助建成。

■ 第52-53页 这幅彩图描绘了1848年10月28日行驶在巴塞罗那-马塔罗（Barcelona-Mataro）铁路上的首列火车。有意思的是，两名铁路人员分别坐在了两节车厢上，好像这不是火车，而是驿站马车。

在离意大利不远的奥地利（当时仍是奥地利帝国的一部分），随着 1837 年弗洛里茨多夫 – 德意志瓦格拉姆（Floridsdorf-Deutsch Wagram）线的开通，铁路开始正式运营。这条铁路的建造商和运营商，都是所罗门·罗斯柴尔德。1848 年，著名的塞默灵（Semmering）铁路开始建造，目的是将维也纳和当时欧洲最重要的港口的利亚斯特连接起来。这在当时属于重大工程，耗时 5 年，全程中建有一条近 1.6 千米长的隧道，还有众多桥梁和高架桥。

同一时期，在远东的俄国，铁路也开始修建。这里的第一条铁路，连接了圣彼得堡和巴甫洛夫斯克，全长约 50 千米。这条铁路的一个突出特点，是其轨距比一般轨距宽，约为 1.8 米，而不是一般采用的 1.5 米。在其他欧洲国家，也对宽距轨道进行了试验。在英国，在政府将 1.5 米定为标准轨距前，使用宽轨的铁路网已颇具规模。宽轨优势在于能够使用更大的机车，装备更大的燃烧室和锅炉，因此功率更大，速度更快。而另一方面，宽轨铁路需要更宽裕的弯道，以及更大的桥梁和隧道，其造价也相应更高。彼时对宽轨的选择，主要是出于军事方面的考虑。人们知道，一旦打起仗来，铁路将发挥重大作用，将以此前难以想象的速度，运送军队和货物。将自己的铁路网与临近的铁路网相连，对人员与货物的运输非常有利，但在战时则是一大危险，因为敌方也能利用铁路网，快速向己方纵深挺进。

因此，沙皇俄国选用了比欧洲其他国家更宽的轨距。在修建 1851 年完工的莫斯科 – 圣彼得堡线（Moscow-St. Petersburg）时，采用了 1.5 米的轨距。这比标轨稍宽，以避免与任何其他欧洲铁路直接连接，但同时与标轨又非常接近，以便在特定的边境车站，给车厢换下车轴后即可转运。莫斯科 – 圣彼得堡线的 1.5 米轨距，就此成为统一后的俄国所使用的轨距，尽管连接俄罗斯帝国与欧洲的第一条铁路，也就是修建于 1839—1848 年的华沙 – 维也纳（Warsaw-Vienna）线，在经批准后使用的仍是标轨。不过，在世界铁路史上，俄国最值得称道的，则是其西伯利亚大铁路，这条非凡的铁路全长 9424 千米，连接了莫斯科与海参崴，是世界上最长的铁路。这条铁路修建于 1891—1903 年，穿过大片荒无人烟而又极度寒冷的地带，一年中只有几个月能够施工。这一史诗般的工程夺去了数千名工人的生命。关于这条铁路，我们后面还会讲到。

瑞士铁路出现较晚，直到 1847 年，才在巴登和苏黎世之间开通了一条 30 千米长的铁路。时间上的迟滞，反映出这个国家对新生事物缺乏信心，尤其是对铁路这一崭新的运输方式。牵引第一列火车的车头是德国制造的 8-0-4 型机车，名为"利马特"号（Limmat）。但瑞士人记住的却是这条铁路很快就有了的绰号，"西班牙式三明治火车"，这是因为火车在 30 分钟之内就能把抢手的巴登面包卷送到苏黎世。

一年后，西班牙也加入了铁路俱乐部，开通了巴塞罗那 – 马塔罗线；不过，真正意义上的铁路网的建成，是在 10 年之后。

美国铁路的发展，堪称一部"速度与激情"的大戏。在美国这个年轻国家的成长中，"铁马"是基本的发展要素；而这个国家的历史，则与其西部开发密不可分。1829年来到美国本土的第一批蒸汽机车是英国制造的，由宾夕法尼亚州的特拉华和哈德孙（Delaware and Hudson）运河公司引进，该公司当时已拿到在卡本代尔和洪斯代尔之间修建铁路的特许。第一台商业机车，是1829年8月9日投入使用的"斯陶尔布里奇雄狮"号（Stourbridge Lion）。但首次亮相的这台机车，所用的轨道不够坚固，铁路整体质量也不够理想。特别沉重的英国机车压断了路轨，运营不得不立即叫停。

第二年的8月25日，美国制造的第一台机车开始在巴尔的摩-俄亥俄（Baltimore-Ohio）线运行。由彼得·库珀（Peter Cooper）制造的这台"大拇指汤姆"号（Tom Thumb），还没脱离试验阶段，与同时期的英国机车相比相形见绌。第一台成功牵引4~5节车厢、以40千米的时速行驶的机车，是1831年的"查尔斯顿好友"号（Best Friend of Charleston），所使用的南卡罗来纳铁路，是美国早期的另一条私营铁路。第一列火车，于那一年的1月15日驶离查尔斯顿站。两年后，这条铁路延伸到了南卡罗来纳的汉堡，总长竟达217千米，这在当时已是全球最长的铁路。

▎第54-55页上　莫霍克和哈得孙（Mohawk and Hudson）铁路上的"德维特·克林顿"号（DeWitt Clinton）机车，在1831年的美国是正常运行的第一批机车之一。从1853年开始，这条铁路成了纽约中央铁路的一部分。

▎第54-55页下　这幅1877年的绘画，展现的是"西点"号（West Point）机车，这是在"查尔斯顿好友"号问世一年后，由纽约市的"西点铸造协会"于1831年建造的美国第二台蒸汽机车。

ne United States for actual service on a Railroad.

第56页上 美国内战（1861—1865年）期间，这台经典的、车轮配置为4-4-0的"美国式"机车，停靠在一个兵营前。这场内战对美国铁路的发展有着重大影响。

"美国式"机车，对美国的成长助有一臂之力。

第56页下 这些乘客坐在穿越过阿勒格尼山脉的第一列火车的机车排障器上，留下了这张合影。照片摄于1854年，这条铁路由一家私营公司——宾夕法尼亚铁路公司修建。

第57页 联合太平洋铁路公司的这名火车司机，自豪地摆出姿势，留下了这张照片。照片中能清楚地看到排障器，在那个年代，由于铁路上时有牲畜经过，排障器必不可少。

此后，新铁路线的建设，开始以突飞猛进的速度发展。到1840年，美国铁路网总长已达4478千米。在随后20年内，到美国内战前夕，又在此基础上翻了10倍多，总长达到了49000千米。这一快速发展，对机车和车厢的演进，都有着重要意义。不过，与欧洲的建设者很在意轨道质量相比，北美的路轨往往质量较差，枕木只是简单地放在地面，而不会照顾到地势，也不会压低，当然，将路轨与枕木相连接的道钉，早在1832年就开始使用。对弯道的设计，也没有与直线部分作抛物线形连接，而且没有升高外道路轨。

因此，这个时期的火车相当颠簸，脱轨时有发生。1832年，建设者们开始审视这一问题，不过他们关注的是火车，而不是路轨。

当时，有位年轻的工程师约翰·杰维斯（John Jervis），开始首次试验给蒸汽机车加上主转向架，并与第五个车轮相连接。这个转向架转动灵活，能够克服轨道的不规则情况，这与传统的附在底盘上的承载轴相比具有明显优势，可以引导机车进入弯道，提升驾乘体验。

几年后，首台装有双轴主转向架和双发动机的蒸汽机车诞生了。后被称为"美国式"的4-4-0式车轮配置，成为那个年代美国机车的标准车型。这款车型出现在数以百计的电影和图片中，成了集体记忆的一部分。最令人难忘的一个示例，可能是巴斯特·基顿主演的《将军号》（*The General*）。

成千上万台的"美国式"机车就此生产出来，其中自1855年到1900年，就生产了近25000台。美国的铁路部门，似乎立即采纳了在货运和客运车厢中使用主转向架的做法。而在欧洲，双轴车厢已经生产出了很长时间。美国的另一项发明，是1893年设计的车厢自动连接系统。这比今天欧陆仍在使用的螺杆连接要牢靠得多。车厢的自动连接，使得更重的火车配置成为可能，解脱了扳道员的危险操作，也替代了传统上的减震器。此外，美国还于1868年设计出空气压缩制动系统，设计人是乔治·威斯汀豪斯（George Westinghouse）。这一系统随后在世界各地得到应用，只有英国是个例外，在1960年以前，这里一直使用真空制动。

▌第58页 车轮配置为4-4-0的"美国式"机车,由于在大片《将军号》中的亮相而蜚声世界。这部电影拍摄于1927年,以美国内战为背景。

▌第58-59页 《将军号》一片中,有这样的惊人一幕:火车通过一架大木桥时大桥突然坍塌。

▌第59页下 在这部电影中,极富特征的巴斯特·基顿既是导演又是主演,在蒸汽机车上完成了许多动作戏。此图是基顿在两台机车之间场面壮观的长时间追逐。

虽然铁路在北美洲发展迅猛，但直到 1861 年美国内战爆发后，才建成了第一条横贯大陆的铁路线。1862 年，亚伯拉罕·林肯签署法令，授权修建这条铁路，以便将加利福尼亚及其他西部区域连接起来。这一艰巨任务交由两家公司承担：联合太平洋铁路公司负责从东部修到内华达州西州界；中部太平洋铁路公司负责从加利福尼亚往东的地带。由于内战原因，几年后才得以开工，但修建速度是创纪录的。1869 年 5 月 10 日，两部分线路在犹他州的普罗蒙特里角（Promontory Point）合龙，人们在这里庆祝了这一壮举。两款美式机车，即联合太平洋公司的"草原之傲"号与中部太平洋公司的"朱庇特"号，相向而行，在这里会师。庆典活动的最后一项内容，是在这两部机车排障器之间的有限空间，为这条铁路的最后一根枕木钉上最后两颗钉子——金、银各一。大功告成的这条线路，总长达 2860 千米。为鼓励其修建，两家铁路公司享受到了巨大的政策激励，例如线路两边各 16 千米的土地，以及每英里最多可达 50000 美元的造价等。由于当地劳动力短缺，还引进了成千上万名中国劳工。

第一条横贯大陆线建成后，很快又有数条线相继建成，这对西部各州的融合十分有利。参建公司都赫赫有名，例如伯灵顿公司、芝加哥公司、西北公司等，他们也都得到了联邦政府的大力资助。

加拿大的铁路发展也很迅速，像美国一样，也是自东部起始，继而向西部延展。其中第一条公共线路，要追溯到 1836 年，那年的 7 月 24 日，拉普赖里（La Prairie）与圣约翰（Saint John）之间的线路正式开通。连接蒙特利尔和多伦多这两个东部大城市之间的铁路，于 1856 年开通。

▌第 60-61 页　在这张拍摄于 1869 年 5 月 10 日的历史性照片中，铁路工人和管理人员在庆祝中太平洋铁路公司与联合太平洋铁路公司在犹他州普罗蒙特里角的会师。北美第一条横贯大陆铁路线就此建成。

▌第 62 页　这张照片展现的是 1890 年前后，在安大略省的施赖伯（Schreiber）附近，加拿大太平洋铁路公司的 93 号特快列车正在通过壮观的马蹄高架桥（一座呈马蹄形的木桥）。

▌第 62-63 页　满载工人的一列火车，在不列颠哥伦比亚省温哥华东部的弗雷则谷（Fraser Valley）停了下来。图中这条铁路，基本由不间断的高架木桥和长长的隧道组成。

横贯大陆的铁路线,
特别是在美国,为拓荒者开发西部
铺平了道路。

▌第64-65页 1883年,加拿大太平洋公司的一列火车停靠在温尼伯-卡尔加里(Winnipeg-Calgary)线上的一个小站。站在排障器一旁的火车司机利用这个机会在润滑轮毂。

与此相比，在中美洲和南美洲，铁路建设不仅速度慢，而且困难多。1855 年，巴拿马开通了一条铁路，太平洋一端的货物，可经此直接运到大西洋一端。这在当时是一个巨大成功，因为船只从此可不再绕行南美大陆。但随着著名的巴拿马运河在 1905 年的开通，铁路的重要性被完全掩盖。

在南美洲，由于整体环境不利，兼之政局不稳，铁路铺设困难重重。主要线路的修建，在资金和技术方面，开始靠的是法国和英国，后来依赖美国。有些例外的是阿根廷，这里的草原地带地势平坦，便于施工，不过第一条横贯阿根廷且最终抵达智利的铁路线，直到 1910 年才得以开通。

在非洲，铁路的引进，显然是那些殖民国家所为，特别是比利时、法国、德国和英国。起初，铁路线的设计，是要连接港口和内地，以利于原材料出口欧洲。在那些铁路网颇具规模的国家当中，我们一定不要忽视南非。这里第一条真正意义上的铁路，是 1865 年开通的开普敦 – 威灵顿（Cape Town–Wellington）线，不过此前的 1862 年 2 月，已经建成了从开普敦到艾尔斯迪河的铁路。直到最近，南非的货运和客运，仍在使用外观富丽堂皇的蒸汽机车。南非铁路系统的另一个特色，是其采用的 3.5 英尺（1 米）宽的轨距，又称"开普轨"。

铁路也很快来到了澳大利亚。这个大陆上的首列蒸汽火车，于 1854 年出现在维多利亚州，用的是 1.6 米的轨距。第一条使用标准轨距的铁路于次年开通，连接了悉尼和格兰维尔。在起始阶段，各州采用了不同的轨距，这在建设全国铁路网时带来了麻烦。直到 1910 年，标轨才被定为国家标准。连接了奥古斯塔港（Port Augusta）

▌ 第 66 页上　1887 年的这幅画，描绘了法国人在中国修建的窄轨铁路。

▌ 第 66-67 页　1863 年的这幅画，展现了东印度铁路公司的一列火车。

和卡尔古利（Kalgoorlie）的第一条横贯大陆线，于 1917 年 10 月 17 日建成。这条铁路长 1690 千米，迄今为止仍保持着一项纪录：世界最长的直线铁路段，长 497 千米，位于西澳的努里纳和南澳的沃森之间。

截至 2023 年年底，中国的铁路营业里程已长达约 15.9 万千米。在这个国家转入市场经济之前，铁路是客运和货运的主要方式。当时的公路网状况不佳，有些地区还没通公路。第一列正常运行的火车，直到 1876 年才在上海出现。这个故事说来有趣。据说，1865 年，一群外国商人在上海成立了一家公司，准备修建铁路。对这个想法，中国人不以为然，他们看出这不过是外国人想在此殖民的一个手段。项目因此未能获批，不过作为替代，这家公司获准在上海和吴淞之间修建一条军事公路。工程得到严格执行，但这家公司又说，他们想在路上铺设轨道，这样有轨电车也能上路。

项目最终获批，同时在英国驻华大使的帮助下，1875 年 12 月，出乎所有人的意料，一列真正意义上的火车开始运行。这条总长仅有 8 千米的铁路，第二年才得以完工，中间还曾受到当局中止工程及运行的威胁。后来，英国支持者和中国当局发生了纠纷，直至 1877 年 10 月 21 日才告结束，结果是中方支付了工程所有款项，将包括机车、车厢及所有设施在内的这条线路收归已有。最后一列火车，由"总督"号（Viceroy）和"天朝"号（Celestial Empire）牵引，在众人围观之下完成了最后一次运行。随后，整条铁路被拆，运到了中国台湾，在那里的海滩上沉睡多年。20 年以后，铁路在中国才得到接纳。

▍第 67 页上　中国第一次的铁路试运行，是在 1875 年的上海，这是英国商人集体倡议的结果，不过，由于地方当局的反对，运行很快中断。

从东方快车到西伯利亚大铁路 1880—1900 年

阿尔卑斯山下的隧道，贯通了数个国家的铁路网
第 70 页

火车：轨道上的旅馆
第 76 页

乔治·莫蒂默·普尔曼的首个卧铺车厢和首个餐车
第 80 页

国际卧铺车公司（CIWL）的诞生
第 86 页

欧洲其他豪华列车
第 94 页

史诗般的西伯利亚大铁路
第 96 页

两列大名鼎鼎的美国火车
第 100 页

阿尔卑斯山下的隧道，
贯通了数个国家的铁路网

在阿尔卑斯山各条铁路隧道的建设中，意大利发挥了关键作用。那时，这种隧道工程在世界范围内都还没有先例。1871 年 9 月 17 日，弗雷瑞斯（Frèjus）隧道正式开通（当时一度有人建议将其命名为森尼西奥 Cenisio 隧道），把意大利铁路网和法国铁路网连接起来；1881 年 5 月 23 日，圣哥达（Gotthard）隧道贯通开放。这项工程由瑞士、德国和意大利共同承担，一端在瑞士南部提契诺州的艾罗洛，另一端在瑞士中部乌里州的格申恩。1889 年，连接意大利北部多莫多索拉和瑞士布里格的辛普朗（Simplon）隧道开始动工，1906 年 6 月 1 日贯通，全长 19 千米，是世界上最长的铁路隧道。

这三条隧道的开通，对国际铁路互联意义重大。此前，意大利与欧洲中部的连接，基本上只有通过布伦纳山口（Brenner Pass），这条路于 1867 年开通，主要作为哈布斯堡帝国通往波河河谷的国内交通线。当时，意大利的边境，是在罗韦雷托附近的阿迪杰山谷，第一次世界大战后才改至勃伦纳，那里的铁路随之成为国际线路。

这三条重要隧道建设过程中的起起伏伏以及技术上的酸甜苦辣，值得我们再说些题外话。在弗雷瑞斯山下面修建火车隧道的想法，要回溯到 1844 年，当时意大利的卡洛·阿尔贝托政府的一位部长，路易吉·德斯·安布鲁瓦，将这个项目交给了比利时工程师亨利·莫斯（Henri Mauss）。1857 年 8 月，国王维托里奥·埃马努埃莱二世批准项目动工，由工程师热尔曼·索梅利尔（Germain Somellier）负责。在那个年代，修建如此规模的隧道，属于巨大工程，有 200 名工人在此丧生——有些死于事故，有些死于 1864 年在工地爆发的斑疹伤寒大流行。

隧道的成功挖掘，得益于两项发明，这是彻底改变施工方法的两项发明。第一项是气动压缩空气钻，由索梅利尔本人发明。有了这种钻，打孔再也无须手工操作，而是靠主系统位于隧道外的一款新式机器完成。压缩空气用到钻机后，又被散入隧道，这样，工作环境就摆脱了有毒气体排放的问题，而且能够持续通风。用于弗雷瑞斯项目的第二项发明是炸药。阿尔弗雷德·诺贝尔 1866 年发明的炸药，很快得到成功应用，这替代了传统的、效果平平的爆炸物。约 13 千米的隧道挖掘，于 1870 年 12 月 25 日完工。原来位于莫达讷的入口，在 1881 年做了调整，以提高隧道上方岩石的稳定性，这也使隧道长度增加到约 14 千米。今天的弗雷瑞斯隧道，仍然连接着位于法国境内莫达讷的苏萨谷上的巴多内基亚。意大利一边的隧道入口处，海拔为 1190 米，两条轨道随后在隧道内升至 1335 米

阿尔卑斯山隧道的完工，
是欧洲铁路网得以成形的
不可或缺的跳板。

▎第70-71页 这幅版画展示了热尔曼·索梅利尔发明的气动压缩空气钻的应用。这一发明，连同炸药的使用，加快了仙尼斯峰隧道的挖掘速度。

▎第71页上 1871年9月17日，仙尼斯峰铁路的首列火车，从阿尔卑斯山下面长长的隧道中穿行而过。为表示庆祝，火车前面装饰了旗子。这条隧道位于法国的莫达讷和意大利的巴多内基亚之间，长12847米。

71

▌第 72 页上　辛普朗隧道中的工人。时间约为 1906 年。

▌第 72 页下　在圣哥达隧道的入口处，位于格申恩附近的一个火车停车场上，工人们合影留念。

▌第 73 页　这张 1905 年的海报，是为哥达铁路做的广告，上面附有火车时刻表。海报上的地图，清晰地显示出这条知名铁路那弯弯曲曲的路径。

的最高点。莫达讷入口处海拔稍低，为 1323 米。

另一个史诗般的工程，是圣哥达隧道的建设。瑞士在 1860 年就已认识到，需要开设穿越阿尔卑斯山的通道，与提契诺州（Ticino）和意大利连接起来。他们担心，有了欧洲南部和北部之间的弗雷瑞斯隧道，兼之以欧洲东部的布伦纳火车山口和欧洲西部已在施工的另外两条隧道，他们有可能被完全排除在交通网之外。

因此，提契诺州与皮埃蒙特区（Piedmont）政府同意资助这一新项目。对意大利而言，以最直接的方式，将热那亚（Genoa）港和中欧连接起来，避开主要使用威尼斯和的里雅斯特两个港口的奥匈帝国的地盘，意义重大。1869 年，瑞士、意大利和德国建起一个"经济利益集团"，开始实施这一项目。

意大利出资 4500 万里拉；瑞士与德国各负担相当于 2000 万里拉的份额。项目于 1872 年动工，由来自日内瓦的工程师路易·法夫雷（Louis Favre）指挥，于 1882 年完工。这比预期完工时间晚了一年，原因是资金问题。不幸的是，建设过程中的人员损失非常严重：有 200 名工人在建设中失去了生命，主要是因现场附近的营地里那恶劣的生活环境所致。

最后必须提及的，是 1906 年完成的辛普朗隧道。这条隧道的建设开始于 1889 年，由普鲁士工程师卡尔·布兰道（Carl Brandau）承建。与其他两条相比，这条隧道是由两条平行隧道组成，彼此相距约 17 米。两条平行隧道之间，每隔一定距离便有横向隧道连接。修建过程中的困难不一而足：不同稳定程度的岩石、大量的水源、隧道内时而高达 45℃以上的温度，等等。最终建成的辛普朗隧道，大大提高了巴黎、波恩和米兰之间的连通。许多年里，"东方快车"就在令人瞩目的辛普朗隧道中隆隆穿行。

▎第 74-75 页和第 75 页上 辛普朗隧道开挖期间一组正在施工的矿工。这条隧道与其他阿尔卑斯山隧道不同，是由两条穿山而过的平行隧道组成，彼此相距约 17 米。右图中，工人们正在用石料装饰隧道穹顶。

▎第 75 页下 这张明信片是为纪念隧道工程完工印制的，它描绘了隧道的主要建设阶段和隧道两侧各具特色的车站图片。

火车：轨道上的旅馆

■ 第76页 至少是在头等车厢，火车变成了真正的、铁轨上的旅馆：这幅画作于1889年。

■ 第77页上 连美国总统也选择火车：这张1885年的版画，画的是格罗弗·克利夫兰总统和夫人弗朗西斯在其专用车厢。

客车车厢的演进与发展，实现了乘坐火车的长途旅行和国际旅行。本来，客车车厢不过是安置在火车底盘上的马车；对没那么有钱的旅客，仅仅是安装了长椅的开放式车厢。这种开放式车厢很快被淘汰（在英国，由于数名旅客被冻死，这种车厢遭到禁用），但又过了许多年，新一代的铁路企业，才开始制造新式的、不以马车为参照的车厢。

我们要知道，从一开始，客运车厢就分为两种基本类型：分成隔间的英国式和有通道连接的美国式。两种类型都是从公共交通中所用的马车演进而来。英国式来自开有侧门的马车，而美国式则与公共马车堪称"姊妹"，是在后面开门，供乘客出入。

■ 第77页下 美国头等车厢里的内饰，最大程度地再现了那个年代富人阶层才有的奢华和装饰：地板上铺有地毯，漂亮的装饰性镶嵌木条比比皆是。

铁路公司对客车车厢迅速做出了改进。

这两种不同的设计理念，催生出两种不同的火车车厢：欧洲的车厢，是由单独的隔间组成，隔间两边各开一门，以方便乘客出入；美国的车厢，从一开始就设计为一个大间，中间留有过道，车厢前后设有平台或小阳台，并配置小梯供人上下。

不久，铁路公司就认识到，有必要让火车旅行更舒适、更轻松。早期使用的蜡烛照明，很快被汽灯替代，到 19 世纪末，又安装了电力照明系统。与此同时，随着构建技术的进步，产生了更结实的金属底盘，车轴数量在两三个的基础上开始增加，整个火车长度也有所增加。车厢长度增加后，也给铁路公司提升火车设施与舒适度创造了条件。每节车厢都安装了洗手间，而此前这种设施要不根本没有，要不只设在行李车厢。

供暖系统也得到改善。开始时的供暖，是在座位下面安放微型加热器，加热器里的热水直接来自蒸汽机车。不过，到 19 世纪末，整个火车都安装了暖气管，机车锅炉产生的蒸汽，沿暖气管输送至全车。内部设计也有了进步，至少在头等车厢，座位都装上了软垫，车窗也都安上了厚重的窗帘。

舒适度提高后，就连很长的旅行也变得轻松起来。

不过，还有另外两项改进，才将火车变成了"轨道上的旅馆"：这就是卧铺车厢和餐车。

在最负盛名的火车上,铁路公司迅速推出了豪华餐车。

第 78-79 页　摄于 1900 年的这张照片，展示了当时在美国火车上乘坐可以吸烟的车厢的情景。而在同期的欧洲，车厢往往分为一个个隔间。

第 79 页上　19 世纪后期（法国）北方铁路（Chemin de Fer du Nord）的一节头等车厢。这节双轮车厢仅有 3 个隔间，每个隔间开有一个侧门，车厢内没有过道。

第 79 页下　1884 年的这幅版画，展现的是那时的卧铺车厢白天和黑夜的不同场景。值得注意的是，车厢内全部是用帘子隔开的床铺，以及带有脸盆的小盥洗室。

乔治·莫蒂默·普尔曼的
首个卧铺车厢和首个餐车

现在，让我们离开欧洲，转到美国；如前所述，美国的车厢从一开始就不一样。在欧洲，铁路公司的服务分为头等、二等和三等（这折射着社会阶层的差别）；与此形成鲜明对比的是，在美国，火车车厢是人人能进的公共场所，这可能跟这个国家的起源有关。这里，一节车厢就是一个大休息室，休息室内人人落座，其开放性一目了然。

在美国的旅行，时间比在欧洲一般都长好多，而这里巨大的空间，使得建造更长、更宽大的车厢成为可能，这种车厢更容易改装。第一节可以确定的卧铺车厢，要追溯到 1838 年。这节车厢，车顶以布艺装饰，配备了蜡烛照明，女客隔间安装了洗手间，冬季还有铁炉取暖，其使用者是坎伯兰山谷铁路公司。

1855 年，伊利诺斯中央铁路公司在其火车上使用了卧铺车厢，伯灵顿公司紧随其后。1857 年，西奥多·伍德拉夫（Theodore Woodruff）建造出一款颇具代表性的卧铺车厢，并向多家铁路公司做了推介。不分隔间的车厢里，配备了若干小型两座沙发，沿中间过道相向摆放。沙发装有杠杆，能转换成一种可供旅客睡觉的卧铺，并以布帘与车厢其他部分隔开。不过，几年后，申请到卧铺车厢专利的，则是乔治·莫蒂默·普尔曼（George Mortimer Pullman，1831—1897），而且在公众心目中，他的卧铺车厢才是最好的车厢。无疑，普尔曼永远地把自己的名字和

铁路交通史联系了起来，尤其是和客车车厢的演进联系了起来。与人们的印象大相径庭的是，他并非和善可亲的发明家，而是一个精明的企业家，能够攫取其他发明中的创新因素，并将其转化为巨大商机。

从美国内战中获利后，普尔曼本能地认识到，在未来一些年内，火车旅行将急剧增长。于是，1863 年，他和一位合伙人一道，开始建造车厢，并设计出一款白天夜间都适用的型号。不过，这款车型与其他使用中的车型类似，而他想要的，是一款明显与众不同的车型。于是，1865 年，"A" 型车厢问世，受洗后命名为"先驱"号。实际上，从技术角度看，这款车型与其他的没有太多区别。真正不同的地方，只在于尺寸、内饰及对细节的高度关注。有些内饰方案甚至获得了专利，并借助强有力的广告宣传投入使用。最为引人注目的，是在 1865 年 4 月，用装备完善的这款车厢，完成了运输被刺杀的林肯总统的遗体的任务。短短两三年的时间内，普尔曼就垄断了整个行业，他开始游说铁路公司调整桥梁模式和站台屋顶，以适应其车厢的体量。他建造的车厢，在舒适度和奢华度方面，为全世界的火车树立了标杆。

▌第 80 页　这张 1865 年的彩色平版画，展示了乔治·莫蒂默·普尔曼设计的第一个卧铺车厢的豪华内饰，这种设计很快成为其他人的参照标杆。

▌第 81 页　普尔曼成了铁轨上的舒适与奢华的代名词：1910 年的这张海报，为芝加哥-奥尔顿铁路线上便利而愉快的餐车做了广告。

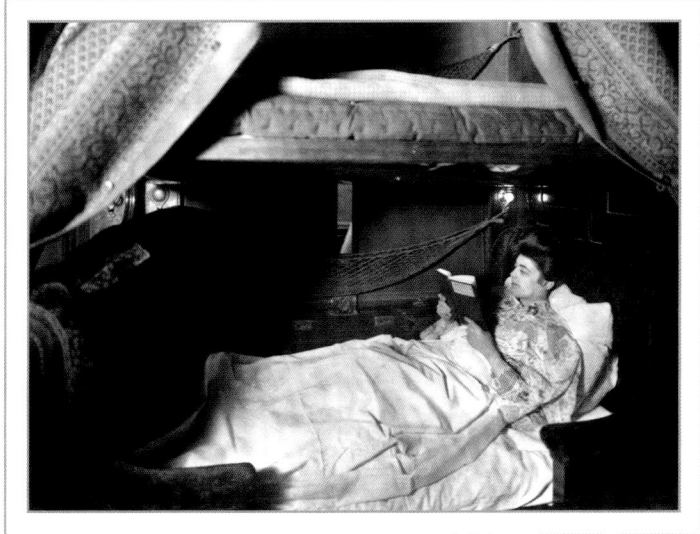

▎第82页 普尔曼不仅改善了卧铺车厢,也提高了一般车厢的奢华度。这张照片拍摄于20世纪初的伊利诺伊州,中间过道上方的灯具显得尤其别出心裁。

▎第83页上 加拿大太平洋铁路公司采用的卧铺车厢看起来要比普尔曼在美国生产的简朴许多:画面右侧的简单铺位的打开方式显而易见。

▎第83页下 按照当年的严格礼仪,女士的休息和睡眠尤需保证私密性。从这张照片上可以看到,防人偷窥的布帘极其厚重。

第84页 著名的英国画报《视图》(The Graphic) 1870年1月那期的封面，描绘了联合太平洋铁路公司使用中的餐车；而在欧洲，这种设施当时尚不存在。

第85页 辛辛那提、汉密尔顿和戴顿（Cincinnati, Hamilton and Dayton）铁路公司的这张海报，宣传了普尔曼餐车车厢里的舒适和周到：在那个年代，美国有成百上千的黑人在火车上担任侍者和行李员。

普尔曼还彻底改变了餐车的概念。在1835年的美国，火车上已经有提供小吃和饮料的车厢，但还没有配备真正的厨房。1866年，普尔曼推出一款名为"酒店车厢"的火车，在车上的卧铺车厢中间，加入一个小厨房，服务于两边的乘客。这被称为"总统式"服务，目的是在火车上再现豪华酒店的那种无可挑剔的服务。1869年，为解决厨房给两边的乘客带来的不便，他提议设置餐车，专供乘客用餐。数年后，最终的设计固定下来，而且直到今天仍在使用：厨房设在车厢一端，以过道和就餐区相连，过道两侧摆放餐桌，餐桌边上是宽大、明亮的车窗。

这种餐车由"普尔曼豪华车厢公司"（由他本人于1867年创建）经营，为乘客提供了当时难以想象的车上服务。每位乘客都有一名招待员，招待员由过去的黑人奴隶担任，既是侍者，又是管家，还是行李员。普尔曼认为，这些曾经的黑奴，不仅顺从、而且体格强健，经过培训后，最适合担任这项工作。尽管这种想法本质上体现着种族主义，只是在当时的美国，普尔曼所提供的工作，对黑人而言无疑是个就业机会。

那些年里，普尔曼还开辟出一门副业，这也展现了他出色的商业直觉。他把停在车站的卧铺和餐车车厢出租，供政治团体和协会组织召开会议。参加这些会议的代表，吃、住都在车厢里，而不是去酒店。有些时候，这种会议租用的车厢近200个，例如圣殿骑士在圣路易斯的集会。

在其巅峰期的1890年，普尔曼豪华车厢公司运营着2135节车厢，分布在美国铁路网161000千米的铁路上。每天夜里，有100000人在他的卧铺车厢里过夜，这比全美在豪华酒店里过夜的人数之和都多。为有效地保持这种态势，这家公司雇佣着12000名雇员。

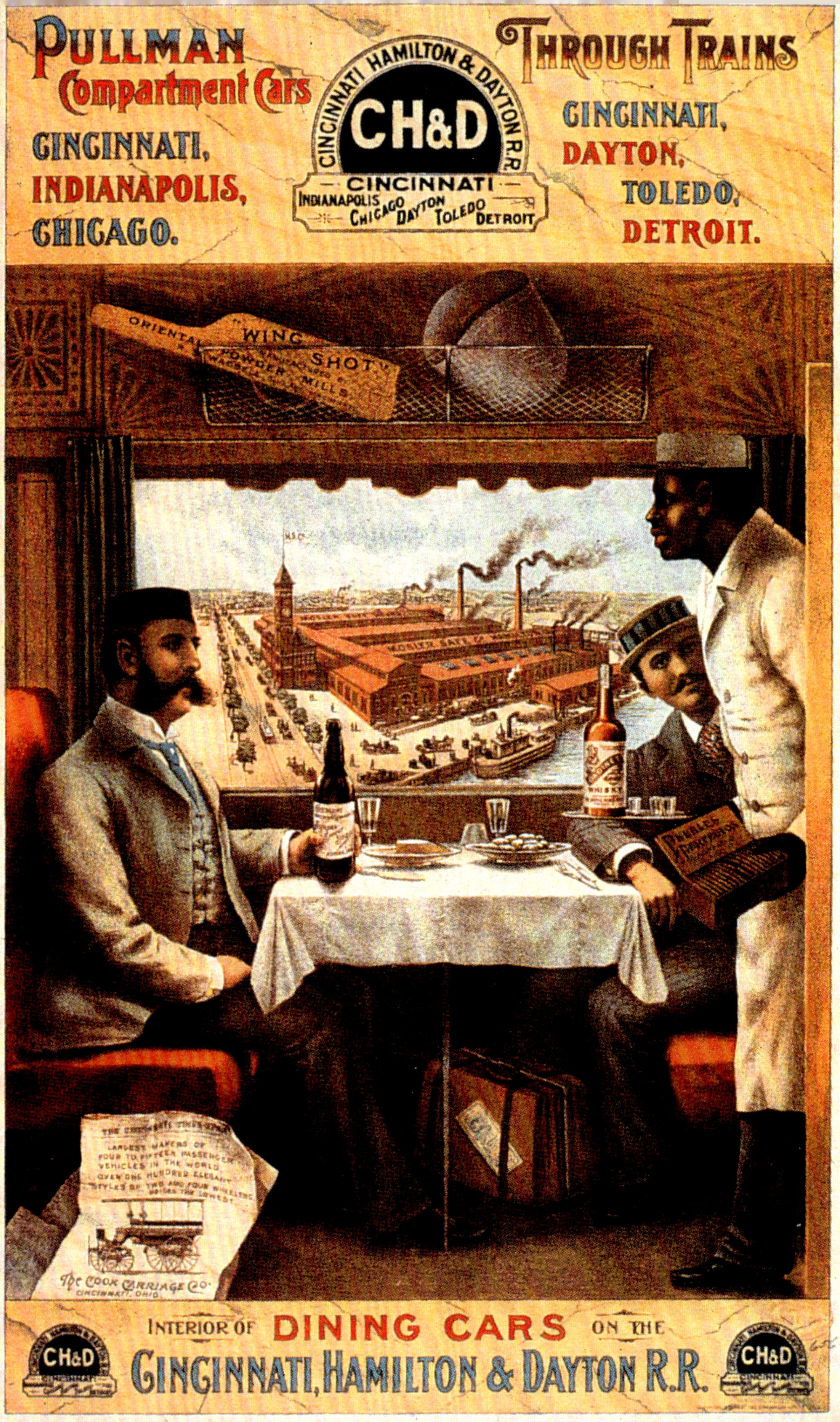
PULLMAN
Compartment Cars
CINCINNATI,
INDIANAPOLIS,
CHICAGO.
CINCINNATI HAMILTON & DAYTON R.R.
CH&D
CINCINNATI
INDIANAPOLIS CHICAGO DAYTON TOLEDO DETROIT
THROUGH TRAINS
CINCINNATI,
DAYTON,
TOLEDO,
DETROIT.
ORIENTAL "WING SHOT" POWDER MILLS
LARGEST MAKERS OF FOUR TO FIFTEEN PASSENGER VEHICLES IN THE WORLD
THE COOK CARRIAGE CO. CINCINNATI, OHIO
INTERIOR OF DINING CARS ON THE
CINCINNATI, HAMILTON & DAYTON R.R.

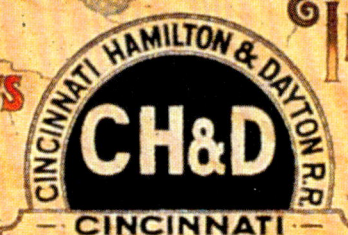

国际卧铺车公司（CIWL）的诞生

火车发展史，读起来有时就像言情小说。比利时，1867年：年轻的乔治·纳吉麦克（George Nagelmackers），在大学攻读了土木工程专业；他出生于一个显赫的银行世家，他的家庭跟国王利奥波德二世的宫廷关系密切。这个男孩深深爱上了他的表姐，但这份感情没能得到回馈。为此，家里考虑让他出国旅游，一方面是想让他忘掉这份情感，另一方面也是为他能够完成学业。纳吉麦克去了美国，在10个月的时间内游遍全美，而且乘坐的往往是普尔曼最新款式的车厢。在那段时间，普尔曼公司已经有50节车厢投入使用。

这位年轻的工程师，被普尔曼的技术创新深深触动，而且本能地感觉到这些技术在欧洲使用的前景。他的家庭所做的绝大部分投资，也都是在铁路方面。纳吉麦克还去面见了乔治·普尔曼，建议以某种方式合作，但他们二人没能谈拢，会面无果而终。

回到欧洲后，这位比利时工程师继续追逐自己的梦想，并于1870年发表了一份文件，题目是引人注目的《欧洲大陆铁路卧铺车厢安装工程》。不过，就在这一年，法国 – 普鲁士战争爆发，倡导国际铁路豪华游显然已不合时宜。

战争结束后，执着的纳吉麦克重拾旧题，并把自己的计划直接上交给了比利时国王。他获准在比利时西北部的奥斯坦德和意大利东南部的布林迪西之间开通带有卧铺车厢的火车服务。连接这两座港口城市，意味着英国将通过1869年开通的苏伊士运河与东方连接起来（那时英国殖民地已有相当规模）。在这两个港口之间，当时已有轮船来往。伦敦到布林迪西之间的交通也已启动，由海路经苏伊士直到孟买，这条线路主要运送邮件、包裹，被称为"印度提箱"。

然而，纳吉麦克明白，如果只是套用美国模式，那是不会成功的。他将要制造的车厢，在舒适度和奢华度上，要能跟美国那些车厢不相上下，但车厢内的布局，要符合欧洲的品位和潮流。把卧铺安排在中间过道的两侧，男乘客和女乘客之间，仅用一道布帘隔开，这种做法是不可想象的。在当时的欧洲，这肯定羞于启齿。于是，这位颇有魄力的比利时工程师，设计出一款将过道置于一侧，另一侧是一个个小隔间的车厢，从而能够保证隔间的私密性。火车同样配备座席车厢，还有供乘客一起打发白天时光的休息室及餐车。在悬挂装置和刹车系统方面，也有了不少改进。

▎第86页上　CIWL标识：国际卧铺车公司（Compagnie Internationale des Wagons-Lits.）

▎第86页下　从1884年东方快车的餐车菜单，国际卧铺车公司火车上的奢华度可见一斑：除了正餐，车上还供应各种洋酒、葡萄酒和香槟。

▎第87页　1896年7月的"国际卧铺车公司欧陆运营官方指南"中，推介了部分著名列车，例如东方快车、南方快车以及地中海快车。

美国的乔治·威斯汀豪斯设计出了新式的火车系统，并很快在世界范围得到应用。新设计中的耦合与解耦系统，在任何使用标轨的欧洲铁路网上，都能让车厢与机车轻松连接。为做到新车厢与火车相连，又经过两年的艰苦努力和协商，才得到欧洲各铁路公司的批准，并开始生产第一批车厢。纳吉麦克开始了从奥斯坦德到科隆和柏林的铁路运营，随后是柏林–巴黎线的运营。运营十分成功，但由于建造特殊车厢的费用增加，而运营收入未能满足需要，所以运营一开始就存在着巨大的资金缺口。随着形势的发展，他的公司后与曼氏（Mann's）铁路车厢公司合并。纳吉麦克试图再次掌控，他于1876年成立了CIWL，即国际卧铺车公司。1883年，该公司名称进行了扩展，加上了"及大型欧洲快车"（et des Grandes Express Européens）。

▌ 第88页　乘坐国际卧铺车公司车厢从巴黎去伦敦是一种身份的象征，它表明该乘客属于一个高端俱乐部，就像当时英法铁路公司的这张海报所示。

▌ 第89页上　法国著名摄影师纳达尔，于1898年为乔治·纳吉麦克拍下了这张照片。这位比利时企业家，在1876年创建了国际卧铺车公司，并构想出著名的国际列车"东方快车"。

▌ 第89页下　这张1925年的海报，是为国际卧铺车公司的"金箭"号快车做的广告。这趟快车连接了伦敦和巴黎，中间经停加来，是那个"了不起的盖茨比"时代里奢华与享受的象征。

Come la maggior parte delle innovazioni anche la locomotiva e la ferrovia non nascono da un giorno all'altro, ma sono il frutto combinato del lavoro, spesso oscuro, di molti uomini. Esperienze e scoperte diverse, conoscenze.

▌ 第90页 这张20世纪20年代的海报，为"辛普朗东方快车"及其多个目的地做了广告。

▌ 第91页 这张"辛普朗东方快车"的广告海报，由罗杰·布罗德斯于1922年为PLM公司制作。PLM是指巴黎－里昂－地中海线，这趟列车连接了巴黎和君士坦丁堡（今伊斯坦布尔）。

同年10月4日，"东方快车"正式启用，这是由国际卧铺车公司制造和经营的整列火车。在其行程中，每到一个国家就要另换一台机车牵引。"东方快车"连接了巴黎和伊斯坦布尔。开始时，从巴黎东站出发的线路先到达慕尼黑和维也纳，之后抵达罗马尼亚的朱尔朱（Giurgiu）。在这里，乘客改乘轮船，沿多瑙河再到保加利亚的鲁塞（Ruse），之后换乘另一列火车到瓦尔纳（Varna）。行程的最后一部分，是乘轮渡到君士坦丁堡（当时许多人还用这个名字）。线路的第一次调整是在1885年，由维也纳开往贝尔格莱德和菲利波波利［现称普罗夫迪夫（Plovdiv），保加利亚第二大城市，位于色雷斯地区］。随着直达伊斯坦布尔的铁路于1889年完工，最后的线路也随之固定下来。在那些年里，"东方快车"从巴黎到布达佩斯每天1班，从布达佩斯到贝尔格莱德与伊斯坦布尔每周3班，从贝尔格莱德到布加勒斯特和黑海边的君士坦丁堡每周1班。开往伊斯坦布尔的这趟列车，其运行直到将近一个世纪后的1977年5月19日才告结束。

这趟颇具传奇色彩的列车，历史进程曲折、复杂：第一次世界大战导致列车停运，直到1918年战争结束才恢复正常。不过，辛普朗隧道也于第一次世界大战后开通，运营恢复后，启用了这条更靠南、速度更快的线路。新线路穿过洛桑、米兰、威尼斯和的利亚斯特，完全绕开了维也纳。为与旧线路区别开来，这趟列车受洗后命名为"辛普朗东方快车"。20世纪30年代，"东方快车"的运营达到顶峰，有3条线路同步运行："东方快车""辛普朗东方快车"和"阿尔贝格东方快车"，后者经过苏黎世、因斯布鲁克与布达佩斯，之后部分车厢继续前往布加勒斯特与雅典。

在第二次世界大战之前那段相对宁静而繁荣的时光，这趟列车的舒适度与奢华度也达到了最高水准。那时航空班机仍不多见，而且不够舒适，因此商人和外交官多乘这趟列车。国际卧铺车公司很快增加了巴黎到加来之间的线路，从而把运营延伸到了伦敦乃至英国。第二次世界大战爆发后，这段黄金时期也告结束，运营于1939年中断。后虽于1945年恢复，但已是困难重重：由于南斯拉夫与希腊之间的边境关闭，雅典已不通铁路，这种状况一直持续到1951年。第二年，因为土耳其与保加利亚之间发生纠纷，伊斯坦布尔也开始了隔绝状态。

1962年，"东方快车""辛普朗东方快车"和"阿尔贝格东方快车"开始缩减规模，车次减少，目的地也减少。新运营被命名为"直达东方快车"，对运营的管理，也于1971年由国际卧铺车公司转至国家铁路公司。从巴黎到伊斯坦布尔的最后一趟列车，是在1977年5月19日。当然，我们还应提及的是，从1982年开始，到威尼斯的"辛普朗东方快车"，作为私营旅游项目继续运行，这连接了威尼斯和伦敦与巴黎，所用的车厢，仍是20世纪20年代和30年代的车厢。

　　国际卧铺车公司当然不会止步于只经营"东方快车"。其活动范畴超出了欧洲。在埃及，国际卧铺车公司运行着"埃及之星"号列车，将开罗与卢克索及其他支线连接起来，最后抵达贝鲁特与德黑兰。其最初的车厢是用柚木制作，直到1922年，才被金属车厢替代，使用至今。其中的一节柚木车厢（第2419号）于1918年11月11日被用作签署"一战"停战协议的场所。那些年里，国际卧铺车公司委托若干当红艺术家，为每节车厢都做了独具特色的装潢，目的是强化其列车的独特性，可以与当时最豪华的酒店媲美。

　　纳吉麦克的"东方快车"，无疑成了奢华与高档的代名词。与其同时代的其他一些知名列车，不幸现已全部被遗忘。前面谈到的"印度提箱"号，与一般列车相比，当然已属豪华列车，不过其特别出名的原因，还在于它与相关线路一道，连接了伦敦与英国的东方殖民地。

　　除此之外，还有其他几趟列车也必须提及。例如同样由国际卧铺车公司运营的"北方快车"，从1896年开始执行巴黎与圣彼得堡之间的夜班运行。这趟列车途经布鲁塞尔、科隆、汉诺威、柏林，以及当时的柯尼斯堡，现在为波兰的加里宁格勒（Kaliningrad）。由于俄国轨距比欧洲轨距宽，而且当时的列车还无法变轨，因此乘客到德国边境后需要换车。除了"北方快车"，国际卧铺车公司还运营着从巴黎到里斯本的"南方快车"。这样，这家公司的列车，就连接了俄国与葡萄牙首都，从葡萄牙首都，则有大型轮船驶往南美。

　　但那些坐得起国际卧铺车公司豪华列车的富人，乘火车旅行并非仅仅为了工作。实际上，那个时期，在法国的地中海海边度假，已成为时尚之举。于是，1900年，"里维埃拉快车"（Riviera）应运而生，连接了中欧、阿姆斯特丹、汉堡、柏林与尼斯。当时的海报，描绘了在美妙的地中海风光中，这趟列车在戛纳、尼斯和蒙特卡洛的棕榈树及海滩边穿行。贴在旅客行李上的醒目的标签，也是那个时期出现的。这些游客当然不会只带个小提箱或帆布背包，而是带着多个大行李箱。

▎第92页　由A. M. 卡桑德拉（A. M. Cassandre）制作于1927年的这两张出色的海报，是为由巴黎到阿姆斯特丹的"北极星"号（Etoile du Nord）与"北方快车"做的广告，后者连接了伦敦、巴黎、华沙，还经由柏林连接了里加。

▎第93页　这张宣传海报，由北方铁路公司、国际卧铺车公司及巴黎-里昂-地中海公司联合制作，以推介伦敦到维希的旅行。普尔曼车厢内的隔间，被设计为休息室。

欧洲其他豪华列车

与此同时，在英国，众多铁路公司在火车速度上你追我赶，但对车厢舒适度很少问津。最有名的一趟列车是"苏格兰飞人"号，是从伦敦的国王十字站驶往爱丁堡的韦弗利站，全长630千米。火车沿东海岸主线运行，这条线不是按单线建造的，而是3家铁路公司相互协调的结果。英国北方铁路公司在1846年建造了第一段，从爱丁堡到贝里克；1853年，大北方铁路公司又开通了伦敦到唐克斯特的线路；直到1876年，东北铁路公司连通了唐克斯特和贝里克之后，全线才得以贯通。不过，这还谈不上是伦敦与苏格兰首府间的快速连接，在约克和纽卡斯尔两个大站，列车都要调转方向，而且还要更换机车。

"苏格兰飞人"号的故事开始于1862年（当时的线路显然略有不同，因为东海岸主线尚未完工）。那一年，每天上午10点钟从伦敦国王十字站开往爱丁堡的列车开始运营。这趟列车全程约12小时，途中在约克停靠半小时，以供餐饮。在火车时刻表上，这趟车被称为"特别苏格兰快车"。1888年，一场真正意义上的竞赛开始了，目的是在伦敦和爱丁堡之间开通最快列车。其结果是几家公司之间的妥协，他们同意遵守一个新时刻表，每趟车都准时发出。"特别苏格兰快车"的运行时间长度，确定为8个半小时。

车内的服务与舒适度也在改进，但真正的改变是在1924年，多家英国铁路公司缩减至"四巨头"。伦敦-爱丁堡线成了伦敦东北铁路公司的主线，简称LNER。这家公司非常注重声誉，将这趟列车改名为"苏格兰飞人"号。为扩大知名度，他们把一台机车也命名为"苏格兰飞人"号，并拿到大英帝国博览会展出。

故事的高潮，出现在20世纪30年代。从1928年开始，伦敦-爱丁堡线成为直达线路，车速有所提升，全程时间缩短到7小时20分钟。牵引这趟列车的，是英国最漂亮的蒸汽机车，例如由著名工程师奈杰尔·格雷斯利（Nigel Gresley）爵士设计的"太平洋"号。他的这些漂亮机车中的"野鸭4468"号（Mallard No.4468），通体蓝色，创造了蒸汽机车行驶速度的世界纪录，每小时200千米，而且至今未被打破。不过同样属于A4系列的另一台"太平洋"号机车，牵引着"苏格兰飞人"号，在1934年也曾达到160千米的时速。那些年里，这趟列车还因其车内服务著称：乘客能够享受大不列颠最好的餐厅服务，在鸡尾酒吧车厢小啜开胃酒，甚至还能在车上理发。

20世纪初叶英国的另一趟知名列车是大西部铁路公司的"康沃尔里维埃拉快车"（Cornish Riviera）。这趟列车从1904年开始运行，由伦敦的帕丁顿站直达普利茅斯，全程4小时25分钟，当时是世界上时间最长的直达车次。

▌第94页　伦敦-爱丁堡铁路线上的一组工人，正在清洁A1系列"太平洋"号的第2597号机车"盖恩斯伯勒"（Gainsborough），这台机车负责牵引伦敦-爱丁堡的"苏格兰飞人"号列车。

▌第95页　1932年5月2日，"苏格兰飞人"号列车由伦敦的国王十字站开出，驶往爱丁堡。牵引这趟列车的，是A1系列"太平洋"号中出色的"帕派瑞斯"号（Papyrus）机车。这趟车全程只需7小时20分钟。

史诗般的西伯利亚大铁路

在同一时期,数千英里之外,另一个超绝工程正在成形,这就是莫斯科－符拉迪沃斯托克(海参崴)铁路。这条穿越西伯利亚的铁路,一方面是因其9285千米的长度,另一方面也由于俄罗斯与西伯利亚本身所具有的神秘感,使其成为探险的同义词。时至今日,在这条铁路上的旅行,仍是非常特别的经历。

19世纪中叶,俄罗斯帝国将其最东部与欧洲一边连接起来的需求日益迫切:从莫斯科或圣彼得堡去往符拉迪沃斯托克,路上要花3个月时间。铁路在欧洲开始兴起后,显然也成为解决这一旅途过长问题的良策。但线路的长度和技术困难,都令人望而生畏。

从1870年开始,不断进行了各种研究,提出了不同方案,但直到1875年,最后的路径才确定下来,大致是沿北纬55°线的走向。还有人提出了更靠北的方案,但55°线的路径,更有利于与中亚的交通。不过,由于俄土战争爆发,项目推迟,直到1882年才开工建设。1887年,又就如何绕过贝加尔湖这一天然障碍,展开了调查研究。

1891年5月31日,在符拉迪沃斯托克附近,尼古拉斯太子,也就是后来的沙皇尼古拉斯二世,下令项目开工。10年后的1901年11月3日,项目终告完工,但全线运营到1903年7月14日才正式开始。这中间克服了无数的障碍:在大片大片的沼泽地上,架起了数十座桥梁,总长度在48千米以上;气候的恶劣程度超乎想象;许多许多的工人为这一超大工程献出了生命。

贝加尔湖的确是个巨大障碍。美国在修建横穿北美大陆的铁路时,在犹他州遇到大盐湖后,架桥而过,但在这里,架桥是不可能的。夏天,还能使用轮渡;到了冬天,即使特制的破冰船,也无法破除这里厚厚的坚冰。通过雪橇运送乘客与货物的想法也没被采纳,最后还是决定利用湖冰那惊人的强度,把铁轨直接铺设在冰面上。这是个异乎寻常而又无比大胆的想法。用这个办法,铁路运营每年只需中断数日,也就是在湖冰冻牢后铺设铁轨,湖水开始解冻时拆除。后来在湖的南部,也铺设了一条铁轨。

这条铁路很快成为沙皇俄国的一条大动脉。1906年到1913年,在政府的鼓励政策下,300多万农民移居西伯利亚。他们种植和出口了大批小麦。这条线上的交通量增长迅猛,于是又扩展为复线。全部工程于1913年完工。

▎第96页上　在西伯利亚大铁路上的旅程,往往要花去数天时间,列车车厢,至少那些供富人乘坐的车厢,提供了那个时代能提供的所有的舒适条件。每趟列车上,还有一节改装为小教堂的车厢。

▎第96页下　火车开抵遥远的西伯利亚,值得"立此存照"。20世纪初,在鄂毕(OB)车站,车站工人与火车司机合影留念。

第 97 页　坐火车可以到海参崴，再到日本，这一旅程引发了欧洲旅行者的极大兴趣。当时的一本法国杂志整版全篇幅介绍了这条新铁路。

第98页上 20世纪初,西伯利亚大铁路上的一列货车,正在驶过戈西河大桥。这条铁路投入使用后,立即被用来运输手工制品,而此前这些产品,是由加长的大篷车,在夯实的土路上运输的。

西伯利亚大铁路在抵抗希特勒入侵和苏联对德国的反攻中,都发挥了重要作用。苏联西部整个的工厂被拆装后,运送到更为安全的东部;东部利用铁路,更快速地补给军火和人员,这样才挡住了德国人的进攻,并最终取得胜利。

在这条铁路线上运行的客车种类不一,车厢按俄国习惯,分为"硬座席"与"舒适席"。1914年,国际卧铺车公司获准在此运营豪华列车。考虑到旅途要花近10天时间,还提供有特别服务。

这趟列车装备了常见的卧铺车厢和餐车,还有不少特殊设施。这包括双重通风的车顶、加厚的车体,以及双层玻璃窗,以对抗所经地区的极度严寒。

列车上为旅客配备了图书馆和小教堂。车尾处配有全景式车厢，以供旅客们欣赏风景。在行李车厢，甚至还有照片冲洗室。

其他列车当然远没这么奢华：开水只在沿途各站供应。旅客们在车站的水龙头上，就能用自己带的茶壶打上开水。关于西伯利亚大铁路的传说不胫而走，以至在1904年，出现了一系列利比希式多彩石印版画，而且因其作者是极为少见的"凶残的萨拉丁"（Ferocious Saladin）而赫赫有名，这些版画描绘了这条铁路及其经过的城市。

冷战时期，西方国家的公民很难得到乘坐西伯利亚列车的许可。即使得到许可，旅途中也要受到各种严格限制：他们不能在车站照相，尤其不能拍照桥梁。他们还绝对不能在中间站下车。后来当然有所缓解，但无论怎样，这趟旅程依然引人入胜。

就连帝奇亚诺·坦尚尼（Tiziano Terzani）这么有名的作家、记者［他在亚洲曾为《明镜周刊》（Der Spiegel）作了30年的通讯员］，也在他那本精彩的《算命先生如是说》（A Fortune-teller Told me）里，专门用了一章的篇幅，描述他的西伯利亚之行，描述列车内的各色人等，以及每个车站雨后春笋般发展起来的市场。

▎第98-99页　1941年西伯利亚列车上的餐车。第二次世界大战期间，在苏联人对德国人侵的抵抗中，这条铁路发挥了至关重要的作用。

▎第99页上　西伯利亚大铁路修建期间，成千上万的工人，终年在荒无人烟的地带工作。这张照片上，一组工人正在铺设固定铁轨的枕木。

▎第99页下　20世纪初，一群工人正为西伯利亚铁路路轨修筑护堤。这条线路本来是单线，不过没多久就扩建为复线。

99

两列大名鼎鼎的
美国火车

20世纪初叶，就连美国有些火车，也变得大名鼎鼎。它们受欢迎的程度，在几十年后达到顶峰；这里，我们来浮光掠影地看看那些最快、最漂亮的蒸汽机车。

我们这里叙述的两列火车，都大名鼎鼎，但故事各异。第一列是"20世纪有限公司"号，由纽约中央铁路公司运营，从1902年开始在纽约和芝加哥之间运行。

这列火车很快名声大噪，闻名全国。"20世纪有限公司"号沿纽约中央铁路公司"水平面路径"（Water Level Route）行驶，与对手宾夕法尼亚铁路公司运营的"百老汇有限公司"号直接形成竞争。走完纽约和芝加哥之间1500千米的路程，这列火车仅用15.5小时，平均时速近100千米。不过它出名的原因还不仅仅在于速度，也在于所提供的奢华享受：在每个车站，乘客上下车，都走特制的红地毯。

"20世纪有限公司"号的首场秀，是在1902年6月17日。这天，这列火车仅用15.5个小时，即驶抵芝加哥的联合火车站，比预计时间提前了3分钟。这是一次巨大的成功，因为此前这趟旅程需要20小时。时间节省了4个半小时，在当时是很了不起的成就，而这列火车好像轻松实现，这令参与报道的记者们多少有些失望。

▍第100-101页　一台强有力的机车，纽约中央铁路公司的"哈得孙"号（Hudson），牵引着美国最著名的一列火车"20世纪有限公司"号，奔驰在哈得孙河边的铁路上，驶向纽约。

▍第101页　这张1902年的照片展示了6月17日开通的"20世纪有限公司"号。这列火车连通了纽约和芝加哥，时间是15个半小时，而此前需要20小时。

第 102-103 页
火车司机凯西·琼斯驾驶着伊利诺伊中央铁路公司的 638 号机车，机车台阶上是消防员布尔·麦金尼。凯西·琼斯的故事，后来演绎成一首有名的美国民歌。

第 102 页下 当时的一份日报，报道了导致凯西·琼斯丧生的那次事故，琼斯就此成为传奇人物。这份报道的题目颇为夸张："死在驾驶室下：工程师凯西·琼斯的不幸结局。"

另一列同样著名，而且现仍在美国运行的火车，是"加农炮弹"号。这列火车的故事很悲壮，后来成为美国音乐与民间传说的题材。故事讲的是这列火车的司机凯西·琼斯（Casey Jones），以及导致他丧生的那次事故。事故发生在 1900 年 4 月 29 日到 30 日的那个夜间，当时他驾驶着伊利诺伊中央铁路公司的"加农炮弹"号，行驶在田纳西州的孟菲斯与密西西比州的坎顿之间的铁路上。

多年以来，那个晚上发生的事情已经成为传说，还谱成多首歌曲。凯西·琼斯本来名叫约翰·卢瑟·琼斯（John Luther Jones），人们叫他"凯西"（Casey），是因为他出生在肯塔基州的凯斯（Cayce）。1888 年，他被伊利诺伊中央铁路公司雇为司炉，两年后，就当上了机车司

"凯西·琼斯歌谣"，现已成为美国流行文化的一个组成部分。

机。他在沿线的铁路员工中小有名气，因为他声称自己总能准时；他的名声与他对机车汽笛的独特使用也有关系，笛声开始时低，随后越来越高。4月29日晚，凯西·琼斯奉命替班，顶替负责1号快车的一位生病的同事，23:15出发，从孟菲斯开至坎顿。这列火车由382号机车与6节车厢组成。机车内是司炉西姆·韦伯，车厢内还有检票员 J. C. 特纳。由于一系列原因，火车 0:50 才出发，比正常时间晚了大约一个半小时。凯西·琼斯决心尽可能追回时间，他把火车开到了最高速度，但这段火车线路路况复杂，弯道很多，事故多发。

车头转而向南后，意外发生了。在沃恩站，72号和83号两列货车，正缓缓驶入侧线，但这两列车太长，部分车厢仍在主线。与此同时，当地一列火车，即由坎顿开来的 26 号车，正在进站，也被安排到侧线停靠。当两列货车再度启动以离开主线时，72 号车的刹车出了问题，尾巴仍然停留在车站北边的主交汇口。1 号快车从弯道处全速驶出，此时，凯西·琼斯才发现线路受阻。他当即意识到，撞车已不可避免，但竭尽全力想把车停住；他把司炉西姆·韦伯推下火车，从而救了他一命，但自己仍留在驾驶室。撞击极其剧烈，行李车厢以及两三节货车车厢撞毁。但凯西·琼斯没有弃车逃生，拯救了许多人的生命。

尽管官方调查指责他没能注意铁路线上的黄色警示旗，但自我牺牲的壮举，令他立即成为人们眼中的英雄。本来，时间一长，这个故事肯定会被淡忘；不过，琼斯铁路上的一个同伴，可能是坎顿工厂里的黑人技工乔丹·富尔顿，为他谱写了一首歌曲。这首歌非常伤感、动听，以至后来许多年内，许多其他艺术家由此得到灵感。

这则故事还有个鲜为人知的细节，那就是火车名字。实际上，那天夜里，"加农炮弹"号快车没有出动，出动的只是1号快车。在当时这家公司的文件及火车时刻表上，看不到"加农炮弹"号的字样。随后数日乃至数周内关于这次事故的文章，也没有提及"加农炮弹"号。直到1903年，一家报纸才以"伊利诺伊中央铁路的'加农炮弹'号在靠近市区处脱轨"为题，讲述了这个故事。那么火车名字从何而来呢？在那些年里，人们把任何的快车，都称为"加农炮弹"号，以示火车速度之快。我们有理由相信，多年以后，随着故事越传越广，"加农炮弹"号就成了人们对那列事故火车的命名。又过了好几年，伊利诺伊中央铁路公司晚间 11:15 出发的1号快车，才有了一个官方名字；但名字不是"加农炮弹"号，而是"奥尔良城市"号。

103

挑战纪录
1900—1930 年

人类驯服铁马
第 106 页

蒸汽机车的发展
第 114 页

一个时代的机车中的佼佼者
第 116 页

美国伟大的铰链式机车
第 136 页

两次世界大战之间的空气动力学火车
第 140 页

巨人般的加瑞特型机车
第 144 页

齿轮传动机车
第 146 页

齿轮传动式森林铁路机车
第 148 页

电气牵引和柴油牵引的问世
第 150 页

人类驯服铁马

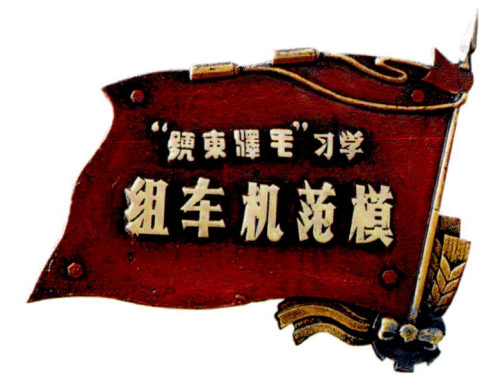

▌第106页上　在中国，许多年里，蒸汽机车都是发展与进步的标志。因此，机车上往往以口号、标语等加以装饰，图中所示即为一例。

▌第106-107页　两台"前进"型蒸汽机车，正在黑龙江省的哈尔滨站待命出发。左侧那台装饰有朱德元帅像。

▌第107页　这台SY型中国机车，车轮设置是米卡多2-8-2（Mikado 2-8-2），一直在唐山的煤矿中运行。

20世纪开头的几十年，是蒸汽动力的黄金年代，世界各地都一样。技术持续进步，电力推动与柴油动力逐渐得到广泛应用。即使在柴油出现后，许多国家仍继续使用蒸汽机车，长达数十年之久。时至今日，在一些偏远国家还能看到正常使用的蒸汽机车。

世界范围内，有数百台这样的机车，或是留作历史陈迹，或是用于牵引老式火车。但"实际使用"的魅力，不同于以上任何一种。与其他国家相比，中国仍是世界各地蒸汽火车爱好者的天堂，虽说这种状态可能保持不了太久。

一些爱好者前往中国，去给仍由蒸汽发动机牵引的最后的客车与货车拍照，这些几乎都是体形较大的QJ机车，配有5个承载轴。但可叹的是，就连中国最近也停止了这种机车的生产。

▌第108页上 3台"前进"型中国机车，车轮配置为2-10-2，在吉林省长春市的机车场待命出发。这些机车专门用于货运。

要想理解完全依靠蒸汽动力运行的大规模铁路网，你只需回顾一下过去，例如1985年，在中国北方的哈尔滨，机车车库内，存放着100台正常使用的蒸汽发动机。

按照欧洲标准，这些都是超大型机器。它们依次排列，轮到哪台，那台机车就会牵引列车，开到一个巨大的木制漏斗下装满煤炭，随后再去注满煤水车。

完成运送任务后，这些机车先要清理燃烧室，检查轴承和车轮的润滑，之后开到一个巨大的旋转平台上，这个平台再将它们转送至大型环状车库的空闲车位。这种操作，这种情景，在欧洲和美国，早在40年前就已消失。

在蒸汽机车车库，会对这些机器进行养护，就像对待鲜活的生命；这和电气机车或柴油机车完全不同，后面两种机车的车房，不过是轨道与轨道间的停车地带。

108

■ 第108页下 这台"人民"型"中国太平洋"号机车（车轮配置4-6-2）正在等待恢复运行。长方形牌子上的标语，是"为人民服务"，锅炉四周的口号则是"向四个现代化进军"。

■ 第108-109页 两台"SY"型中国机车，在唐山煤矿的大广场铁路上牵引着运煤车厢。只是在几年之前，中国才停止生产蒸汽机车。

▌第 110-111 页　这张照片,展示了壮观的双重牵引。两台中国的"前进"型机车,共同牵引着一列货车,在集通铁路上奔驰。在 2004 年,集通铁路是世界上最后一条完全使用蒸汽牵引的铁路线。

▌第 111 页　在辽宁鞍山,一台小型蒸汽机车,牵引着装满木材的火车,行驶在窄轨的森林铁路上。几年前,中国的森林铁路就已长达数千千米。

蒸汽牵引一向需要复杂厂房，需要许多工人昼夜工作。作业间歇期间，蒸汽发动机从来不能完全休眠，而只是在锅炉低压状态下待机。值班看守发动机的工人，几乎就像是侍弄纯种马的马夫，他们悉心看护机器，确保炉火既要比平时微弱许多，又不能太过微弱，这样锅炉里的水就不至于降到最低限度之下。在间歇之前，发动机的煤水车会注满水，燃烧室会清出所有杂物，煤灰也从燃烧室下面清掉。之后所有垫圈、轴承与车轮，都要彻底检查，上润滑油。

许多时候，还会对机器进行保养，紧紧插销，查查压缩空气泵以及锅炉中的喷水装置等。正常间歇时，还需打开位于机车前部的烟室，这是锅炉的一个组成部分，汽缸里排出的废气，经过此处排到空气中，从而产生有利于燃烧室内燃烧的吸力。燃烧室的通风气流，带有很多灰烬，会在烟室地面形成沉积，需要定期清理。

机车再度执行作业前，还要执行其他一些操作：锅炉中的压强要恢复到正常水平，即每平方英寸170磅力（约1.17兆帕）以上，具体数字视机车不同而有所差异。此外还要检查安全阀门，装满沙盒，并确保机器润滑。围着运行的机车，总有没完没了的工作，这意味着要有一个复杂而高成本的组织；对这种组织，铁路公司当然想早日取缔。

司炉和司机的工作至关重要。随着机车不断进步，他们的工作条件也在改善。早期，他们的车厢比铁皮屋好不到哪儿去，工作本身又极端艰苦。一趟旅程中，司炉要铲数吨的煤，还要保证这些煤在燃烧室内堆放齐整。为取得最佳效果，炉火要用特殊方式准备。当然，这取决于燃烧室大小、机车类型，还有可用的煤的数量。不过，司炉很快认识到，他不仅要铲个小煤山，还要学会成为真正的燃烧室行家，学会使用其他设备，例如芯棒和拨火棍，来清理杂物，更好地处理燃烧的煤炭。

蒸汽机车的建造持续了一段时间后，尤其是在更强大的机车问世后，人们意识到了人力的局限，开始探索通过其他设施来辅助机车运行。其中最主要的当然是自动加煤机，也就是自动把煤从煤水车添加到燃烧室的装载机。其他机车采用了燃料油，是通过特殊喷油嘴，将油喷洒至燃烧室。但在蒸汽

机车早早止步不前的国家，这些设施从未采用，司炉们也就只能一锹复一锹地出力。以意大利太平洋铁路公司的691号机车为例，这台机车所牵引的，是米兰-威尼斯线上最重要的列车，这趟列车需要配备两名司炉，因为一个人无法独自完成全程任务，无论他多么训练有素，多么身强力壮。火车司机也不容易。仍以意大利为例，这里的机车，除了少数美国制造的以外，都需要站着驾驶。他们往往需要把头伸出车

外，以看清线路与信号。在露天驾驶室的情况下，燃烧室前边的热度难以忍受，退后两步则冷得可怕：这种折磨无论如何比 20 世纪初的情况还要好些，那时的火车司机，是在意大利国家铁路公司（FS）集团 470 号机车狭小的封闭式机舱内作业。机舱内温度奇高，以致这款机车很快得到了"火葬场"的绰号。有些极端情况，现在看来不可思议，而在当时却司空见惯。老一拨的司机，还记得驾驶着沉重的火车，驶入长长隧道的可怕情形，尤其是爬坡的隧道。重载下的机车，喷出浓浓的蒸汽和烟雾，很快弥漫了巷道，弥漫了机舱。这种时候，司机和司炉在设置好各自设备后，往往在机车地板上一躺，用湿毛巾掩住脸面，等着机车自动把他们拉出隧道。

尽管如此，绝大多数司机、司炉，都非常热爱他们的工作，有时甚至会对他们的机车，狂热地给予关爱。今天，在蒸汽机车驾驶室旅行，仍是一种独特的经历，特别是有司机陪同，并为你解说让那些机器发挥最佳效能的复杂操作。有人可能会这样评价：驾驶蒸汽机车与驾驶柴油或电力机车的区别，就像骑马和开车之间的不同——虽然都会到达目的地，但旅程经历和感受迥异。

▌第 112 页　在美国西马里兰铁路公司穿越阿勒格尼山脉去往弗罗斯特堡的列车出发前，一名锅炉工在为煤水车装煤。对这种历史性车辆，仍安排有锅炉工执勤。

▌第 112-113 页　一名锅炉工把满满一锹煤倒进机车燃烧室。他需在连接驾驶室与煤水车的平台上，在移动中保持平衡，这是锅炉工的一项基本功。

蒸汽机车的发展

第 114、115 页
最大的美国机车，联合太平洋铁路公司的"大男孩"号（4000型），重541吨，功率6300马力（1马力约为735瓦），它牵引的列车，重量都在4000吨以上。这种机车于1941年开始制造，共生产了25台。

几乎所有开发了蒸汽机车的铁路管理机构，都形成了自己的"流派"。这意味着稍有经验的人，能一眼就将德国机车和意大利机车，或将英国机车和美国机车区分开来。相比之下，如今的机车车辆，在任何地方都大同小异。

当然，基本的技术进步路径也大体相似：为提高机车性能，有必要增加其重量，同时增强其马力。随着时间的推移，通过建造尺寸不断加大的锅炉，通过增加车轴数量，包括驱动轴和从动轴，上述目标均已实现。但限制条件仍要遵守：一方面，车轴负荷不能超过铁轨的承重限度；另一方面，机车尺寸不能超出其在铁轨上行进所要求的尺寸。随着铁轨材料的改进，第一个限制可以变得没那么严格；但对第二项要求，唯一的办法是加长机车。"火箭"号的长度，包括煤水车在内，为6米；到了联合太平洋公司制造的"大男孩"号，机车长度已增至40米。

机车车身越长，弯道行驶就越不容易，这个问题是通过各种技术窍门解决的，包括除去中间轮的凸缘，增进车轴在端处的侧向运动，以及发动机各个部件之间的真正紧密的连接，阿纳托尔·马莱设计的机车即为一例。

在所有技术创新中，最主要的肯定是超级热蒸汽的采用。如果流经合适的电热元件，蒸汽温度能够大大超出水沸温度（212℉或100℃），而且湿度较低。这样就会带来一个实际效果，即显著提高其膨胀能力。另一项比较有趣的创新是复式膨胀。这一系统利用已使用蒸汽剩余的膨胀能力，令其在另一个较低温度下运行的汽缸内发挥作用。其他的重要装置，还包括锅炉内的预热器，例如 Nielebock-Knorr 或 Franco Crosti 等品牌。

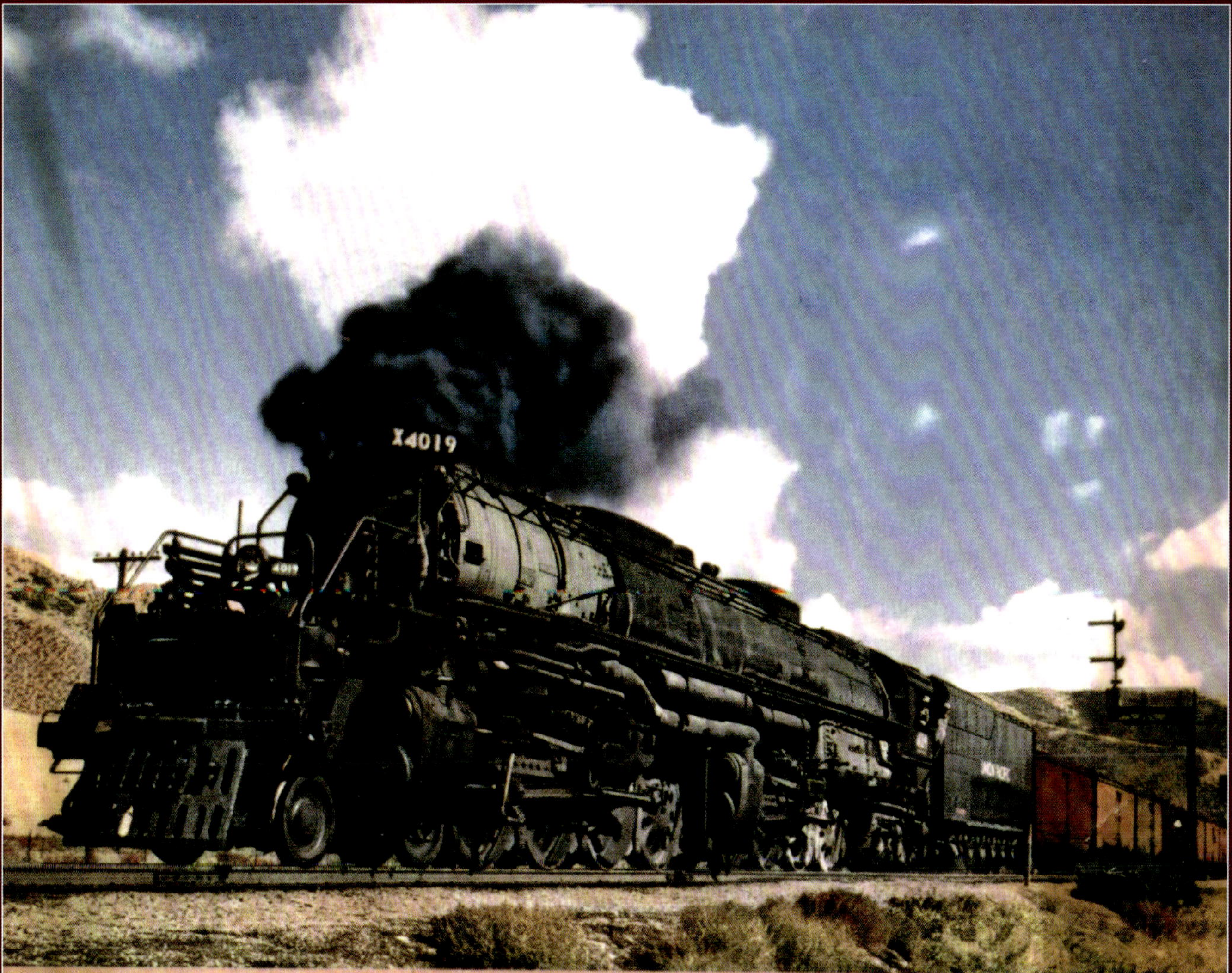

Let "Big Boy" speed your freight

A gigantic, rolling power-house ... the 600-ton locomotive "Big Boy" speeds the heaviest freight loads. Equipment designed to handle any freight shipment ... large or small ... backed by modern facilities and men who know their jobs are assurance of dependable performance.

Union Pacific traffic experts are located in metropolitan cities from coast to coast. They offer you complete cooperation in handling any traffic problem.

BE SPECIFIC: *Ship* **UNION PACIFIC**

一个时代的机车中的佼佼者

第116页 当时的名流都热衷于搭乘法国PLM（巴黎－里昂－地中海）公司的C系列机车。这些外观优雅的机车，也用于开往法国维埃拉的豪华列车。

"头部整流罩"——要想逐一叙述过去岁月里生产的各种蒸汽机车，几乎是不可能的，就像按其重要性或技术规格画出一览表一样困难。我们因此决定，在数百种机车中，做出自己的选择，并对那些我们觉得更有意思的车型稍加描述。

20世纪初，欧洲名气最大的蒸汽机车中，也包括PLM（巴黎－里昂－地中海）公司的C系列机车，这款车因其独特形状，有着"头部整流罩"的绰号。它们被用来牵引"美好年代"里开往法国里维埃拉（Riviera）的那些最负盛名的列车。从1898年开始，这种机车共生产了120台。"头部整流罩"的车轮配置为4-4-0，两极膨胀式发动机，速度可达每小时112千米。其钢制锅炉内的压强，是史无前例的每平方英寸213磅力（约1.47兆帕）。两个

第117页上 PLM公司的C系列机车，因其烟囱的空气动力学造型，也被戏称为"头部整流罩"。这张老式卡片上所声称的最高速度有些夸张：C系列的最高速度为每小时115千米。

第117页下 小巧的T3级机车，于1878年开始制造，共生产了1300台，每台都有独特的机械特色，当然所依照的都是同一原型。其中许多台，例如"欧洲蒸汽俱乐部"的这台，今天仍在使用。

大驱动轮，直径为1.9米。此外，吸引大众眼光的，无疑是其具有空气动力学外形的烟箱，以及将烟囱连接至锅炉穹顶的整流罩，这些都增加了这款机车的吸引力。

"奶牛型"——在那个年代，意大利亚德里亚铁路公司（Rete Adriatica）的500型机车，意大利国家铁路公司的670型机车，也都颇为新颖。绰号"奶牛"的一款，得名的原因，倒不是因为其外形，而是暗指那些随机车参加各种展览和试验的技术人员，在这些活动中获利颇丰。这台机车参加了巴黎的"万国博览会"，它所采用的技术方案，引起了人们很大兴趣。其中最主要的是燃烧室的位置，是在前托架的上面，因而尺寸可以更大，产生的蒸汽也更多。

这样一来，锅炉就安装到跟平时相反的方向，前边是驾驶室，后边是烟囱。燃煤存放在锅炉和驾驶室之间的一个集装箱内，水则来自贮水车厢，车厢末端有3个车轴。另一个显著的新奇之处，是采用了复式膨胀的"地板"（Plancher）发动机，而汽缸则非对称排列。到1906年，共生产出43台，分别由柏林的伯西格公司（Borsig）和米兰的布雷达公司（Breda）制造。"奶牛"号的车轮配置是4-6-0，两个塞料磨轮的直径为1.9米，最高时速110千米。

"T3型"——这款机车外观小巧，但效率极高，用途广泛。这是款3轴的煤水机车（煤水机车自载煤和水，而无须另外的煤水车），自1878年开始制造，共生产了约1300台，这也证明了其技术上的成功。对地方火车而言，这是款经典机车，最高时速仅为40~48千米。但从另一角度看，这款机车轴向重量仅11吨，几乎可以去任何地方。第二次世界大战之前，主要是在德国使用，也有数十台出口到其他国家。有不少台今天还在，用于牵引那些曾经的经典款火车。

"大西洋北型"——这款出色的机车，采用了经典的4-4-2式车轮配置，北方铁路公司（Compagnie du Nord）于1900年携带首台参加了巴黎的"万国博览会"。在当时，这台发动机非常先进，集中了所有的技术创新。

人们还喜欢这款车型的巧克力颜色和黄色饰条。这并非随意选择的结果，因为这款机车是法国南部铁路线上牵引主要快车的基本车型，直到20世纪30年代，才被出色的"太平洋"号取代。这款机车轻而易举就能达到120千米的时速，在牵引快车时，最高可达140千米。前后生产的185台机车服务于多家公司，而不仅仅是法国公司。在位于米卢斯的法国铁路博物馆，就保存着其中的一台。

大西部铁路公司的"城市"级 4-4-0 型机车——最有名的是这组机车中的 3440 号，绰号"特鲁罗市"（Truro）。在人们的记忆里，它是欧洲第一辆打破 160 千米时速界限的机车。英国的这个款式的 27 辆车，可能不会有多少名气，但是这款车在英国的机车爱好者当中大名鼎鼎。"特鲁罗市"是在 1904 年打破了这个象征性的速度界限。在停止运行的 1931 年，其中一辆被约克的博物馆收藏。1957 年，又有人开始使用这款车，不过主要是为其粉丝，到了 1961 年，终于永久退役。

十几年前，这款机车再度出马，这次是为了庆祝打破速度记录 100 周年。从技术角度看，就像我们说过的那样，这款机车并非里程碑。这是最后一款车轮配置为 4-4-0 的机车，外部底盘由大西部铁路公司建造。

"普鲁士 P8 型"——这款机车包括不同版本的 4000 个型号，是德国铁路上一款独具特色的机车。这种车造型简单，经久耐用，装有两个简单的膨胀气缸，由过热蒸汽驱动。其目的是牵引轻型客车。型号中的 P，代表的是 Personenzug，即德语中的客车。不过，这款车用途多样，也同样用于牵引货车。最高设计时速 109 千米。1906 年开始建造后，德国几乎所有最主要的机车制造厂都接到了订单。这些机车组成了 DR 即帝国铁路的 38 组，不过，第一次世界大战后，其中许多被用于赔偿，转到了欧洲各铁路管理机构的手中。

"瑞士铁路公司 A 3/5 型"——从 1907 年开始制造的这款独具魅力的机车，车轮配置为 4-6-0，非常适合在哥达地带爬坡，而这里的坡度，有些地方高达 2.6%。机车采用饱和式单膨胀发动机，使得车辆既能用于山地爬坡，又适合平地运行，其所牵引的，往往是重要客车。

从 1913 年开始，这款机车装上了蒸汽过热炉，性能得到提高。A3/5 型机车无疑是瑞士蒸汽机车中的佼佼者，这也归功于其车身的经典而洁净的设计。

意大利国家铁路公司 640 型机车——这种机车是所

谓"意大利派"的第一个范例,其成功开发要归功于佛罗伦萨工作室的工程师们,他们先是为亚德里亚铁路公司,1905 年后则是为国家铁路公司开发。这是款轻型机车,线条纤细但功率强大,其所依据的技术原理,既简单又现代。例如,借助于更为有效的过热器,640 型摒弃了复式膨胀,而采用单胀机。单式膨胀所损失的动力,由过热器的蒸汽充分补偿,而且省去了复杂的构造。但这款机车真正的亮点是其前煤水车,由朱塞佩·扎拉(Giuseppe Zara)发明。

▌ 第 118-119 页　A3/5 型机车是瑞士最漂亮的机车之一,从 1907 年开始,由瑞士机车和机器制造公司(SLM)和马菲公司(Maffei)各生产一个系列,共 51 种型号。瑞士铁路公司保留的 705 号,由瑞士机车和机器制造公司制造。

▌ 第 119 页上左　3440 号机车,即"特鲁罗市",是在 1903 年,根据工程师威廉·迪恩(William Dean)为大西部铁路公司所做的设计制造。这款车因首次突破 160 千米的时速大关而闻名于世。

▌ 第 119 页上右　普鲁士 P8 型机车,后来成为帝国铁路公司的 38 系列,是在德国乃至欧洲得到广泛使用的车型。从 1906 年开始,共制造了 4000 台。

▌第120页 意大利国家铁路公司的一辆625型机车，正设法开到一列历史性火车前面：阀门中冒出的蒸汽，表明锅炉里的气压已达到最高值，即每平方英寸178磅力（约1.23兆帕）。

▌第121页 在威尼塔历史性列车协会的志愿者的努力下，意大利国家铁路公司的740型038号机车仍在运行，用于旅游及电影拍摄。

又被称为"意大利转向架"的这款机车，将前承载轴的运动与第一发动机轴的运动结合起来，后者的侧向运动，经由安装在相应插座里的万向节实现。即使在列车高速运行的情况下，该系统也一样有效，在弯道上的表现，比传统的载重转向架要好许多，并将机车重量利用到了极致。

1907年以后意大利制造的所有机车，都装备了这个转向架，唯一的例外是GR 690型，当时改为了691型。最高时速近95千米的640型，一直运行到20世纪70年代。其所采用的标准及整体设计，数年后为625型所用，这个型号的机车，是意大利蒸汽机车的参照点之一，共建造了341辆。与640型相比，这款机车装备了两个直径稍小的汽缸，车轮较低，1.5米，而不是1.8米。其速度也因此稍慢，而588千瓦的功率则基本一致。

意大利国家铁路公司740型机车：意大利标准型——意大利蒸汽机车中，这一款制造的最多，计有470辆。在经过维修保养后，其中许多辆仍在为旅行者与机车爱好者乘坐的客车服务。这款机车本是为货车设计，在其运行的过程中，更多地用于山线及支线，同时也服务于地方客车。

740型机车的车轮配置为2-8-0，其开发理念是舍弃复式膨胀，而采用单胀，因为过热蒸汽已能使单胀达到复式膨胀的效果。740型机车的结构，与1906年建造的730型类似。

从1911年开始，人们转而订购以单胀机、外汽缸及过热蒸汽为特点的740型机车。其功率当然没那么高：45千米的时速下，功率为721千瓦，最高时速为65千米；但从另一方面看，这款机车的性能极其稳定。

根据同一设计，从1922年开始，意大利国家铁路公司还制造了41辆940型煤水机车，车轮配置2-8-2，采用与740型同样的发动机与锅炉，牵引的车厢也一样，用于山线的客、货车。我们还应记得，从20世纪50年代开始，许多740型机车装配了Franco Crosti预热器（其中有些是在1941年）。这一设备安装于锅炉上或下面，从侧面看是两个组成部分。741与743型机器独具特色，烟囱体离驾驶室非常近。

685型，意大利机车王后——这款机车如今只有一辆仍在运行，这就是196号，专用于牵引最有名的历史性列车。其优雅的外形，在意大利的机车爱好者中间，赢得了"机车王后"的美誉。实际上，这款2-6-2车轮配置、1912年开始建造的机车，堪称意大利国家铁路公司的杰作。意大利国家铁路公司为685型机车采用了与640型和740型同样的技术方案：680型一族都没采取复式膨胀。为此而开发的发动机，使用四缸单胀与蒸汽过热器，很快就有了不俗的表现。当然，发动机还安装有著名的意大利转向架，这使其能轻松达到120千米的时速，实现了速度和功率919千瓦的完美结合。

从审美角度看，其空气动力学的驾驶舱，以及直径6英尺1英寸（1.8米）的车轮，都令其可圈可点。这款机车前后生产了271辆，还有另外121辆，由680型改装而来。在非电气化的线路上，这些机车实际上承担了所有的牵引最重要客车的任务。

这款名车中最后退役的一辆，是从费拉拉到里米尼（Ferrara-Rimini）的阿德里亚快车（Adria Express），一直运行到1967年。

大西部铁路公司"城堡"型机车，车轮配置4-6-0，是大西部铁路公司最负盛名的车型之一。这款机车是从"星"型演进而来，从1923年到1950年，共生产了165辆。这一族中的机车，因在牵引切尔滕纳姆快车（Cheltenham Flyer）中的突出表现而小有名声。

1932年6月6日，特雷格纳"城堡"机车5006号，牵引着这趟快车，以平均130千米的时速，快速驶过了从斯温登到帕丁顿（Swinton–Paddington）的124千米的路程。"城堡"型机车采用单胀式发动机，有4个汽缸（这比双汽缸噪声要小），使用过热蒸汽。

这种机车一直运行到20世纪60年代，其中许多被留存，用于牵引历史性火车。

DRG44系列——这种用于牵引货车的机车，外形颇有气势，车轮配置2-10-0，从1926年开始制造，到1949年，生产了近2000辆。这是首款统一用于货车的德国机车。欧洲机车中，有5组联轴的为数不多，这一技术途径，一方面得以使用功率更大的发动机，另一方面，以硬性连接的方式（即数个车轴以连杆耦合在一起），保证列车在弯道上能以完美曲线通过。在英国，首辆5联轴机车，到1943年才出现，而德国人早在1912年就开始尝试。1917年，首批采用2-10-0配置的机车问世，这就是"普鲁士G12"型，共生产了1350辆。当统一

▎第122-123页　1993年6月，大中部铁路公司的"克兰城堡"型7029号机车，全力牵引着一趟特别观光列车。于1923年开始生产的这种机车，行进速度可达每小时160千米。

▎第123页　G12型机车是1917年后在德国批量生产的第一款车轮配置为2-10-0的机车。图中所示一例，被JZ即南斯拉夫铁路公司注册为36级。

的德国国家铁路网于1921年建成后，G12型机车归入德意志铁路公司协会（Deutsche Reichsbahn Gesellschaft，DRG），成为58型。其优异表现，促使德国的铁路工程师们，将2-10-0的车轮配置列入"机车标准化方案"。之后，DRG接手了284种统一化之前使用的、不同款式的机车，感到有必要治理一下既带来亏损又产生运行问题的现状。因此，在很短的时间内，他们决定将库存机车减少到29种标准机车的车型。

44型机车采用3汽缸发动机、单胀式过热蒸汽，锅炉是现代式锅炉（和后来用于更快的"太平洋"型机车上的一样）。这些配置能够牵引2000吨的火车，以56千米的时速行进。

第二次世界大战后，随着德国解体，这些机车分别归入西德国家铁路公司和东德国家铁路公司。

归到东德的那些机车，1967年就开始停用；而到了西德一边的，一直用到1976年。那些年里最令人难忘的，是双牵引式货车，重量在3000吨以上，从莫泽尔河谷横穿而过。

"太平洋"机车，铁轨上的速度和优雅——在全球范围，"太平洋"机车都是优雅和速度的代名词：在世界上享有美誉的这种机器，是美国的车轮配置为4-6-2的机车。这种配置以双轴前车为指引，有3组负荷轮，在燃

123

第124页 巴伐利亚S3/6型3673号机车，后改为DB 18478号，在常规保养的状态下，牵引着一列历史性火车，高速行驶在拿骚附近。这是欧洲"太平洋"型机车中最漂亮的车辆之一。

第125页 1928年的这张海报，宣传了宾夕法尼亚铁路公司的列车。在美国，牵引这些大重量客车的"太平洋"型机车，很快被功率更大的机器所替代。

烧室下面还有一个负载的后车，这些对机车发挥功率、提高速度都很有利。后来，出于对更大功率的需要，兼之锅炉的大小，又安装了一个附加轴，配置成为2-8-2，也被称为"天皇"型，这种机车更漂亮，更壮观，但不如小一些的"太平洋"型优雅。

实际上，在蒸汽动力的黄金年代，欧洲和美国的所有铁路网，用的都是"太平洋"型机车。我们这里描述的，是在当时运行的最具魅力也最有名气的车辆。最早在欧洲运行的"太平洋"型机车是巴登IVF号，由慕尼黑的马菲公司在1907年为巴登省生产，是款别具风度的机车。这款机车采用4缸发动机，单胀式过热蒸汽，车轮直径1.8米。

120千米的最高时速，使得这款机车所牵引的车辆，成为当时最快的火车。在曼海姆-奥芬堡-巴塞尔（Mannheim-Offenburg-Basel）线举行的一次试运行中，牵引的火车重460吨，按当时的标准已经很重，但轻而易举就实现了95千米的平均时速。

仅仅过了一年，"太平洋"机车就应运而生。这是当时最漂亮的机车之一，4缸发动机，复式膨胀（这在当时很是新奇），也使用过热蒸汽。这是一款非常成功的机器，在慕尼黑的马菲公司，就生产了159辆。20世纪30年代，这款车重新分类为德意志铁路公司DRG的18组，往往用来牵引来自莱茵之金的最负盛名的德国列车，运行于埃默里希和曼海姆之间。巴伐利亚S3/6型机车功率强大，时速72千米时为1287千瓦，最高时速130千米。

在法国，人们当然也没有袖手旁观。1909年，PLM（巴黎-里昂-地中海）铁路公司即开始使用其第一辆"太平洋"型机车，以"231"号命名。到1934年，不同版本的"太平洋"型机车，共制造出460辆。起初，这些机车采用单胀，到1912年的C系列后发展为复式膨胀。这些车都很幸运，人们不断对其做出改进（生产的最后一个系列，1934年的G系列，功率高达2059千瓦），运行时间非常之久。

同样成功的是美国宾夕法尼亚铁路公司的K系列"太平洋"型机车，属于那些年里美国机车中最漂亮的车型。其中K4号常被用来牵引著名的"底特律之箭"与"百老汇有限公司"两趟列车。1936年，在其他进展之外，知名建筑师与设计师雷蒙德·洛威（Raymond Loewy）还为3768号机车安上了整流罩。

K4机车的设计者，是宾夕法尼亚铁路公司牵引部的J. T. 沃利斯（J. T. Wallis），他使用了L1型2-8-2设置的"天皇"型机车所用的锅炉与其他机械部件，并从美国机车公司（AlCO）1911年制造的"太平洋K29"型机车中得到灵感。当时，宾夕法尼亚铁路公司是世界上最重要的铁路公司之一，他们已经决定建造自己的机车，掌握最好的轨道车辆。K4型无疑是很时髦的机型，尽管其设计理念相当传统。这家公司后来尝试了多种创新，但都没脱离开基本理念，这为K4型机车带来了30多年的运行期。

这种车的功率约为2206千瓦马力，最高时速150千米，能够轻松地以120千米的时速巡航。采用单胀式发动机、过热蒸汽，车轮直径1.9米。我们可以看到，在美国，到了20世纪30年代和40年代，"太平洋"型机车很快被体量更大功率也更大的机器所替代。

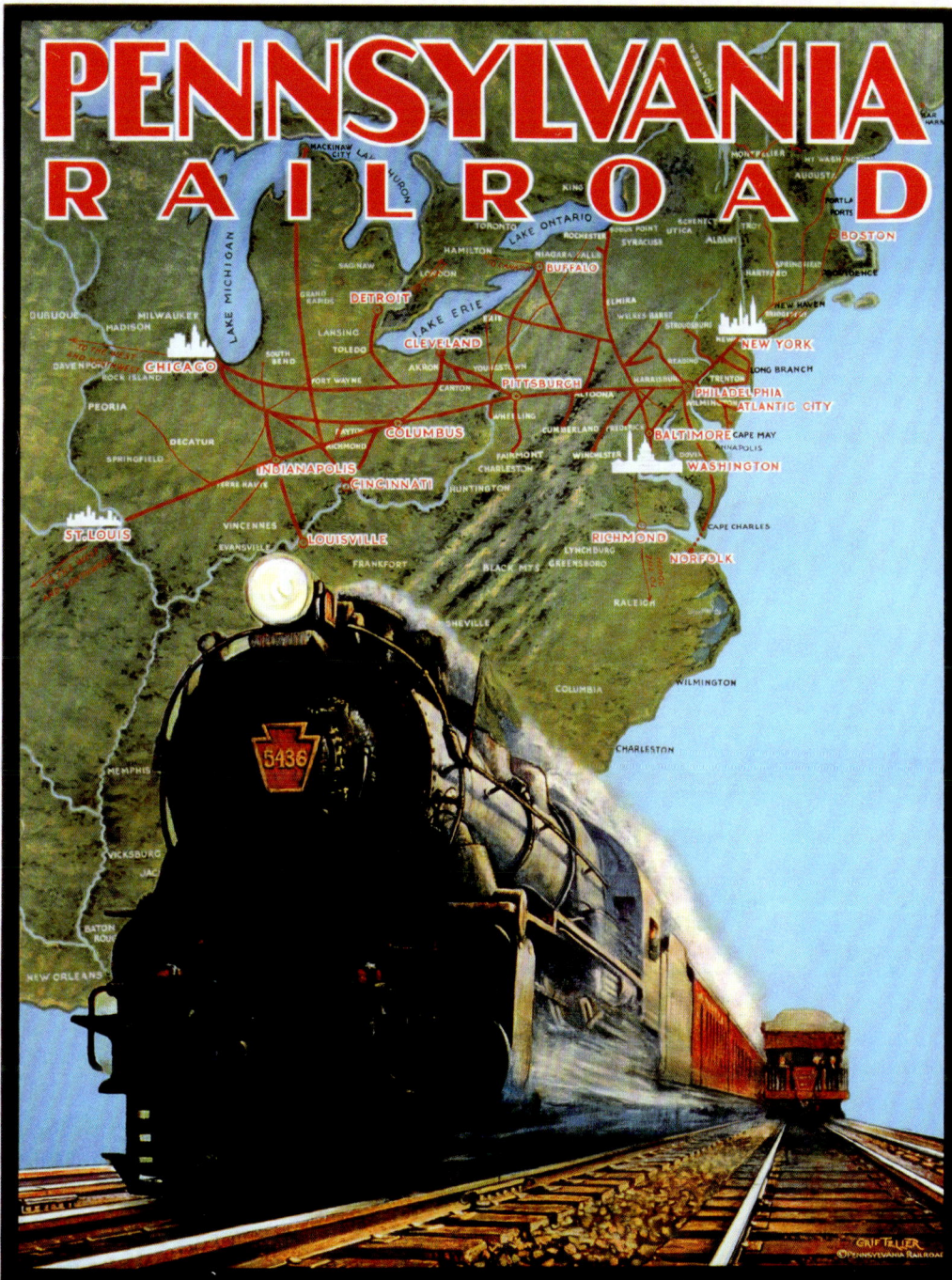

▌第126页 捷克斯洛伐克分裂前的铁路公司（CSD）出色的"太平洋"型387043号机车，和其他历史性机车一道，停在了Brno停车场。1925年制造的这辆机车，时速达到了可观的130千米。

▌第126-127页 德国联邦铁路公司（DB）的01-1100号"太平洋"型机车，是德国历史性机车中最有名的一辆，常被用来牵引特别列车。这辆机车的一个显著特点，是它用柴油而不是煤来作燃料。

　　我们再看欧洲，数年后的1925年，捷克斯洛伐克启用了一款出色的"太平洋"型机车，这就是387号，由斯柯达制造（共生产43台）。这台机器受到了德国派做法的启发，采用3缸过热蒸汽，单胀式，最高时速可达130千米。其运行期一直持续到20世纪60年代中期，捷克斯洛伐克干线铁路实现电气化之后。1年后，在德国，伯西格公司制造出首辆Br 01型机车，这在全欧洲不同阶段所有的"太平洋"型机车中，是款最有名气也最有魅力的车型。不同版本的这种车型，共生产了231辆。要罗列这款机车在那些年里所做的各种修订，从更换锅炉到将燃料改为烧油，将花去太多时间和篇幅。在东德和西德，这些机车一直运行到20世纪70年代。从机械角度看，他们曾用双缸过热单胀蒸汽发动机，达到了130千米的时速。

　　而意大利唯一的一款691式"太平洋"型机车，则远没有这么幸运。691式系从1911年的690式改造而来，共生产了33辆，用于瓦尔帕达纳地区的铁路干线，这也是路轨能支撑其重量的唯一的干线铁路。在对690式机车改造的过程中，采用了更大的锅炉，后承载轴被比塞尔（Bissel）车替代，还添加了一个柯诺尔（Knorr）预热器。其功率在时速88千米的情况下提高到了1287千瓦，最高时速达129千米。1939年，691式026号机车经受了一次怪异的试验，车上加上了一个重重的整流罩，令其看上去很像坦克。这层罩，除了增加无谓的机车自重，还妨碍正常维修，很快就被移除。691式机车一直运行到20世纪60年代。唯一没被当废品处理的是022号机车，现保存于米兰的科技博物馆。

126

■ 第128页 这张照片摄于1947年的伦敦，展现的是"金箭"伦敦－巴黎（Fleche d'Or/Golden Arrow London-Paris）快车的豪华普尔曼（Pullman）车厢。牵引这列火车的，是当时最好的蒸汽机车。

那些年里同样有名的，是"太平洋北沙普隆"（Pacific Nord Chapelon）型机车，用于牵引从"金箭"巴黎到加来的快车，时速140千米。这些机车是天才的安德烈·沙普隆（Andrè Chapelon）的成果，在人们心目中，他是史上最有才华的铁路工程师之一。

沙普隆认为，现有的蒸汽机车虽很出色，但仍有改进余地，方法是改变蒸汽收集器的形状，改变通过烟囱进行的排气系统，以及调节温度。

因此，他的想法不是造新机器，而是改造既有机器。沙普隆开始用自己的理论去改造法国巴黎－奥尔良铁路公司（PO）的一辆机车，结果证明他完全正确：功率从1471千瓦上升到2206千瓦，所需燃料还节省了足有三分之一。PO公司于是让他改装了部分机车，北方铁路公司（Compagnie du Nord）也紧随其后，让沙普隆改造了一批"太平洋"型机车。这样，到1934年，Nord 3.1100系列中的48辆机车，在法国国家铁路公司（SNCF）成立后，被重新归类为231E系列里的1-48号。这些性能超群的机车，采用复式膨胀和过热蒸汽，在时速140千米的情况下，功率能稳定在1986千瓦，表现骄人。

除了其毋庸置疑的技术品质，这种机车的名声还与其外饰有关，这是欧洲铁路史上最吸引人的外饰——深褐的底色，饰以明黄条纹，更显示出机车的精细比例。

幸运的是，这批机车之一的E22号，躲过了被毁坏的命运，完整地保留下来，现存米卢斯的法国铁路博物馆。

■ 第128-129页 这是张1929年的照片，照片上，"金箭"快车前边的231.E34号"太平洋"型机车整装待发，准备从巴黎开往加来和伦敦。在那个时期，这是最负盛名的一趟列车。

第130-131页　伦敦与东北铁路公司的"野鸭"号机车，在人们心目中是世界上最漂亮的"太平洋"型机车，其鼎鼎大名，是因为它创造并保持着蒸汽机车速度的世界纪录，这就是于1938年7月3日创下的202千米的时速，而且至今未被打破。

第131页　1935—1938年，英国生产出35辆A4系列机车，其中最著名的是"野鸭"号。这些机车由伦敦与东北铁路公司首席设计师奈杰尔·格雷斯利爵士设计。

在我们迄今对"太平洋"型多款名车的巡礼中，尚未谈到英国造的机车，这是不无原因的。实际上，在同一时期，英国公司造出了出色的车轮4-6-0型机车，与欧陆一边的"太平洋"型不相上下。因此，在英国，"太平洋"型出现的相对较晚，但依然给人留下了深刻印象。当然，我们这里说的是伦敦与东北铁路公司（LNER）的A4系列，特别是4468号机车，也称"野鸭"号（Mallard）。1938年，这台机车创造了蒸汽机车速度的世界纪录，每小时202千米，这一纪录保持至今。

A4系列由著名工程师奈杰尔·格雷斯利于1935年设计制造，用来牵引一趟新线列车"银禧"号，从伦敦的国王十字站到纽卡斯尔。列车的命名，是为了纪念国王乔治五世在位25周年。格雷斯利以优秀的"太平洋"型A3系列机车为基础，通过提高锅炉内压强［每平方英寸249磅力（约1.72兆帕）］以及扩充燃烧室体量，进一步提升了机车功率。这些改造增加了蒸汽的产出，同时减少了煤和水的消耗。格雷斯利还决定给机车加上整流罩，这不仅有美观作用，还能形成气流，阻止水蒸气进入驾驶室，这样司机视线就不会受到妨碍。这看着像是个细节问题，不过一直困扰着A3系列；不管怎样，在时速160千米的情况下，驾驶室绝对需要视线清晰。A4系列车轮较大，直径约2米，由3缸发动机提供动力，采用单胀式及过热蒸汽。

时至今日，"野鸭"号仍保持着蒸汽机车速度的世界纪录

"野鸭"号

这项世界纪录，诞生于1938年7月3日举办的一次特别测试：4468"野鸭"号机车之所以被选中，还在于它是第一辆安装有基尔切普（KylChap）排气管的机车，这进一步提升了其性能（这种排气管随后也安装到了其他机车上）。测试机车牵引着6节车厢和一辆测力车，正是因为有了这辆测力车，才得以证实其202千米的最高时速。"野鸭"号现存于约克的英国铁路博物馆，但在投产的35辆该系列机车中，存世的仍有6辆。

如果说A4系列是伦敦东北铁路公司的王牌机车的话，那么"公爵夫人"系列（其准确名称是"公主加冕礼"系列，则是伦敦、英格兰中部和苏格兰铁路公司）（LMS）"太平洋"型机车中最具吸引力的一款。这款机车由当时另一位知名的英国工程师威廉·斯坦纳（William Stainer）设计，他是伦敦、英格兰中部和苏格兰铁路公司牵引部负责人，对竞争对手伦敦东北铁路公司推出的机车，他都会认真应对。

伦敦、英格兰中部和苏格兰铁路公司决心在往返苏格兰的交通方面，向对手伦敦东北铁路公司发起挑战，他们推出了一趟新车次，是从伦敦的尤斯顿站到苏格兰的格拉斯哥，中间只有卡莱尔一站。人们把这趟车戏称为"苏格兰加冕礼"。不过问题是，他们使用的"太平洋"型"皇家公主"系列的机车，在人们看来，要逊色于对方的那款新式名车。因此，斯坦纳以"皇家公主"系列为基础，又在"太平洋"型机车中设计出了新的一族：他增大了锅炉直径，引入了新式过热要素，装上了更大的车轮。他还简化了分配系统，并也像格雷斯利那样，安装了完整的整流罩。首批5辆机车于1937年6月在克鲁出厂：跟它们行将牵引的列车一样，这些机车也漆成了铁蓝色，间以白色条纹。另外一批的5辆，同样装有整流罩，不过是以棕色为底色，间以白色条纹，用于牵引同色调的伦敦、英格兰中部和苏格兰铁路公司的经典车厢。这款机车共生产了38辆，其中许多只有部分整流罩，或干脆没有。与伦敦东北铁路公司的A4系列不同的是，"公爵夫人"系列采用的是4缸发动机，不过同样是单胀式和过热蒸汽。其最高设计时速为160千米，在牵引600吨重的列车时，速度也能达到每小时160千米以上。时至今日，这些机车中仍有3辆保存在完好的可用状态。

英国第三款知名的"太平洋"型机车，是由南方铁路公司的负责人、工程师奥利弗·布利德（Oliver

▎第132-133页 一辆"太平洋"型"公爵夫人"系列的机车,牵引着一列有年头的火车,在通过车站的扳道岔。这种机车是为英国的伦敦、英格兰中部和苏格兰铁路公司建造的,第一辆生产于1939年。

▎第133页上 "太平洋"型35028号机车"氏族线"(Clan Line)今天的所有者,商船队机车保护协会。经过5年的艰苦修复,2006年11月,这辆机车恢复到了适用状态。

▎第133页下 "太平洋"型46229号机车"汉密尔顿公爵夫人",在马里波恩停车场等候保养。这些机车中有一部分安装了整流罩,用于牵引"苏格兰加冕礼"快车。

Bulleid)设计的。我们这里所说的,当然是从1941年开始生产的"商船队"系列,牵引的是从伦敦维多利亚站到海港的火车,以连接通往欧陆的交通。这款车共生产了30辆。布利德设计的这种机车,在多个方面都有所创新:封闭油槽里的一根链条,控制着阀门分配;许多操控

由蒸汽动力伺服系统完成——其中包括燃烧室的门的开关——此外还有一点与众不同,那就是烟箱用的是椭圆形门,烟箱上没有安装真正意义上的整流罩,而是采用了一个颇为美观的设计,让机车和所牵引的火车十分协调。这款机车使用3缸发动机,单胀式过热蒸汽,最高时速128千米。此后,南方铁路公司又制造了"商船队"的一个简化版,这就是"西部乡村"系列,也称为"英伦之战"或"布式轻型太平洋"(Bulleid Light Pacifics)系列,这款车共生产了110辆。这些机车负责牵引从伦敦到多佛的"金箭"列车伦敦－巴黎线路的英国段,在欧陆一边,列车的名字是"金箭"(Fleche d'Or)。

第 134 页上、第 134-135 页 1952 年 2 月 12 日，国王乔治五世的葬礼列车，由"大不列颠"机车牵引，由桑德灵厄姆抵达伦敦。从那时起，这辆机车的驾驶室一直漆为白色，以示纪念。

第 135 页 "大不列颠"式"太平洋"型机车，即此前的 7 系列，是采用图中这种车轮配置的最后一款机车，于 1951 年在英国生产，共有 55 辆。7 系列是性能非常优秀的机车，但此时蒸汽时代已近黄昏。

英国最后一款"太平洋"型机车，生产于 20 世纪 50 年代，这就是"大不列颠"系列，也称为"英国铁路公司标准 7 型"系列。这款车共生产有 55 辆，在柴油时代到来之前，一直用来牵引最主要的也最有名气的英国列车。从技术角度看，这是款非常出色的机器，有着骄人的性能，以致英国铁路公司考虑制造其第二代，71.000 号"格洛斯特公爵"（Duke of Gloucester）的原型即由此而来。但蒸汽动力的时代，至少是在欧洲，已经

临近尾声，而且没什么后续。但说起这个系列中的首辆机车，即"大不列颠"，还有一个有意思的事实。这辆机车在 1952 年 2 月牵引着国王乔治五世的葬礼列车，从桑德灵厄姆开至伦敦。从那时起，在许多年里，为纪念这次特别活动，机车的驾驶室一直漆成白色。

我们本来可以就此打住，不过仍想追忆两款"太平洋"型机车，这两款车彼此离得很远，但同样重要。第一款代表着欧洲快车用牵引机车的绝唱，第二款则是世界上正常运行的最后一组"太平洋"型。

德国联邦铁路公司（DB）的 Br 10 型机车，实际上由两款"太平洋"型组成，由克虏伯公司（Krupp）于 1956—1957 年建造和装饰。那些年里，德国的重建已经开始，德国联邦铁路公司（DB）也已拥有了出色的电气和柴油机车。改造这两款机车的想法，可能是要探讨一下体量庞大的"太平洋"型，在战后是否还有发展前途。实际上，用于轻型列车的 Br 23 系列机车，那些年已在生产。它们采用 3 缸、单胀式过热蒸汽发动机，时速可达 160 千米。虽说这种机车性能优越，数年后仍被遗弃。

德国往东约 9600 多千米开外，中国铁路上"人民"型蒸汽机车系列的"太平洋"型机车，至少在 1990 年之前，一直在执行客运任务。"人民"型蒸汽机车系列是中国铁路网上执行此类任务的最后一批蒸汽机车。这些机车生产于 1957—1961 年，它们以 SL6 型为基础，保留了其底架和车轮配置，共生产了 258 辆。锅炉沿用了俄国技术，与"建设"型蒸汽机车系列里的锅炉类似，二者还有其他不少相似之处，目的是实现标准化。这些机车功率不是很大，到了 20 世纪 70 年代，在火车的长度和重量大幅增加以后，其局限性日益明显。

这些机车大多以辅助性业务完成了其使命，从手头的资料来看（那些年里中国不像现在这样容易到访，特别是在某些地区），我们知道许多机车集中在西安地区。最后的运行，当然是在东北的沈阳、长春、哈尔滨和佳木斯一带。

20 世纪 90 年代初，"人民"型蒸汽机车系列开始退出历史舞台，"太平洋"型机车的故事，一个持续近一个世纪的故事，也该告一段落了。不过，还有其他一些蒸汽机车值得提及：大型铰链式马莱（Mallet）机车与美国的空气动力列车，庞大的南非加瑞特（Garrat）型，等等，因为我们讲述机车历史，就不能不提齿轨机车（也就是那些用钝齿轮沿特别锯齿状路轨攀爬陡坡的机车）。同样，我们也不能忘记奇妙的谢型（Shay）、海斯勒型（Heisler）和克拉美型（Climax）齿轮传动机车，这种机车的行进，是靠齿轮和传动轴将动力传递给车轮，而不是靠连接杆。

美国伟大的铰链式机车

美国广袤的国土空间，令美国人对大尺寸情有独钟，铁路也不例外。货运列车的长度是以英里计量。第二次世界大战前，美国的铁路线上，就出现了不少的庞然大物。纪录保持者是联合太平洋公司著名的"大男孩"型机车，一列自重541吨的巨人（"野鸭"号的A4型机车仅有170吨），长度达40米。这种车辆由美国机车公司为联合太平洋公司制造，共生产了25辆，特别用于解决从犹他州的奥格登（Ogden）到怀俄明州的埃文斯顿（Evanston）120千米铁路线上的火车牵引问题。在这条线路上，有一段沿谢尔曼山的长长的爬坡，穿越沃萨奇丘陵的一段，坡度为1.55%。"大男孩"型机车的功率可达4626千瓦，牵引着3300吨的火车，速度能保持在每小时72千米；要是在平地，时速能轻松达到128千米。这种铰链式机车往往被归类为马莱型，虽说这并不确切。两组明显不同的发动机群，驱动着车轮配置为4-8-0+0-8-4、有着两辆台车和4个铰接轴的"大男孩"型机车。在这种配置下，机车就可以进入半径只有88米的弯道。这款机车采用4缸发动机，单胀式过热蒸汽：这是与阿纳托尔·马莱（Anatole Mallet）所设计的机车在技术方面的不同，后者也用铰链，不过是复胀式（也就是说，其每台发动机，都有两个高压汽缸和两个低压汽缸）。一辆"大男孩"型机车，于1959年7月21日完成了最后一次任务，从此结束了其正式运行，不过有些机车直到1961年前，依然保持着运转状态。有8辆"大男孩"型机车逃过了被报废的命运，其中一辆还在2019年恢复到了运行标准。

▎第136页 联合太平洋公司壮观的4000系列铰链式机车，因其庞大的体量，被戏称为"大男孩"。这款机车在牵引重量4000吨列车的情况下，能够达到每小时110千米的速度。

▎第137页 联合太平洋公司停在转车台上的颇具气势的"大男孩"型4007号机车：车轮配置为4-8-0+0-8-4的这款铰链式机车，车身长达40米；连同煤水车，重达541吨。

第138-139页和第139页 联合太平洋公司"挑战者"型3985号的这些照片，展示了这款机车的运行状态。3900系列机车虽说体量巨大，但行动快捷，常被用于牵引干线客车。

两次世界大战期间，还有许多其他的颇具魅力的铰链式机车，在美国的铁路网上运行。其中一些采用了"挑战者"型或"黄石"型的车轮配置（分别为4-6-0+0-6-4和2-8-0+0-8-4）。在采用前者的机车中，联合太平洋公司的3900系列，从1936年开始，共生产了105辆。

虽说外观庞大，机身长达36米，这些机器很是快捷，被公司用来牵引主线客车，尤其是盐湖城到洛杉矶之间的、由20节车厢组成的客车。

"黄石"型机车只生产了72辆，分属4家不同的铁路公司。这些机车各具特色，除了车轮配置相同，只有6辆机车同款。

1928年，北方太平洋公司决定吸纳部分这一类型的机车，于是委托当时美国主要蒸汽机车制造商之一的美国机车公司，为其生产首批技术参数不一样的"黄石"型机车。这家公司想将这些机车用于北达科他州的平原地带，并以当地开采的低质煤为燃料。这样一来，设计者只好加大机车锅炉室的体量，其面积达18平方米，在当时是最大的。为庆祝这一成就，美国机车公司甚至在锅炉室内举办了一个容纳12人的晚餐会！1930年，北方太平洋公司决定另从鲍德温公司（Baldwin）订购11

138

辆，只是这次对额定功率在 3677 千瓦之内的蒸汽挂钩不做要求，这样就出现了 Z-5 系列，并以 5000（ALCO 型）到 5111 为其编号。

而南方太平洋公司的"黄石"型机车，则成为其 AC-9 系列。1939 年，利马公司（Lima）为其生产了 12 辆，用于美国南部铁路网的线路。这些开始打算用来运煤的机车，后被改装用于运输燃料油。

这些机车和南方太平洋公司著名的前置驾驶室（Cab Forwards）型机车同期运行，而且都是铰链式机车，都装有马莱系统，锅炉与平常位置不同，作了 180° 的转向。因此，驾驶室和锅炉室都处在前面的位置，减轻了火车司机在多弯道、多巷道的锯齿状山岭上行驶时的负担。

它们使用燃料油，经由特别管道，由煤水车输送至锅炉室，避免了其他用煤做燃料的机车所出现的问题。

前置驾驶室型机车共有 256 辆，分为不同组，配置也不尽相同。它们前后运行了 46 年——这也证明了设计上的不同凡响。我们再回到"黄石"，德卢斯、米萨贝和铁岭铁路公司（Duluth, Missabe & Iron Range Railroad）在使用后，将其分为 M-3 和 M-4 两组。它们被用来牵引有着 115 节车厢、重 8750 吨的货车，爬行的坡度达 2.2%。第一批的 8 辆机车（M-3 系列）由鲍德温公司于 1941 年制造，性能卓越，因而这家公司在 1943 年又订购了另外 10 辆（M-4 系列）。

这两个系列的机车，都用来牵引重型火车，从德卢斯地区向外面运输矿物。

最大的"黄石"机车组是巴尔的摩和俄亥俄铁路公司（Baltimore & Ohio）的 EM-1 系列，其中有 30 辆在 1944—1945 年由鲍德温公司制造。实际上，这家公司并不想接这一单，因为他们已经决定改为完全生产柴油机车。但由于美国军工生产委员会的要求，他们只好听令。这批机车在从坎伯兰到格拉夫顿的铁路上，用于牵引重型运煤快车和运货快车；这条线路柴油机化之后，又转到匹兹堡地区运行。1957 年，这些机车才开始退役，最后一辆的退出，是在 1960 年。

两次世界大战之间的空气动力学火车

■ 第 140-141 页
这张出色的照片，清晰地展现了1939年为宾夕法尼亚铁路公司制造的6100型机车那不同寻常的车轮配置（6-4-4-6）。其符合空气动力学要求的整流罩，出自设计师雷蒙德·洛威。

两次世界大战之间的那些年里，美国铁路的另一个显著特点，无疑是流线型机车牵引的大型快车。这是些高速、豪华的列车，铁路公司以此应对来自航空和公路的日益加剧的竞争。其中最著名的一列是颇具传奇色彩的"海华沙"号（Hiawatha），于1935年在芝加哥、密尔沃基、圣保罗和太平洋（Chicago, Milwaukee, St. Paul and Pacific）之间的铁路上运行。这趟列车每天两班，上午、下午各一班，连接了芝加哥与双子城（即明尼阿波利斯和圣保罗），这是已经形成一个单独的城市区域的几座城市。这趟列车很是引人注目，整流罩漆成红、白两色，由出色的"大西洋"型机车牵引。1937年，机车替换为哈得孙F7系列，这是为这条线路专门设计的机车，共计6辆，车轮配置为4-6-4。这款机车功率强大，能牵引着由12节车厢组成、重达550吨的"海华沙"号列车以190千米的时速行进。

同样出名的，是雷丁铁路公司的"十字军战士"号（Crusader）列车，从1938年2月开始，这趟列车连接了泽西城和费城。列车车厢用不锈钢作材料，跟机车流线型的整流罩一样优雅；整流罩下覆盖的，是G-1sa"太平洋"型专门用于这趟线路的117号和118号机车。这家公司的标识位于机车前方，精致的蓝色条纹令机车显得更加美观。

在美国西海岸，运行着南方太平洋公司的"海岸日光"号（Coast Daylight）列车，由出色的GS型机车牵引。从1937年开始，这款机车生产有多个版本，在4-8-4的车轮配置下，时速可达140千米，从GS-2系列到GS-5系列，全部采用流线型，车身漆为橙、红、黑三色，用于牵引"海岸

■ 第141页左上 摄于1935年4月30日的这张历史性照片中，牵引"海华沙"号快车的首辆流线型机车正缓缓驶出。这趟快车连接了芝加哥和双子城，即明尼阿波利斯与圣保罗。

■ 第141页右上 流线型的南方太平洋公司的GS系列4449号机车，采用有名的"海岸日光"号快车的颜色，在加州的萨克拉门托，参加历史性机车的一次集中展示。

日光"号列车,在加州的两个主要城市——洛杉矶和旧金山之间运行,直到1955年才被柴油发动机取代。就连"20世纪有限公司"号列车,也在1939年改装为流线型;这是纽约中央铁路公司的快车,从1902年后连接了纽约和芝加哥,是人们心中的国家品牌。这列火车由该公司委托著名设计师亨利·德雷夫斯(Henry Dreyfuss)设计,最终成为一辆具有装饰艺术风格的豪华列车。列车包括1节行李车厢、6节不同配置的卧铺车厢、5节带隔间的车厢、1个沙龙、2个餐车、1个酒吧,车尾还有1节全景式观光车厢。就连纽约中央铁路公司的J-3a系列机车,也装上了漂亮的整流罩。车内服务是当时的最高水准,但纽约中央铁路公司还想再增加一个细节,后来这一细节成了专门服务和奢华的代名词:列车到站后,会为那些有钱的乘客铺上红地毯,将他们引导至候车大厅。从那时开始,无论在什么地方,当接待名人时,就都会用红地毯。

当然,在对流线型火车所做的简短回顾中(那些年里这种火车有100多列,运行时间与成就各不相同),我们不会忘记,同样需要提及的,还有著名设计师雷蒙德·洛威于1939年为宾夕法尼亚铁路公司制造的那辆出色的空气动力型机车。这辆机车只是个锥形,称为6100号或S1系列,没有进一步投产。但当这辆机车在1939年的纽约世界博览会上展出后,取得了轰动效应。它的外观就像一枚导弹,其非同寻常的3-2-2-3车轮设置,给人们留下了深刻印象。也就是说,机车由两台车组成,每台车的两端各有3组车轴,中间各有2组承载轴,但又并非铰链式机车。机车采用4缸单胀式发动机,使用过热蒸汽,能够牵引100吨重的火车以每小时160千米的速度行进。不幸的是,对许多铁路线的路轨而言,这辆机车过重,需要复杂的维护。10年后,这辆机车被废弃,但在当时美国火车的设计与技术发展方面,仍是一个很有意思的范例。

第142页 莱斯利·拉根（Leslie Ragan）为纽约中央铁路公司设计的这张海报，美化了沿哈得孙河到芝加哥的空气动力学豪华列车。

第143页 这两张照片上，都是美国最著名的流线型列车"20世纪有限公司"号，包括准备牵引车厢的J-3A号机车，以及排在车尾的观光车，这些都是由亨利·德雷夫斯设计。

"20世纪有限公司"号列车，在20世纪60年代，是世界上最快的列车。

巨人般的加瑞特型机车

■ 第144页 分成数段、近似鳄鱼的这辆加瑞特型机车，在落日的余晖中，停靠在车场里。这款铰链式机车的名字，来自工程师赫伯特·威廉·加瑞特，他在1909年设计出了第一辆该型机车。

这一型机车的故事，开始于1909年。当时，工程师赫伯特·威廉·加瑞特（Herbert William Garrat）发现了建造功率强大的铰链式机车的新方法。在实践中，铰链式机车都是由两组彼此独立的发动机组成，通过中间的底盘链接起来，底盘上面是锅炉和驾驶室。储备的煤和水存放在机械化的小车上，其自身重量也增进了驱动轮与路轨的贴合。这个类型的第一辆机车，车轮配置为0-4-0+0-4-0，但随着时间的推移，机器越来越大，以致后来发展为4-8-2+2-8-4的配置。

这类机车在时间上离我们最近的，是20世纪50年代为南非和津巴布韦铁路所建造的，其中许多仍在运行，用于牵引旅游列车。最有名的一辆机车，是南非铁路公司的加瑞特GMAM型：虽说南非铁路网采用窄轨（3.5英尺，约107厘米），但这款机车体量很大，有近40米长，还不算往往连在一起的煤水车。它们的时速可达令人瞠目的95千米。这种机车共生产了35辆，主要用来牵引2000吨以上的重型货车。南非的铁路线有不少急转弯道，而加瑞特所设计的极限链接，令火车能够轻松驶过。长长的车身，厚重的外形，加上弯道处的机动，令人想起鳄鱼的快速滑行。

■ 第145页 南非铁路公司的一辆加瑞特GMAM型机车，努力地拉着一列专为爱好者开设的特别火车。南非铁路网的弯道很急，加瑞特机车的铰接技术使其得以顺利转弯。

齿轮传动机车

当线路过陡,机车无法依靠自然附着力牵引列车时,就要用到齿条和齿轮。于是人们用上了轴齿轮和钝齿轮,也称为齿条系统。这种情况下的机车,会多装备一个钝齿轮,通过与齿条的交互作用,牵引列车前行。齿条系统有数种,我们这里不做具体介绍。山区线路上使用的齿条,会带来一系列问题,尤其是在特别陡峭的路段。这些问题也影响到蒸汽机车的制造,因为锅炉必须水平安装,这样水才能盖过烟管和锅炉室圆顶。在世界上有些地方,现在仍有供蒸汽机车使用的齿条式铁路,不过主要是为了游客观光。我们这里想简述两条这样的线路,而且这两条线路都是各自国家铁路网的组成部分。

第一条是奥地利的埃尔茨铁路(Erzbergbahn)线,采用标轨,连接了埃尔茨山(Erzberg)的铁矿厂和多纳维茨(Donawitz)的钢铁厂。直到1978年,装载矿物的重型火车,都是靠彼此对称的双重牵引(一辆机车主导,另一辆紧随车后),机车用的是97系列的齿条式煤水机车,车轮配置为0-6-2T。这种机车装备了Abt齿条,令其能够克服从沃尔丁堡(Vordemberg)到艾森埃尔茨(Eisenerz)之间最困难的路段,坡度高达14%(自然贴合状态下,坡度最大只能到3.5%~3.8%)。从1890年起在弗洛里茨多夫(Floridsdorf)工厂生产的97系列机车,保持稳定的运行80余年,是奥地利铁路公司(OBB)运行时间最久的机车。在生产出的18辆当中,有14辆没有被改造为柴油机,运营也基本上没受影响。这家公司曾在斯蒂里亚山(Stiria Hills)举办过一场无可比拟的机车展览。在展览的最后几年,吸引了来自世界各地的爱好者。

在往南一些的意大利,保拉-科森扎(Paola-Cosenza)线上齿条式蒸汽机车的正常运行,一直持续到1981年。这是由981系列的煤水机车执行的,由意大利国家铁路公司于1922年从布雷达公司订购。1915年8月2日,老的保拉-科森扎线被新线替代,新线大部分是在巷道内运行,连接了第勒尼安线上的保拉站和更靠内陆些的省会城市科森扎。意大利国家铁路公司打算将这条铁路建为辅线,路线的走向即依此确定。路线全长仅27千米,但所经地带坡度达7.5%(用铁路行话说是75/1000),因而有必要装备施特鲁布(Strub)型齿条。

这条线上开始时使用的发动机,是8辆980系列的煤水机车,由瑞士温特图尔(Winterthur)的瑞士机车和机器制造公司制造。这批机车的表现不尽人意,于是意大利国家铁路公司在1922年又从布雷达公司订购了8辆981系列。有人肯定会说,这里的交通没么紧张,而1937年后的绝大多数客运服务,都是由同样装备了齿条齿轮的柴油轨道车执行的。意大利的981系列性能平平,功率不高(只有530马力),但对它们要完成的任务而言则是绰绰有余。采用复式膨胀与过热蒸汽的这款机车有个显著特点:在自然贴合的地段,钝齿轮机制失去作用,此时的机车即转为单胀式,在安有齿条的部分,汽缸里的蒸汽通过一个叫作"接收器"的设施输送到低压汽缸,低压汽缸进而将动力只输送给钝齿轮。这趟列车的运行久负盛名,这使其得以持续到1981年:它们实际上牵引的是罗马到科森扎的车厢,这节车厢在小站保拉(Paola)与继续开往雷焦卡拉布里亚(Reggio Calabria)的快车脱钩,因此整个列车不大,只由981型机车、装备了钝齿轮的制动车和到科森扎的车厢组成。

整个旅程耗时较长,因为在自然贴合的路段,时速仅有40千米,到了带有齿条的路段,更是低至16千米;此外还因为有些必要的操作,那就是到了人工贴合的路段,需将机车转到列车后边。实际上,由于机车的制动系统较好,出于安全考虑,在齿条路段,机车总要置于车厢"之下"。这种运行在蒸汽机车爱好者看来别具特色,引人入胜,但实际上显然过时,后来随着罗马到科森扎直达列车的关闭而停运。

曾有人提议重新启用这条线路及其蒸汽机车以供观光,但所需费用及审批程序上的繁文缛节,令这一提议无果而终。

第146页 这张照片展示了意大利铁路上具有复杂的双重机制发动机的981型机车。齿条齿轮式的车轮由低压汽缸驱动,而主动齿轮则由高压汽缸提供动力。

第147页 在奥地利埃尔茨山铁路上运行的齿条式97型煤水机车(车轮配置0-3-1T),在牵引着一列空车厢行驶。这种机车于1890年开始生产。

齿轮传动式森林铁路机车

在结束对蒸汽牵引所做的洋洋洒洒的叙述之前，我们还必须谈谈20世纪初出现的一种机车，特别是在美国。实际上，美国的山区里，纵横交织地分布着数千英里（1英里约等于1.6千米）的森林铁路，其目的是将伐下的木材运到山下。这些铁路的路轨，往往直接铺设在地面上，弯道很急，路况当然不适合一般机车。因此，这种机车是由两三个双轴机动转向架驱动，这些转向架通过发动机活塞经由驱动轴来做功。其所产生的动力，随之传送到或用齿轮或用小连杆的其他车轴。这种机车主要有三个类型：其中最著名的是谢型，采用竖式汽缸，驱动轴位于机车一侧。在这种类型中，动力是通过齿轮传送到其他车轴。而克拉美型机车的汽缸则正常放置，将动力传送至暗轴，暗轴通过齿轮驱动中间的驱动轴，并由此驱动车厢。有时，为简化机械程序，每节车厢上只有一个通过齿轮驱动的车轴，另一个则由耦合式连杆驱动。第三种是海斯勒型，其驱动轴直接由呈V形排列的蒸汽机活塞驱动，动力继而传送到安装有齿轮和连接杆的车轮。

虽说机械原理看上去有点复杂，这些机车的运行都很正常，并深得机车爱好者推崇，尤其是美国的爱好者。许多机车保留至今，有的还能运转，有的则只是静态展示。

■ 第 148 页 在北美森林铁路上工作的一组工人，在一辆谢型机车旁合影留念。

■ 第 148-149 页 一辆谢型齿轮式蒸汽机车挂着 47 节满载新伐木材的车厢，整装待发。这张照片拍摄于 1904 年，是在密歇根州坎默木材公司（Cummer）的装料区。

■ 第 149 页上 在这张 1904 年前后拍摄于密歇根州凯迪拉克（Cadillac）的照片上，谢型机车的竖式汽缸和齿轮传送装置都很清晰。这种机车主要用于森林和矿区铁路。

电气牵引和柴油牵引的问世

无论在欧洲，还是在美国，蒸汽牵引的黄金时期，都恰与电力和柴油动力牵引的开发同期，而这种开发，注定会在数年时间内，给铁路的发展带来一场革命。将电力应用到铁路的最早的试验，始于 19 世纪末。

1879 年，在柏林的万国博览会上，德国工程师维尔纳·冯·西门子（Werner von Siemens）展示了一款微型火车，使用小窄轨，中间另有一道路轨通电。这看上去比玩具强不到哪儿去，但是能拉着 30 人跑 270 米。这是电能用于火车的首个示例。两年后的 1881 年，在英格兰，电力工程师马格努斯·福尔克（Magnus Volk），建造了一条穿过布莱顿森林、2 英尺（约 61 厘米）轨距的短线铁路。这条铁路由第三条路轨提供 110 伏的电力，被视为世界上首条电气化铁路。

不过，要考察真正的应用，我们还是要到美国。1895 年，美国的巴尔的摩和俄亥俄铁路公司制造了 3 辆直流电电气机车，在霍华德街一段 1 英里（1.6 千米）长的陡坡巷道上，替代了蒸汽机车。这些机车由通用电气公司（General Electric）订制，由两个完全一样的半单元铰接而成。每个半单元都是安装在两个车轴上，每个车轴有电机驱动，通过橡胶缓冲器系统进行，不用齿轮。借助于滑瓦与一个特别护栏的相互接通，能为机车提供 675 伏的直流电。这批机车成功运行至 1912 年。

电气牵引发展中的第二个基本章节，要回溯到 1901 年的德国，当时，西门子和德国 AEG 公司的技术人员，在柏林附近的马林费尔德（Merienfel）与措森（Zossen）之间一条 22 千米长的铁路线上，试验了两种不同的电气轨道车。这条铁路线装备了空中电力系统（三相交流电，10000 伏，50 赫兹），由轨道旁的 3 层不同高度的电线组成，3 个类似有轨电车用的弓状物，也按不同高度与电线接通。令人难以置信的是，虽然此前的安装不够牢固，还发生了致使部分线路重建的灾难性事故，这两辆轨道车表现上乘，显示出电气化铁路的可行性。1901 年 10 月，

■ 第150-151页 这是一张历史性照片：1879年柏林的万国博览会上，观众乘坐维尔纳·西门子设计的首辆由电气机车牵引的小火车，在各个展馆间穿行。这辆车跟玩具车相差无几，不过意义重大。

■ 第151页上 意大利国家铁路公司的这辆E330系列的电气机车，是电气牵引发展史上的一个里程碑。这个系列的机车共生产了16辆，主要用于牵引重要客车。

■ 第152-153页 这张引人注目的照片，展示的是1936年宾夕法尼亚铁路公司停靠在宾州百老汇街站的GG1型电气机车。这款机车被公认为是美国最漂亮的电气机车。

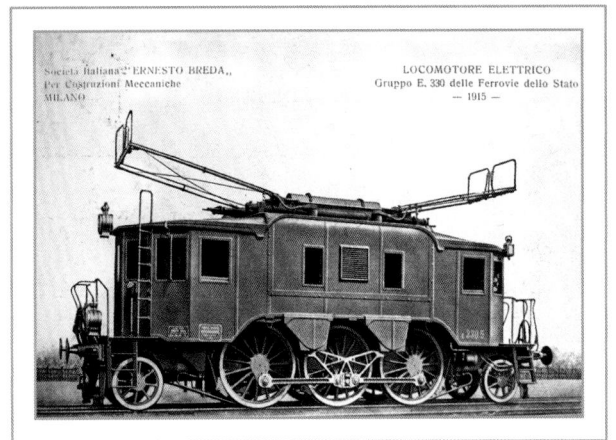

160千米的时速已经被超越；两年后，在新一轮试验中，西门子的机车达到了205千米的时速，而AEG公司的更是高达210千米，令工程师们啧啧称赞。从那时起，电气牵引快速风靡世界，而这次意大利则一路领先。

早期的有轨电车，使用直流电电机，电压相对较低，只有500~600伏。20世纪初，厂商已经能够提供电压高得多的交流电，频率50或60赫兹：这给发动机设计者带来了挑战。一开始，他们倾向于将交流电转化为直流电，不过后来他们在将频率减至$16^{2/3}$赫兹后，已经能够使用交流电。在大约3000伏、15赫兹的情况下使用三相交流电，要求更为复杂的空中传导线，特别是在交叉路口。这催生出两派想法：一派倾向于使用高压单相交流电（15000伏），这在瑞士流行开来，其代表是贝尔讷 - 勒奇山 - 辛普朗线（Berne-Loetschberg-Simplon）于1913年的电气化，之后德国和奥地利也步其后尘；另一派坚持三相系统，并在意大利得到成功应用。

我们从后者开始。简明起见，对意大利以伟大的开拓精神于1899年开始的无数次电气系统试验，我们只是提及而不赘述。在此前两年的1897年，意大利公共工程部就提名了一个专家委员会，将遴选最好的电气牵引系统的任务交给了他们。

这个委员会决定举行一系列现场试验：在米兰 - 蒙扎线以及博洛尼亚 - 圣菲利斯苏巴纳罗线（Bologna-San Felice sul Panaro）上试验蓄能器系统；在米兰 - 瓦雷泽线（Milan-Varese）上试验第三条650伏高压铁轨；在瓦尔泰利纳地区线（Valtellina），包括莱科 - 科立科 - 松德里奥线（Lecco-Colico-Sondrio）和科立科 - 基亚文纳线（Colico-Chiavennav），试验3000伏低频（15赫兹）三相系统。详细描述一下这3场试验，将是很有意思的事情，但这会是一整本书。我们在这里想说的是，在瓦尔泰利纳地区线的试验，克服了架设空中电线的复杂程序上的重重困难，证实了系统的安全可靠。1906年6月，在布里加站（Briga）和伊塞尔站（Iselle）之间的辛普朗隧道，意大利电气机车开始正式运营。

在欧洲电气牵引的发展中，这是个史诗般的日子，值得我们多用些笔触。在瓦尔泰利纳地区试验前的几年里，无论是电气化的客车，还是意大利国家铁路公司340 RA系列，后来是E430系列的电气货运机车，都已无法满足运输量增长的需求。因此，佛罗伦萨工作室与甘茨（Ganz）合作，打算采用3辆功率超强、车轮配置为1-C-1的新型机车（对电气机车而言，承载轴的数量，是以字母表的顺序来表示的：A=1，B=2，C=3，以此类推），这批机车被归为E360系列。

在这一时期的瑞士，人们的关注点越来越多地聚焦于行将完工的辛普朗隧道，聚焦于如何在这条 20 千米的隧道内保证安全，因为从过去的经验看，哪怕在很短的隧道内，由于发动机排出的废气，乘客和车上工作人员都面临着窒息的危险。

意大利方面主动出击，为瑞士在多莫多索拉 - 伊塞尔 - 布里加线（Domodossola-Iselle-Briga）采用电气牵引，提供了"瓦尔泰利纳模式"的解决方案。这套方案包括使用崭新的 E360 型机车，以及使用为这款机车专门培训的司机。在瑞士一方，布朗·鲍威尔（Brown Boweri）提议瑞士铁路公司应当对这条线路的电气化予以监管，并负责管理其运营。经过一系列考察，瑞士方面同意了意大利的方案，辛普朗隧道实现了电气化。直到 1930 年，这条线路才和瑞士其他线路一道，转换为 15000 伏的电压。辛普朗线的成功，激励意大利国家铁路公司马上着手进行其他电气化项目。其中第一个项目是穿过焦维山隘（Giovi Pass）的线路，连接着重要港口热那亚和帕多瓦平原（Paduan Plain）。在这条线路的运行中，使用了著名的 E.550 型电气机车，当时的铁路人员，将其戏称为"焦维驴"（Jovian Mule）。自 1908 年开始，这款车共生产了 186 辆，都产自西屋电气（意大利）的瓦多利古雷工厂（Vado Ligure）。

这款机车有 5 组连动轴，设计的小车轮能够在低速时增加拉力。电气化的发动机（采用 3400 伏交流电）通过连接杆与车轴相连，能够达到 50 千米的时速。以这样的速度，E.550 型机车能够牵引 380 吨重的货车，驶过焦维斜坡；而当时功率最大的蒸汽机车，最多只能拉动 130 吨，时速仅为 24 千米。E.550 型机车是三相电气机车中的第一款，这款车中的最后几辆，到了 20 世纪 70 年代，才降下了其缩放仪。这一运行体系取得了巨大成功，在直流电气于 20 世纪 30 年代兴起之前，被意大利国家铁路公司用作标准，修建了 1800 千米长的铁路网。

在阿尔卑斯山的另一边，则对勒奇山（Lötschberg）铁路线艰难地进行了电气化，采用的是 15000 伏的交流电，使用了博莱斯公司（BLS）生产的 Be5/7 型机车。这款机车由欧瑞康（Oerlikon）制造，共生产了 13 辆，每辆由两台 933 千瓦的发动机组成，每台发动机都以连接杆与 5 个车轴相连。它们能拉动 350 吨重的货车，以每小时 50 千米的速度，在坡度为 27/1000 的斜坡上行驶。瑞士的另一条铁路圣哥达线也很快实现了电气化。

▌第 154 页　这张漂亮的照片上，是 1921 年制造的 Be4/6 型 12320 号机车，用于圣哥达线。照片充分展示了这款大功率机车 1-B-B-1 的车轮配置。这款机车共生产了 39 辆。

▌第 154-155 页　瑞士联邦铁路（SBB）公司分类代号为 Ce 6/8 的"鳄鱼"型机车，因其独特外形，成为最著名的一款电气机车。这款机车主要是在圣哥达线上牵引货车。

1919年，在试验过三种机型后，瑞士联邦铁路公司选择了由布朗·鲍威尔生产的Be4/6型机车，订购了39辆。这款机车仍然使用蒸汽牵引的某些技术，例如连杆传送，但首次使用了变阻器制动（利用所有旋转式电机的可逆性——当然这里是牵引发动机——既可以作发动机，又可以作发电机。发动机在制动的同时，吸收了机械能，将其转化为电能，借助一个特殊的变阻器，以热能形式散出）。

在结束对瑞士早期的电气牵引所做的称道之前，我们还必须提及最著名机车之一的Ce 6/8型，也就是人人皆知的"鳄鱼"型。这无疑是欧洲电气机车中最有吸引力的一款，长长的鼻翼和车轮连杆，令其鹤立鸡群般易于辨识。这款车共生产有33辆，是款铰接式机车，1-C+C-1的车轮配置，由4台各550千瓦的发动机驱动，总功率达2200马力，在当时已属凤毛麟角，主要用来在圣哥达线上牵引重型货车。

在那些年里，意大利和瑞士当然是走在了电气牵引的前列。这两个国家恰好都没有煤炭资源，需要进口，而水电资源则相当丰富。这种局面对欧洲电气牵引的广泛使用影响很大。在德国，全面实现铁路网电气化的计划，是在20世纪30年代开始制定的；在法国，从1926年开始，巴黎－奥尔良铁路公司（Paris-Orleans）对其线路进行了电气化。不过，英国则一直坚持蒸汽牵引。

▎第156页上 意大利铁路上E626型机车的成功，是与意大利铁路网将3000伏的直流电作为国家标准分不开的。这款机车共生产了448辆。

▎第156页下左 20世纪30年代，德意志铁路公司（DRG）的E18型电气机车，即后来被德国联邦铁路公司归类为118型的机车，代表着德国铁路技术在机车制造中的顶峰。牵引700吨重客车的情况下，其时速可达150千米。

▎第156页下右 E428型中的058系列，是这款机车中较早的一种，其特点是前脸的电气设备。随后的两个系列，采用了流线型的设计，以与当时的设计潮流保持一致。

▎第157页 E428型机车，在20世纪30年代，是意大利电气机车中最具代表性的一款。按3个系列制造的这款机车，沿整个半岛牵引主要客车，一直运行到20世纪60年代。

在美国，情况则有所不同。铁路线的长度，使得电气化的成本令人望而却步，只有东部沿海地带连接大城市的铁路网属于例外。在这片地区，较短的线路长度以及更大的交通量，让铁路公司认为电气化牵引有利可图。这次的电气化中最令人难忘的画面，当然是1934年开始为宾夕法尼亚铁路公司建造的GG1型机车；这款出色的机车，共生产有139辆。到20世纪20年代末，这家公司的交通量已经十分可观，每天有800余辆列车运行。它们服务着这个国家的主要线路，纽约－费城－华盛顿。正是因为这条线路上列车数量、体积和重量的增长，才令宾夕法尼亚铁路公司选择了15000伏、25赫兹交流电的电气化方案。这家公司选用的机车，车轮配置为2-C+C-2（在底盘上安装有两组的3个发动机车轴，能更好地分配216吨的自重，提高行驶性能，特别是在弯道路段）。GG1型机车使用12台305千瓦的发动机，每台发动机都能连续输出3680千瓦的功率（峰值达6000千瓦），这令其得以轻松地牵引20节重达1600吨的车厢，以160千米的时速行驶。这一表现即使在今天也可圈可点。这款机车的成功因素，还包括由设计师雷蒙德·洛威设计的车身。这位才华横溢的设计师，为许多蒸汽机车都设计了漂亮的整流罩。

再回到欧洲，我们还应提及那些年里的两款德国电气机车：德意志铁路公司的E44型和E18型。其中第一款制造了近190辆，它们是德国宏大的电气化计划的第一个项目，即斯图加特－乌尔姆－慕尼黑线（Stuttgart–Ulm–Munich）的核心所在。这款机车采用BB式车轮配置（两辆双轴车），由4台550千瓦的发动机提供动力。

这些机车并不以速度见长，时速只有88千米。第二次世界大战结束后，由于速度受限，这款车改为从事货运。相比之下，E18则直接设计为在铁路网干线上牵引快车和重型车，设计时速为150千米。设计者采用了1Do1的车轮配置，这在当时十分少见。这款机车由4台760千瓦的发动机提供动力。德意志铁路公司没靠知名设计师，而是直接选择了一款赏心悦目的车身，这提升了E18a机车的声誉，以致到战后，这款车仍转到德国联邦铁路公司继续运行。

在两次世界大战期间，最看好电气牵引的国家是意大利。意大利国家铁路公司不仅决定将其铁路网的主要线路电气化，而且把赌注全部押在了电气机车的演进上，因此从 1929 年开始，就不再生产蒸汽机车（最后一份订单，是为南意大利公司的线路生产的 50 辆 744 型机车）。

意大利国家铁路公司还放弃了三相交流电牵引，转而投入 3000 伏直流电牵引。这一选择并不容易，但他们相信，三相牵引虽然成功，但不会有进一步的技术空间；这一系统的种种现实局限（机车速度、空中电线的技术复杂度等），似乎会阻碍现代铁路网的发展。与此同时，汞弧整流器的出现，令高压直流电的生产更为经济，也更加容易。在研究了美国的相关系统后，FS 决定将贝内文托－福贾线（Benevento-Foggia）电气化，采用 3000 伏直流电，以测试这一依靠单根空中电线供电的系统是否合用。他们选择的是条山路，这对与三相机车的表现做比较十分有利。他们决定从不同公司订购 14 款机车，这些机车都基于同一设计，即 BoBoBo 的车轮配置（3 辆发动机小车，两组通过球形接头相互铰接的车轴，车轴上是单个的刚性构架）。这些机车开始时的序号是 E625，后改为 E626；它们优异的表现，令意大利国家铁路公司订购了总共 448 辆。这一系统与这款机车的优越性，促使意大利国家铁路公司将直流电牵引定为了标准。这样，在几年的时间内，其研究室就生产了无数组的电气机车，其中最为重要的是 E428 型。意大利的工程师们，也在短短的时间内积累了这方面的丰富经验，在 20 世纪 30 年代制造 ETR 200 型机车的过程中，他们把这些经验利用到了极致。

第 158-159 页　随时间推移而不断改进的 ETR 200 系列有着长期运行的骄人表现。它们在地方上的运行一直延续到 20 世纪 80 年代。这张照片展示了由 ETR 223 AV 型改进而来的 ETR 241 型列车。

自 1936 年开始制造的 16 辆列车（共制造有 18 辆，不过其中两辆在战争期间毁于轰炸，没能运行），充分利用了当时的技术创新。新型的钢材料，令车身轻而坚固，牵引发动机的效率也达到了新的高度。意大利国家铁路公司材料与牵引部的工程师们，于是想为新近电气化的铁路，制造一款既轻又快的列车。布雷达制造的第一辆列车，轻松达到了 170 千米的时速，这引起了法西斯政权的注意。本来想要设置头等、二等车厢的这列火车，转而成了能够以当时看来罕有其匹的速度行驶的豪华列车，这为意大利法西斯增添了宣传的光环。但在历史和政治因素之外，无论从审美角度，还是从技术角度，ETR 200 都是辆出色的列车。它是由朱塞佩·帕加诺（Giuseppe Pagano）和吉欧·庞帝（Giò Ponti）这两位知名设计师设计，其流线型的前脸又被称为"毒蛇头"，曾在都灵理工大学的风洞中做过测试。测试中得到的 0.32 的空气阻力系数的确非同寻常，因为这只是一般电气机车系数的一半。列车由放在 4 个底架小车上的 3 个部分组成，全长 62 米，重 100 余吨。为改进其空气动力学方面的性能，这 3 个部分由与车身一致的罩子连接，当然也通过标准走廊连接。列车下面的部分也完全是流线型。

ETR 列车装有空调，这在当时的确很奢侈，还有别具特色的车内沙龙。其最高设计时速为 160 千米，这比它在正常运行中能够达到并保持的速度要低得多。不过，就在 1939 年的 7 月 20 日，这款列车一天之内名扬天下。那天，在蓬泰努雷（Pontenure）和皮亚琴察（Piacenza）之间，ETR 212 列车创造了铁轨上的世界纪录，时速高达 202 千米。从米兰到佛罗伦萨的 315 千米的距离，这趟列车仅用了 1 小时 55 分钟，其 165 千米的平均时速令人难以置信。为历史的准确性起见，我们应当知道，这个纪录是在做出一定调整的情况下取得的：线路电压有所提高，线上的换乘车辆全部暂停，但列车是标准列车。ETR 200 系列可以说是历史上首列高速列车，1964 年著名的日本新干线，1978 年的法国高铁（TGV），都属于后来者。

意大利的电气列车，因其设计与技术创新，总能够独树一帜。

铁路与战争
1930—1945 年

铁路在第二次世界大战中的作用
第 162 页

铁路在第二次世界大战中的作用

▍第162页上 战争的现实和征兵海报中的描述总有很大差异。英国的一辆长长的满载士兵的列车正在奔赴前线。不过，运送他们的是货车，而不是客车。

1939年9月1日，星期五，德国入侵波兰。这是第二次世界大战中的首场军事行动，在此后的几周内，没多少人知道由此开始将会走向何方。而欧洲的铁路，很快就被卷入这场持续数年之久的悲剧之中。

铁路运输在军事方面的重要性，早在第一次世界大战期间即已完全确立。举例而言，奥匈帝国和意大利都充分利用其铁路网，来运送部队、军火、对前方的补给，以及设立列车医院。沿着意大利海岸，武装列车守卫着海岸线，以防来自奥匈帝国军舰的袭击。而在奥匈帝国的特伦蒂诺（Trentino）、威尼托（Veneto）和弗留利-威尼斯朱利亚（Friuli-Venezia-Giulia）大区，紧邻前线的地带，是经由被称为"轻型铁路"（Feldbahn）的战地铁路进行补给，这条铁路几乎直通前线，而且能够快速拆卸和迁移。

▍第162页下 拍摄于第一次世界大战期间的这张照片上，德国部队正准备发射安装在火车上的28厘米榴弹炮。铁路在战争中的作用，从不限于后勤保障。

▍第163页 "要想让战争尽快结束，首当其冲的，在于美国给予盟国更多的支持。"制作于1917年的这张海报，提示铁路工人各尽其职。

战争期间，无论士兵还是平民，火车都是他们获取安全的一个基本工具。

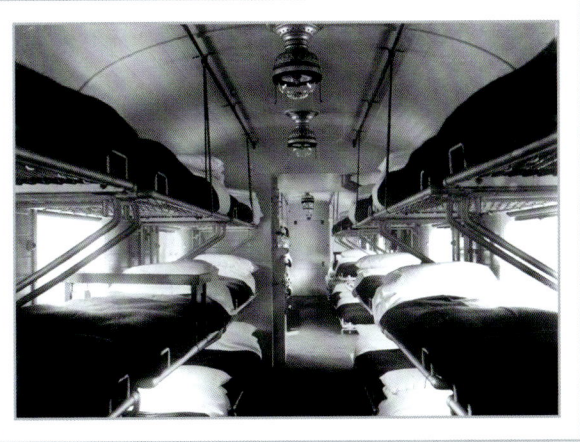

▌第164-165页　这张1917年前后的照片很有意思，它展示的是美国火车医院的内部情形。照片前方是医务官办公室，与住院士兵所在的部分分隔开来。

▌第165页上　红十字会的列车与医院列车一道，挽救了许多伤员的生命，同时将伤兵快速撤出战场。这张带有宣传意味的照片，展示的是工作中的美国红十字会的护士。

▌第165页下　曾用于欧洲战场的英国陆军医院的车厢。照片清晰展示了伤员们使用的三层式铺位。

■ 第166页 150辆英国于1943年后制造的车轮配置为2-10-0的机车之一，原始编号为WD 73650-73799。战后，这辆机车回归"平民生活"，继续运行，照片图上即为该车在戈斯兰德（Goathland）牵引客车。

■ 第167页 美国陆军S200系列的一辆机车，原来是为美国军方制造，在20世纪80年代仍在土耳其运行。绰号"麦克阿瑟"的这款机车，在中东、土耳其和意大利都曾使用。

在德国，国家铁路系统直接听命于由朱利叶斯·多谱米勒（Julius Dorpmuller）领导的运输部，从1937年到1945年，他一直担任这个部的部长。自从战事爆发，纳粹战争机器就认定，运行良好的铁路，将是其从事战争的一个基本工具。除了后勤保障的功能，纳粹的将军们还把铁路视为军事实力的组成部分。从1934年开始，克房伯钢铁厂（Krupp steel mills）制造了大批装在特别轨道车上的大口径火炮。这属于德国最早的两个火炮发展计划的一部分，这两个计划分别是1932年启动的"长期计划"和1936年启动的"紧急计划"，都由希特勒亲自下令执行。我们不去描述那些年里装在轨道车上的各种炮架，而只是看下口径380毫米的海军炮；受洗后命名为"西格弗里德"（Sigfrid）的这种炮，贴合地安装在8轴轨道车上（总重294吨），曾于1940年5月，在40千米开外炮轰敦刻尔克（Dunkirk）海滩。最能代表德国铁路战争期间所做巨大贡献的车辆，无疑是Br 52型蒸汽机车，又被戏称为"Kriegslokomotiv"（即战车）。这款机车中的第一辆，于1942年9月交到了纳粹当局手中；这是德意志铁路公司出色的Br 50型机车的一个简版，车辆配置为2-10-0，车身也变得更轻。它满足了两个基本要求：制造时间上的缩短，和在占领国铁路上行驶的可能，而占领国的铁路，往往不如德国铁路坚固。这款机车的生产，在德国各主要公司的工厂里全速开展起来：埃斯林根（Esslingen）、亨舍尔父子公司（Henschel & Sohn）、克劳斯玛菲（Jung Krauss Maffei）、MBA、席肖（Schicau）、施华蔻（Schwartzkopff），以及弗洛里茨多夫（Florisdorf）。仅仅过了3年，到了战争的尾声阶段，其生产出6239辆，战后的那些年里，这些车辆继续在半个欧洲的铁路上运行。

盟军方面也炫耀自己的得力机车，只是数量没那么多。1942年，美国军队创建了美国陆军运输兵团（USATC），由其负责组织和协调地面运输，特别是火车运输。显而易见的是，由于尺寸和车轴重量的原因，以及所需发动机的数量，使用美国机车并不现实。鲍德温和美国机车公司过去曾为意大利和英国铁路生产过出色的、车轮配置为2-8-0的机车。基于这点，美国军方订购了1800多辆车轮配置为2-8-0的机车，这些机车通过货轮，先是运到欧洲，后来又运到北非，其起始代号为G.I. 4-16-0。一开始，这些机车被用来协助英国机车准备诺曼底登陆，随后又利用法国铁路网支援部队挺进。在南边的意大利，在西西里岛解放后，这些机车和盟军一道，沿半岛一路向北。

另一款专为战争而生产的美式机车是WD 4-16-4型，绰号"麦克阿瑟"，也就是那位著名将军的名字。这款车最初是为中东和北非铁路制造的，从1942年开始共生产约200辆。它参照了1924年为怀俄明与南方公司（Wyoming & Southern）开发的一款类似机车的设计，原用于埃及和伊朗，后来又被带到了土耳其、意大利和德国。

在英国，政府于1939年设立了铁路执行委员会（Railway Executive Committee，REC），任务是协调所有私营铁路公司。在分析了所有机型后，REC看中了一款车轮配置为2-8-0的机型，这款车LMS公司，即伦敦、英格兰中部和苏格兰铁路公司（London Midland Scottish）已在使用，归类为8F。于是立即从该公司征用了51辆，另约600辆，则分别由英国北方机车公司（North British Locomotive Company）、火神公司（Vulcan）和拜耳孔雀公司（Beyer Peacock）订购。其中第一批于1940年8月到位，开始时归类为WD 300-899，后改为WD 70300-70899。

考虑到在英国以外的地区使用，英国铁路执行委员会（REC）规定对英国 LMS 公司的机器进行一些改装，主要是安装压缩空气制动器，这在通常使用真空制动系统的英国机器上是没有的。1943 年，英国铁路执行委员会（REC）决定订购更多非常相似但尽可能简化的机器，以便利用现有材料快速制造。因此，英国北方机车公司（545 台）和伏尔甘公司（390 台）制造了一批 935 2-8-0 轴列式机车，设计为"简约型"。它们被归类为 WD 70800-70879 和 WD 77000-79312，不连续的序号。截至 1943 年 12 月，该公司还生产了比"简约型"更重一些型号的机车，配备了额外的电机轴和 2-10-0 轴列，所生产的 150 辆列车，被归入 WD 73650-73799 序号。当然，除了这些主要机车外，英国北方机车公司还生产了其他较小型的机车。

▎第 168-169 页　受洗后命名为"战车"的 Br 52 型机车，共生产有数千辆。照片中这两辆在奥地利铁路公司注册的机车，正在北维也纳车库待命出发。

169

在我们的简短回顾中，还必须提及铁路在纳粹的灭绝计划中所发挥的基本作用。成千上万的犹太人，从欧洲各地被送到集中营，其中大部分都是乘火车到达他们最后的目的地；他们乘坐的是运送牲畜的车厢，80～100人一组，而且往往没吃没喝。其中有5%～10%的人死在途中。

犹太人大屠杀是由阿道夫·艾希曼直接指挥的；早在1937年，他就因此而臭名昭著。他是在帝国安全部总部（RSHA）发号施令。从他的办公室，更确切地说是从所涉部门 Amt Ⅳ B4（盖世太保——大屠杀最主要的刽子

在柏林格鲁内瓦尔德（Grunewald）车站的17号轨道上，设立一个特别纪念碑。纪念碑的中心部分，是186根依时间顺序排列的钢管，每个钢管的底端，在人行道的边上，标注着驱逐日期、驱逐人数、柏林的出发地点，以及目的地。

多年以来，17号轨道上的两个铁轨之间，草木丛生，人们有意保持这种状态，以象征性地表明（在这条轨道上，从这个站台）再也不会有过去那种目的地的列车行驶了。

手），发出了给帝国铁路的一项要求，随后转到交通与收费处。从那里，一旦某项运送任务的紧急程度与费用确定下来，相关文件就会传给操作部门，由其具体负责列车编组，编制列车时刻表，而这种列车总是被归入加车类。对这一庞大的运输任务，德国铁路部门要求费用补偿，而且完全不顾把人们塞到牲畜车厢的事实，要求用单程3等车厢的标准计费，每千米4芬尼。如果用这种方式驱逐的人员总数超过400（这几乎毫无例外，因为每趟车都会运送2000～2500人），还会启用"团体价"，每千米2芬尼。

车票和收据不是发给那些乘车的人，甚至也不是由帝国直接控制，而是转入一个叫作"中欧旅行社"的国家部门。这个部门虽说名字无辜，却是大规模驱逐犹太人的组织者。费用由从犹太人那里没收的钱来支付。死亡列车一直运行到第三帝国的覆亡，时间是1945年1—5月，苏联和盟国军队开始解放集中营。

德国联邦铁路公司清楚德国铁路在那些年里发挥的作用（历史学家认为，如果没有铁路作为后勤保障，如此大规模的杀戮可能不会发生），他们在1998年决定，

▌第 170 页　这张照片摄于 1943 年到 1944 年之间，照片上，德国军官正在华沙的编组站内，监督一批波兰犹太人被驱逐出境。这些人是在拥挤不堪的牲畜车厢里被运走的。

▌第 170-171 页　摄于奥斯维辛 - 比克瑙（Auschwitz-Birkenau）的这张可怕的照片，记下了满载匈牙利犹太人的一趟列车抵达纳粹集中营的场景。

▌第 171 页上　当代铁路史上的悲剧一幕：位于波兰奥斯维辛 - 比克瑙的纳粹集中营——数百辆挤满被驱逐者的列车的最终目的地，其中绝大部分人来自犹太区。

第172页 这张戏剧性照片,显示的是空袭中被炸毁的柏林的安哈尔特(Anhalter)车站站内情景。整个德国铁路网在盟军的空袭中遭到严重破坏。

第二次世界大战结束时,欧洲大部分城市都是瓦砾遍地、满目疮痍。这对德国及其同盟国而言更是如此,因为盟军的大规模轰炸,就是想摧毁其工业设施,打击其精神。铁路在物流中的重要作用,意味着每条轨道、每个车站、每座桥梁,都属于具有首要意义的轰炸目标。总的看来,欧洲的铁路网已被彻底摧毁。到1945年年底,在德国和意大利北部,所有重要车站均已被炸。下面的数据,能让我们对德国在战争中遭受破坏的程度有所了解:1234767吨炸弹的轰炸,其中60%集中在1944年7月到1945年4月之间;盟军的轰炸,在1944年12月之后,令德国的燃油生产下降了90%;1944年9月之前的5个月里,令德国的铁路货运减少了75%。在这些破坏之外,还有游击队及抵抗运动组织所进行的破坏,尤其是在法国、意大利、荷兰与巴尔干半岛。

诺曼底登陆后,德国军队在被迫后撤的过程中,毫不含糊地破坏了每一处铁路设施,以防被盟军所用。

除了用TNT炸药炸掉桥梁和隧道,德国国防军还想出了一个类似"铁路耙"的主意,这种耙用机车拖曳,把自身所带的铁钩,从枕木上穿过,会

令轨道无法使用。在意大利,当德国军队不得已放弃加埃塔(Gaeta)与桑格罗(Sangro)河口之间的古斯塔夫线(Gustav),之后又被迫放弃哥特线(Gothic),撤向瓦尔帕达纳(Val Padana)和布伦纳山口时,使用的主要就是这种手段。关于铁路在第二次世界大战期间所承受的压力,我们可以通过下面这个事例来说明,那就是盟军对帕拉佐洛苏洛廖大桥(Palazzolo sull'Oglio bridge)的反复轰炸。在米兰-威尼斯线上,这座大桥既是一处重要设施,又是一个艺术杰作。

1944年7月23日到1945年4月27日之间,这座大桥被轰炸了32次。建于1857年的这座大桥,长269米,有9个拱桥,高约40米。炸掉这座桥,就

第172-173页 第二次世界大战期间,德国大部,尤其是柏林,都严重被毁。铁路设施更是连续空袭的重点:这是柏林站战后情景。

第173页下 虽然英国遭到的破坏并不像许多欧洲国家那么严重,但德国的V-1飞弹和V-2火箭弹,仍给伦敦造成了很大损失。这是1942年8月26日遭到夜间空袭后伦敦圣潘克拉斯车站(St. Pancras Station)。

能挡住或有效阻碍德国军队和物资在帕多瓦平原上通过铁路主线的转移。然而，无论轰炸了多少次，对大桥造成怎样的破坏，都没能阻止德国工程师随炸随修。支柱和拱桥可能被炸成两半，但仅仅几天时间，就会用木结构和钢梁修复一新，可以再度铺设路轨。

这项工作一直冒着时刻被盟军战斗机攻击的危险进行，每列敢在白天通行的火车，都会遭到无情轰炸。许多意大利铁路工人，成了袭击的牺牲品，约有2104名工人在空袭和地雷爆炸中丧生，另有404人死于游击队袭击。

第 174 页　第二次世界大战终于结束了,从战俘营解救出来的士兵们现在可以回家了。1945 年,两列满载老兵的火车,在上萨瓦省(Haute-Savoie)的阿讷马斯车站(Annemasse Station),受到了按军事礼遇安排的欢迎;等候的人群则准备给车上的老兵们以亲人的拥抱。

对众多普通铁路工人在干扰和破坏德国运输网中的英雄事迹,我们也应当提及,哪怕是一笔带过。其中法国铁路工人尤其值得一提,他们的事迹,战后成了许多著名影片的素材,他们也借此而美名远扬。

战后,铁路的总体状况令人沮丧。1940 年,意大利铁路网有 16000 千米,其中有 5150 千米是电气化铁路,有 4500 千米是复线。除此之外,还有足足 4800 千米的私人特许经营铁路,其中电气化部分有 1900 千米。正常运转的车辆总数,计有 4177 辆蒸汽机车,1602 辆电气机车,130000 节货车车厢,以及约 13200 辆客车和行李车厢。特许经营的部分,数量也颇为可观,计有 600 辆蒸汽机车,383 辆电气和电动机机车,近 8000 节客车车厢,以及 2000 余辆客车车厢。

而 5 年后,光从数字上,就能看出灾难之巨:铁路网仅剩 7000 千米的轨道;几乎全部的电气化铁路,5175 千米中的 5000 千米被毁;几乎 80500 千米长的电话线被破坏,这令火车的周转已不可能;此外还有 4700(7500?)多个车站、交叉口值守站和堆场遭到毁坏。车辆本身的情况也好不到哪儿去:蒸汽机车仅剩 1803 辆,电气机车仅还有 546 辆——但实际上无法使用,因为空中的电线已被破坏;此外还剩仅 40000 节货车车厢和 1200 节客车车厢。

与此相近,法国铁路损失了半数的机车和客车车厢,3200 千米的轨道和 1965 座桥梁被毁。在荷兰,情况还要更糟,60% 的轨道、84% 的机车和 90% 的车厢均被毁坏。

各国铁路工人都倾力投入,以将铁路服务恢复到可以运转的程度。但过程中困难重重,而且在战争结束后的前几个月,特别是在意大利北部,交通运输几乎已荡然无存。当然,主要干线要优先考虑,因为这对重启国家经济至关重要。到 1945 年 10 月,部分线路已再度运行,尽管还不是那么规律。我们来对比一下:1938 年,从米兰到罗马的行程约需 6 小时;到了 1946 年 10 月则需近 33 小时(如果一切正常的话)。由于缺少可用的车厢,客车服务开始使用露天的货车车厢,只是装备了简易木制长椅。而其他车厢则成了那些因空袭而无家可归的人的临时庇护所。那些被驱逐到德国的监狱或劳动营的意大利人,现在开始乘火车回国;从东部前线回来的那些骨瘦如柴的士兵,也乘火车抵达米兰的中央车站。

就在几个月之前的意大利南方,由于这里极不稳定的交通状况,在已被盟军解放的地区,发生了欧洲历史上最严重的一场铁路事故。这是一场当时几乎无人知晓的悲剧,甚至几年之前都还处在被遗忘的状态。我们这里回顾一下这场事故,因为它象征了当时的生存状况;我们也要追忆一下事故中遇难的平民,尽管这种追忆已是姗姗来迟。

那是在 1944 年 3 月 2 日的晚上,8017 号列车离开萨莱诺(Salerno),驶向波坦察(Potenza)。这趟车并非客车,而是一列特别货车,不过车厢内大都空无一物。根据事后调查,列车由 47 节车厢组成,其中 20 节是露天车厢。有数百人擅自上了这趟车,都想搭车去波坦察。

174

他们有的是去给家人找吃的，有的是拿着从美国兵那里搞到的玩意儿，到内地去换肉、蛋及其他生活必需品。没什么其他交通方式可用，不这样的话，就只能在尘土飞扬的路上骑车或步行。随着列车行驶过程中的频繁停靠，上车的人越来越多，巴蒂帕利亚（Battipaglia）的美国军事警察试图让其中一些人下车，但无济于事。驶抵埃博利（Eboli）后，车上已挤了600多人。到了夜间，列车抵达离波坦察43千米的罗瓦尼亚诺（Rovagnano）后，其主机车上又加入了第二台发动机，这是产自奥匈帝国的476型机车，一台大型480。这在最后一段的爬坡中是需要的。23点40分，列车离开罗瓦尼亚诺，以双重牵引的方式，行驶了约5.6千米，之后停靠在了巴尔瓦诺（Balvano）站，在那里等待信号，以继续前行。这趟车前面的一趟列车，因故障问题仍停在轨道上。到了零点50分，巴尔瓦诺站站长发出了通行信号，两辆机车将锅炉炉压烧到最高，驶向阿姆斯（Arms）隧道；这条隧道都是上坡路，过了隧道再有约8千米，就是贝拉-米龙（Bella-Muro）车站。列车缓缓驶入长490米的隧道，但在车身完全进入隧道后，情况变得不妙起来。车身过重，轨道湿滑，机车开始打滑，司机启用了散沙，但无济于事，于是将火车停了下来。此时，隧道里已经烟雾弥漫。车上的人们用手捂住脸，觉得等上一会儿就会再开。火车司机尝试多次，想再度启动，但车内的嘈杂与阴暗，机车内低质含硫煤燃烧所产生的大量的二氧化碳，导致了一种致命的混乱；而此时没有任何人想到唯一应该做的事情：快速后撤，离开隧道。结果，近400人窒息而死（准确数字不得而知，隧道外的墓碑上称有509人遇难），不过另有约200人奇迹般地活了下来。由于隧道两边两个车站间的电报信号极不稳定，事故在几个小时后才被发现，两个车站的站长到夜间2：40才意识到出了大事。火车司机都死在了机车控制室：第一辆机车没拉刹车，但拉上了回动杆；第二辆拉上了刹车，也拉上了前进杆。战后那个阶段的混乱以及军方的新闻审查，致使这场悲剧被遮遮掩掩，只是在3月6日和7日的报纸上，才提及在意大利南部的一条铁路隧道内发生了一起事故。随后的许多年里，这场灾难似乎无人记起。

这就是那段时期里的旅行状况，就像每天的生活状况一样艰苦，但在战争结束后的那几个月里，人们的喜悦之情，和对美好未来的期盼，远远盖过了任何的绝望和疲惫。按盟军方面战后对意大利铁路形势的估量，要恢复到20世纪40年代的水平，至少需要15年。而实际上，仅仅用了5年，铁路运行就回到了战前状况。即使在铁路网破坏程度更为严重的德国，也在最短的时间内开始了重建。这两个国家都没有仅仅止步于恢复，而是很有眼光地利用这一机会，在各自国家铁路系统现代化方面，做出了巨大努力。一个新的时代开始了。

▍第175页　1946年7月，一群此前遭驱逐的比利时人，连同抵抗运动组织成员，乘火车抵达巴黎，来参加一场庆典。在被德国占领的国家，许多铁路工人与抵抗组织进行了积极合作。

175

从欧洲重建到新铁路网
1945—1980 年

战争结束，但疮痍满目
第 178 页

20 世纪 50 年代的战后重建
第 180 页

战后危机
第 184 页

战后著名的火车和机车
第 192 页

柴油牵引的兴起
第 198 页

电力牵引的发展
第 212 页

横穿欧洲的快车与名车
第 216 页

战争结束，但疮痍满目

▎第178页上 这张照片所展示的，是提契诺大桥重建过程中的一个阶段。这座大桥位于米兰附近的图尔比戈（Turbigo），第二次世界大战中遭到破坏。

▎第178页下 1944年8月，战争尚未结束，但在布雷斯特（Brest）周围，铁路的重建已经开始。

▎第179页 这些在图卢兹－蒂勒线（Toulouse-Tulle）上忙着恢复苏拉克（Soullac）高架桥的法国工人，似乎个个都会杂技，否则很难胜任这一任务。

如前所述，在第二次世界大战尾声阶段，铁路网的情况极不稳定。在欧洲，绝大多数车辆被毁，有的完全无法使用。在美国和英国，尽管铁路网没有受到战争的直接影响（当然德国的V-1飞弹和V-2火箭弹给英格兰南部造成了一定破坏），但为战争目的而做的使用，已令铁路疲惫不堪。例如，美国的铁路公司，在其正常业务之外，每个月都要运输大约100万名士兵；而英国的铁路网，仅为诺曼底登陆，就组织起了25000辆全新的列车。

要回到战前的日子已不可能。在大范围的重建中，人们很快发现，经济和技术上的进步，意味着货物和旅客的运输，正在进入一个崭新的时代。

轿车变得越来越便宜，也越来越舒适和稳定；随着轿车的普及，建起了新的巨大的公路网。载货量越来越大的卡车，将货物送到四面八方，哪怕是最偏远的地带，其灵便程度是铁路无法比拟的；而在长途旅行方面，空运也在迅速发展，而且比以前更安全、更舒适。

铁路面临着激烈竞争。无论公众还是政府，都将大规模的机动化，视为经济增长和个体自由的关键所在。汽油价格低廉，发动机十分高效，卡车所用的柴油发动机也日益强大。不过，在那个时代，虽然机动化在个体自由与流动性方面无疑是场革命，如今，汽车却似是而非地变成了我们的依赖，而且对大多数人而言，宽敞的公路已经成为过去。太多的卡车、轿车，令道路变得拥挤不堪，我们现在也承认，还没有有效的替代手段。我们已过度依赖于内燃发动机。欧盟终于开始采取措施，通过了一项计划，旨在调整交通运输上的不均衡状态，让人们摆脱对轿车的痴迷。然而，从现实角度看，这项计划的目标，并不是要完全扭转橡胶轮胎运输方式在所有运输方式中的主导地位，而只是想避免公路交通量的进一步增长。当然，过去50年中向公路运输倾斜的政策（这方面几乎没有例外）不可能在短短数年内被别的政策取而代之。

以瑞士为例。在欧洲各国中，瑞士属于那种对铁路悉心养护的国家，而且没有受到战争破坏。尽管如此，在从1950年到1965年的15年内，乘坐瑞士联邦铁路公司火车出行的旅客比例，仍从52%下降到了19.6%。货运的趋势走向也类似，从20%下降到了15%。在同一时期，私家轿车行驶的里程数增长了5倍，通过公路运输的货物吨数增长了3倍。

对公路运输的爆炸式增长，铁路部门也想予以应对，但由于各国情况千差万别，无论在国家层面还是在国际层面，都无法展开有效策略。

一方面，重建的高昂成本令他们无法轻松起来；另一方面，运输量的减少对资产负债表有着负面影响，无论是国有铁路公司，还是像英国那样的私营铁路公司。

此外，铁路在客运和货运中承担了一种社会角色，这种角色不会轻易改变，但面对来自公路网的强有力竞争，铁路这种方式看来没那么划算。

铁路公司保障正常运行的承诺，甚至是在完全无利可图情况下的运行，与做出调整使公司得以适应新的经济环境的需求相互矛盾。时至今日，铁路公司仍要面对这些问题，而且未能妥善解决。

20世纪50年代的战后重建

第180页 这张英国铁路海报，宣传了新式的10000型和10001型柴油机车，这是英国用于牵引大型列车的此类机车的第一批。在柴油机车的左边，还有一辆5系列的蒸汽机车。

战后所需的大规模重建，显然为做出某些意义重大、影响深远的变革提供了良机。电气牵引的显著优势，战前就已开始显现；而其更多的潜能，例如热发动机的应用，现阶段也已显示出来。早在法西斯年代，意大利就开发出数款出色的燃油轨道车，这种车以燃油为动力，既能提供客运服务，又可作为短途衔接，管理成本则低于蒸汽机车和传统车厢的组合。电气机车和柴油机车的运行成本，都比蒸汽机车要低得多：人员需求少，维护也简单得多，可以连续运行24小时以上，期间只需更换一下机组。因此，同样数量的发动机，能够运行更多次的列车，成本

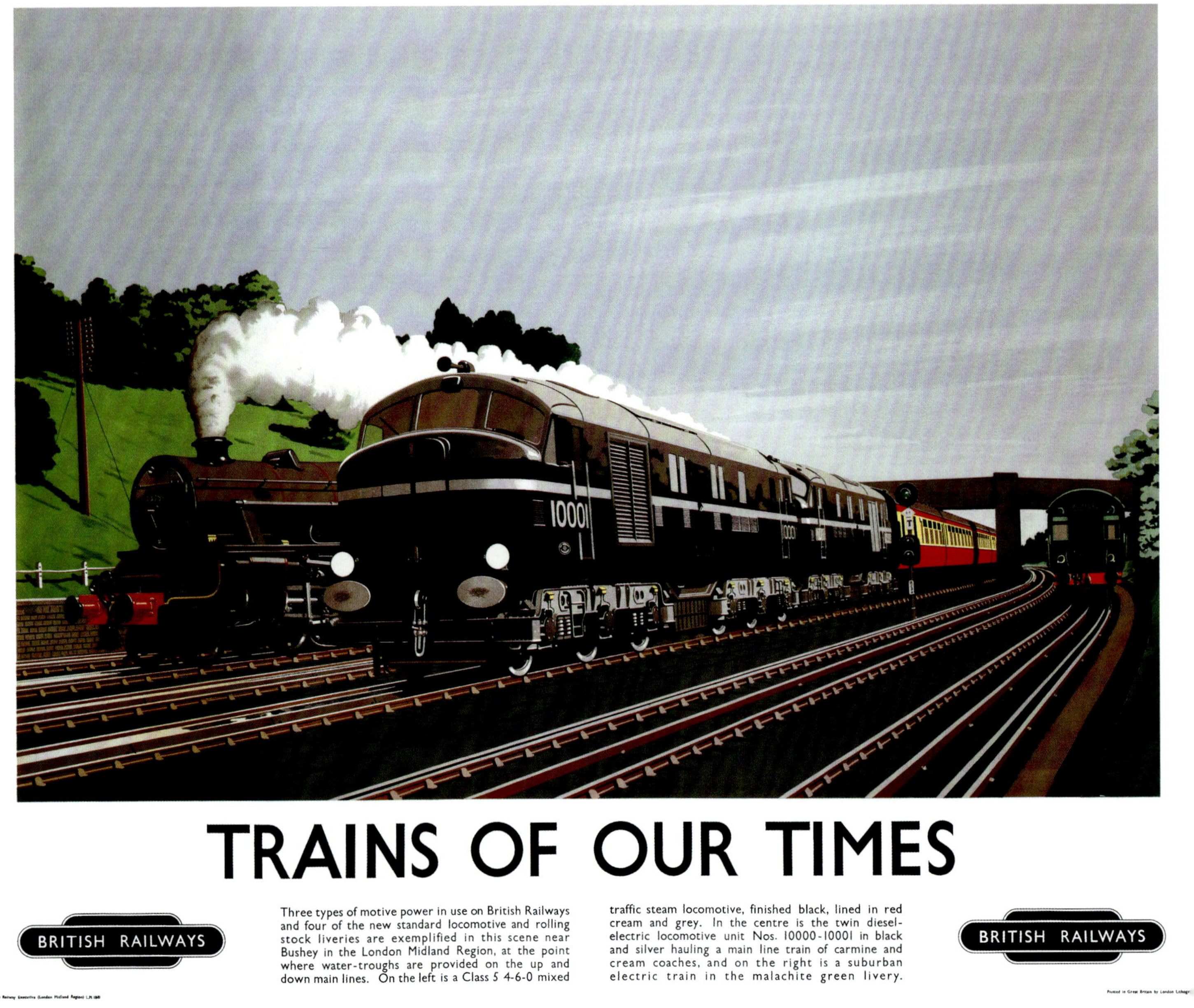

TRAINS OF OUR TIMES

Three types of motive power in use on British Railways and four of the new standard locomotive and rolling stock liveries are exemplified in this scene near Bushey in the London Midland Region, at the point where water-troughs are provided on the up and down main lines. On the left is a Class 5 4-6-0 mixed traffic steam locomotive, finished black, lined in red cream and grey. In the centre is the twin diesel-electric locomotive unit Nos. 10000-10001 in black and silver hauling a main line train of carmine and cream coaches, and on the right is a suburban electric train in the malachite green livery.

还更加低。电气牵引需要架设电线，在基础设施方面的投资较大，因此更适合运输量大的线路，这样就有足够的收入作为启动成本。而柴油牵引则非常适合二级线路，因为不需要造价高昂的改装，只需安装泵站以供加油。

意大利意欲恢复其本身就很庞大的 3000 伏直流电铁路网，这也是他们所确定的国家标准。使用三相交流电的部分线路，很快得到转换。其他线路，例如莫达讷－都灵－热那亚线（Modane-Turin-Genoa）、热那亚－文蒂米利亚线（Genoa-Ventimiglia）、热那亚－沃盖拉线（Genoa-Voghera）以及博尔扎诺－布伦纳线（Bolzano-Brenner），于 20 世纪 60 年代初开始转换。直到 20 世纪 70 年代中叶，这些线路仍在使用双电缆的三相系统。不过，这都是些位于低处山麓地带的二级线路。

法国在 1946 年就完成了巴黎－里昂线的电气化，采用的是 1500 伏直流电；随后几年，又将这一系统扩展到南方的多条线路。与此同时，法国国家铁路公司开始试验 25 千伏、50 赫兹的单相交流电，并于 1951 年，在艾克斯莱班（Aix les Bains）和福龙河畔拉罗什（La Roche sur Foron）之间 78 千米的铁路上，进行了电气化试验。试验相当成功，他们于是很快将这一系统扩展到了敦刻尔克－蒂永维尔线（Dunkerque-Thionville）。因此，法国铁路公司将 25 千伏的电气化铁路向北方做了延伸，而南方在很多年内都继续使用 1500 伏直流电系统。

不过，在英国，蒸汽牵引延续的时间更长。电气化铁路主要集中于国家南部的大城市附近。通过对大的私营公司国有化而于 1947 年成立的英国铁路公司，在 1951 年决定建造新的、更现代的蒸汽发动机。这个国家煤炭储量丰富而且易于开采，权衡而言电气化有点不够经济。不过，1955 年的现代化计划，则将目标转为以柴油机车替代蒸汽机车。在欧洲，英国铁路是唯一采取这一路径的铁路网，而在美国，20 世纪 40 年代就曾采用柴油机车的模式。

德国在重建阶段保留了蒸汽机车的使用，不过建议采用 15 千伏、16⅔ 赫兹单相交流电的电气化方式。由于这个国家被分为西、东两部分，很多不便由此而生。在西德，成立了德国联邦铁路公司（Deutsche Bundesbahn, DB），在东德，则成立了德意志国家铁路公司（Deutsche Reichsbahn, DR）。DR 一直运行 1990 年，后随柏林墙的倒塌和德国的统一而并入 DB。

在德国铁路东西划分之前，其铁路网是以柏林为中心展开的。合并后，德国联邦铁路公司发现，需要按南北走向而不是东西走向的线路来重组其铁路网，这就需要考量各条线路的重要性及其设施。在这方面，美国于 1948 到 1951 年间设立的马歇尔计划（Marshall Plan）给予了大力支持。为帮助欧洲经济合作组织（Organization for European Economic Co-operation, OEEC）的 18 个欧洲国家重建，该计划支持了 130 亿以上的美元（按当前的计算是 800 亿以上欧元）。

▎第 181 页左　这张海报对 1947 年英国的"运输法"和铁路国有化做了诠释。1947 年 12 月 30 日起，私营铁路公司不复存在，其所属的一切都归入了英国运输委员会（British Transport Commission）。

▎第 181 页右　1948 年 1 月 15 日，仅在铁路国有化两周之后，依然漆着 LMS 公司（伦敦、英格兰中部和苏格兰铁路公司）颜色的这辆新式 10000 型柴油电气机车，离开圣潘克拉斯站，驶向德比和曼彻斯特，开始了其首次试运行。

The New MIDLAND

First Class de luxe travel — Suppl

8.50 am	Manchester Central ↑	9.21 pm
9.04 am	Cheadle Heath	9.07 pm
12.03 pm ↓	St. Pancras	6.10 pm

Mondays to Fridays from 4th July

12.45 p

2.10 p

 LONDON MIDLAND

The last word in rail comfort. Limited accommoda

PULLMAN

entary fares

St. Pancras	↑	4.00 pm
Leicester London Road		2.33 pm

book in advance

▌第 182–183 页 英国铁路公司的这张海报，为其新型的中部普尔曼（Midland Pullman）柴油动力豪华列车做了宣传。这种车有 8 节车厢，由两台 1000 马力的柴油发动机提供动力，载客量为 228 名。

▌第 183 页上 1952 年，在蓝色火车（Train Bleu）的餐车内，人头攒动。当时公路网仍在建设，火车仍是中长途旅行最舒适的方式，不过车厢数目已有所减少。

▌第 183 页中 在 1952 年的这张为蓝色火车所做的宣传海报中，列车的舒适与奢华程度显而易见。

▌第 183 页下 来自史密斯学院的一组女生，在一堂礼仪课上学习行李摆放。

战后危机

如前所述，任何国家的战后重建，都面临着严重的财政问题。工资水平的上升，带来了管理成本的增加，而铁路公司职工数目庞大，从重要站点的站长，到乡间小站的体力工人，遍布人工。通常情况下，在任何国家，铁路公司往往都是最大的雇主。因此减少开支的一个明显的方法就是自动化，但所产生的经济效益，却与国家赋予铁路公司的"社会效应"相冲突。如果关闭某条不挣钱的线路困难重重，那任何上规模的裁员都近乎不可能。这种差强人意的局面，虽然因时代的变化及政府当局的政治倾向而略有不同，但在整个欧洲，都从第二次世界大战后一直延续到20世纪80年代。当然，在债台高筑的情况下，铁路公司也会进行裁员，但没有哪国政府能够真正有效地解决铁路运输的效率和竞争力问题。

大多数情况下，他们仅限于减少运行数量，关闭那些没什么交通量的线路，即所谓的"死段"。但这实际上只是修修补补，无助于解决根本问题。不过，平心而论，可能是受那个时代的历史条件所限，还无法采取其他办法。

我们只能简要谈谈某些转换，因为这些内容更适合于经济研究，而不是这样一本以火车发展为主题的读物。英国铁路公司是首家开始实验重构的。1963年，英国政府开始担心，因为，尽管1955年制定了现代化计划，但1956年白皮书所设定的铁路收支平衡的目标仍未能实现。当时领导英国铁路公司的是理查德·比钦（Richard Beeching，后被封为勋爵），一位深受尊重的工程师。

至少在他的铁路重构计划施行前，他是受尊重的，因为他的重构并没有给他加分，时至今日，在英国大众心目中，他的名字仍然是和铁路网的大规模缩减联系在一起的。他那时被称为比钦博士，他制订出一套激进的方案，目的是解决铁路系统中的某些结构问题。他声称，铁路不能再像19世纪那样，在次级线路上空跑，也不能保证继续拉着一节车厢，开往遥远的乡间小站。列车的数量，应当和所提供的运行成比例。不可能仅为假期的运输高峰而让数百节车厢闲置数月之久。

车厢周转时间，也就是货车车厢能够再度装货的时间，要大大减少（经计算约为12天）。读他的这份报告，不禁令人惊叹，因为那要回溯到1963年：无论主题还是问题，都与今天欧洲许多铁路公司所面临的非常相似，只是我们所处的场景已大不相同。难道比钦具有非凡的预见性，能够看到铁路的未来，看到一直存在到今天的问题？这些问题又为什么没能解决呢？

无论怎样，1963—1968年，英国铁路网进行了大幅度调整。铁路网从76513千米减少到54679千米。货物堆场从5162个减少到912个，货运车厢从862000个减到437000个，客运车厢也从33821个减到19540个。就连雇员，也从476545名大幅度减至296274名。但多年后的今天，尽管对上述这些数据继续做大幅缩减，亏损显然还是存在。

▎第184页 在针对比钦大斧计划而举行的全国铁路大罢工期间，一群旅客在伦敦的国王十字站，等候上"苏格兰飞人"号列车。该计划将大幅削减对铁路系统的投入。

▎第185页上 1962年10月，理查德·比钦博士拎着手提箱抵达某车站，他的手提箱里装着他为英国铁路制定的、引起不少争议的重组计划，其中包括大幅缩减铁路网的规模。

▎第185页下 英国铁路工人在通往伦敦坎农街（Cannon Street）站的通道处安装道岔，这将改进车辆进站。英国铁路公司常年需要更新设施。

■ 第186页 由汉斯·哈特曼（Hans Hartman）设计的这张瑞典联邦铁路公司的海报，强调了铁路在第二次世界大战后欧洲发展中的关键作用。海报上面的口号是："经济主路"。

■ 第187页 这张UIC（欧洲铁路协会，成立于1922年）的海报，向人们提示着铁路网的重要性。在一列货运火车车身上有这样的口号："欧洲经济的传送带"。

在其他欧洲国家，也采取了类似改革，但结果不尽相同。1968年，就连德国也制定了"勒伯尔计划"（Leber Plan），设想关闭约5000千米的收益欠佳的线路，但地方政府的反对，有效地阻止了该计划的实施。实际上，这一计划不仅要关闭次级线路，而且想借此增加重型货物例如煤炭、钢材的运输，禁止这些货物通过公路运输。当然，公路运输商坚决反对，他们的游说，令这项计划大打折扣。

德国联邦铁路公司本身也于1975年向政府提议，要求政府限制该公司的运行，将运行集中于占运输量90%的基本线路。但政府仍然认为，铁路的公共服务的作用不容缩水，因此这一建议遭到否决。无独有偶，1985年，在意大利，面对意大利国家铁路公司的赤字，交通运输部部长、社会党人克劳迪奥·西尼奥里莱提出了一份清单，上面列举了要求在数月内关闭的"与国家利益没有直接关系的线路"。实际上，只有少数几条线路停止运营，今天来看也很清楚，那种大规模的削减将很成问题。那些年里，就连比利时和挪威也都研究了类似方案，并得出几乎相同的结论。然而，在全欧洲范围，许多次级线路还是被关闭，许多不是由国营公司运行的线路，以及电车轨道和山区小铁路，也都先后关闭，只有瑞士和奥地利的一部分例外。

短途干线的数量不可逆转地减少了，而已经失去的那些，本来可以成为公路运输的一种替代。意大利的两个事例值得注意：在多洛米蒂山（Dolomites），由卡拉左（Calalzo）到科尔蒂纳丹佩佐（Cortina d'Ampezzo）的铁路不再运行，以便为开往1956年冬季奥运会的火车让路；而一段最壮观的山区窄轨铁路，加尔代纳山谷（Val Gardena）铁路，也在1960年5月停业。下一章里，我们将会看到，公路上的日渐拥堵，是怎样让人们愈发认识到铁路运输在避免产生更多的交通问题上的重要作用，看到这样的态度是怎样令人们用其他方式来应对铁路网的问题。

欧洲
经济的
传送带

▌ 第188页上　1995年11月11日，联合铁路公司SD 60M系列的75辆机车中的一辆，牵引着一列重型货车，行驶在印第安纳州的加里（Gary）附近。这款机车由通用汽车公司电气部于1993年制造。

▌ 第188页下　联合铁路公司的一对SD 80MAC型机车，牵引着由厢式车组成的长长的一列货车。这种机车一般是一前一后使用，每个都有5000马力的强大功率。

▌ 第189页　美国国家铁路客运公司的一列火车，在被称为"西南酋长"（Southwest Chief）的线路上行驶。这是美国铁路网上最壮观的一条线路，由芝加哥到洛杉矶，途经密苏里、堪萨斯、科罗拉多、新墨西哥和亚利桑那五个州。

美国铁路在第二次世界大战后的情况值得特别关注。大规模的机动化和航空运输的发展，令铁路公司收益大减，而这些公司均为私营。虽然长距离货运仍青睐于铁路，但货运本身也遭到了来自公路运输的强有力竞争。

许多铁路公司关门大吉，其他的则通过谨慎的并购与业务的多样化存活下来。例如，1970年，通过几家公司的合并，成立了伯灵顿北方铁路公司（Burlington Northern）。其运行线路长达37000千米。

但事情不会总是一帆风顺。例如，1973年，在这个国家普遍看好私营企业的背景下，联邦政府仍介入进来，成立了美国铁路协会。该协会被赋予了经营美国东北部铁路网的任务，在数家铁路公司倒闭后，这部分的铁路网面临着完全关闭的可能。

两年后，出台了"铁路振兴与改革法"，委托联合铁路公司（Consolidated Rail Corporation）——人们习惯称之为Conrail——来接手那些破产公司。

Conrail面对的，是长达38600千米的铁路网。在美国其他地区，情况也不容乐观。铁路公司从货运中仍能盈利，但他们的客运业务不断缩减。长途旅行时，人们选择飞机；中长途的旅行，则靠大名鼎鼎的灰狗巴士。

第二次世界大战结束后，客运量从每年的7.5亿人次减少到了3亿人次，列车数量也从2500辆减到了约500辆。1967年，就连作为重要客户之一的美国邮政局，也决定只使用卡车和飞机。

这一决定令许多铁路公司雪上加霜，其中的圣达菲恩公司（Santa Feone），直接决定只在大城市之间维持客运，例如芝加哥、洛杉矶、旧金山等。这成了压垮骆驼的那根稻草：此时的客运，有可能完全从美国铁路网上消失，也就是从公众视线中消失；美国的公众，此前对铁路的命运一直不闻不问，现在也担心起来，继而要求政府干预。国会于1970年颁布了《铁路客运法》，旨在对中长途铁路客运给予财政支持，该法令于1971年5月1日生效。就此成立了一家联邦公司，来直接经营全美铁路客运——这就是美国国家铁路客运公司（Amtrak）。其名称是由两个词合并而来，即"美国"和"轨道"。

私营公司向Amtrak移交出其客运服务（以及所需的全部车辆），Amtrak则于1971年5月，用约180辆列车，开始了客运服务，而这个数字仅为此前车辆数的一半。从那时到现在，Amtrak所运营的铁路网，已经扩展到45000千米，贯穿46个州，还包括通往加拿大的线路。2004年，该公司承运了2500万旅客。私营公司将其业务集中到货运，多年以来也经历了数次的大型并购与联合。他们建成了高效的铁路运输网，在他们的线路上，运行着世界上最长、最重的货车。

美国国家铁路客运公司的列车覆盖了美国 35000 千米的铁路网，服务着 500 个地区。

▌第190-191页　图中是芝加哥-洛杉矶线上的两辆大型柴油机车，牵引着一列客运列车，这条线穿过美国的 6 个州。

▌第191页上　"日落有限公司"号（Sunset Limited）列车餐车上的一名厨师，在列车停靠在亚利桑那州凤凰城时，利用工作间歇欣赏落日。"日落有限公司"号是美国最漂亮的列车之一。

▌第191页下　乘火车横穿美国，而且能够在图中这种全景式车厢安静地欣赏风景，是美国国家铁路客运公司久负盛名的服务项目之一，也是一场令人难忘的经历。

战后著名的火车和机车

如前所述，第二次世界大战后的数年时间内，英国继续使用蒸汽机车：其中 9F 系列绝对最具代表性——这是英国蒸汽牵引的收山之作。值得注意的是，当 9F 系列中的最后一辆机车 92220 号，于 1960 年 3 月从斯温登的车间出厂时，英国铁路公司将其命名为"晚星"，并将车厢漆为绿色而不是惯用的黑色。9F 系列是英国铁路公司为牵引重型货车而订制的最后一组统一车型：其车轮配置为 2-10-0，这对弯道多而急的英国铁路网而言颇不寻常，在进入弯道时，可能会给 5 组连动轴带来问题。9F 系列的 251 辆机车，可以借鉴战争期间制造的 25 辆具有同样车轮配置的机车的经验；关于后者，我们在上一章已述及。从技术角度看，这批机车无疑是成功的。它们功率强大，时速能轻松达到 145 千米。它们主要用来牵引重型列车，既有货车也有客车，在柴油机化完成前，在全国铁路网上运行。

战后的捷克斯洛伐克，也仍在使用蒸汽牵引：铁路网尚未电气化，柴油机车还是新生事物。1954 年，CSD（捷克斯洛伐克分裂前的铁路公司）订购了斯柯达（Skoda）的一款新型机车，车轮配置为 4-8-2，用于牵引快速客车。负责这一项目的，是法国著名工程师安德烈·沙普隆。他用上了令他蜚声世界的所有建造原则。在他的设计下，诞生了战后最漂亮的一款蒸汽机车。被 CSD 归类为 498.1 型的这款机车，使用了三缸的过热单胀蒸汽机。在牵引重型客车的情况下，其最高时速可达 145 千米以上，能够轻而易举地维持 120 千米的时速。沙普隆采用了当时所有的创新，使用了钢框架、自动装煤系统、安装在滚珠轴承上的车轴，以及基尔切普蒸汽释放系统。这款机车共有 15 辆，由捷克铁路公司为其选定的颜色，是以深蓝底色饰以白色细纹及红色车轮，这也为其增色不少。

■ 第192页 CSD 的 498.1 型机车，牵引着一列远行火车全速行驶。

■ 第192-193页 英国的 92220 号机车"晚星"，是为英国铁路公司制造的最后一辆蒸汽机车。

■ 第193页上 "晚星"是英国铁路公司 9F 系列中的一辆机车。9F 系列共有 251 辆机车，其中第一辆制造于 1954 年。"晚星"是该系列里的最后一辆，于 1960 年 3 月从斯温登的车间出厂。

第194页上 对南非机车而言,水一直是个问题。25系列的机车,装备了宽敞的台车式煤水车,煤水车通常附带一个水罐车,这使其行驶范围大为扩大。

第194-195页 26系列中的3450号机车,由工程师大卫·沃代尔设计,通体漆成火红色,又被称为"红魔"。这辆机车因其外观和创新,成为世界上最著名的机车之一。

此后许多年里，欧美的厂家都在继续为南美、亚洲和非洲的铁路公司生产蒸汽机车。在这些机车中，我们想回顾一下安萨尔多公司（Ansaldo）为希腊生产的大型 Ma 2-10-2 式，以及亨舍尔和北不列颠公司（Henschel and North British）1953 年到 1954 年为南非生产的 25 系列中的 4-8-4 式机车。

南非铁路公司的 25 型机车有两个版本：传统式的 50 辆和装备了冷凝式煤水车的 90 辆，后者能够行驶数百千米而不必停车加水。这是所有的冷凝式机车中最大的一款，而在南非仅有 1 米宽的窄轨铁路上，这一纪录就显得更为突出。冷凝系统主要是将释放出的蒸汽通过特殊管道导入煤水车，之后在特殊的冷却通风机的作用下又转变为水。这听起来简单，但需要使用过滤和净化装置，以清除无处不在的燃烧残留物和油脂残留，而这个机制，则一直是冷凝式煤水车的弱项。正是因为这个原因，后来许多 25 系列中的冷凝式机车被改造为传统机车。无论

第 195 页　南非铁路公司为其 25 系列的 90 辆机车装备了冷凝式煤水车，以解决用水短缺问题。排出的蒸汽被收集起来，经冷却后又变成水。

怎样，根据当时亨舍尔公司（Henschel）的一本出版物中所做的说明，装备了冷凝式煤水车的机车，可以连续行驶 1120 千米而无须额外加水，与一般机车相比，节水约 90%。

我们还不能忘记英国工程师大卫·沃代尔（David Wardale）与阿根廷知名设计师利维奥·丹特·波尔塔（Livio Dante Porta）在 1981 年对 25 系列机车中的 3450 号所做的改造。这辆机车被重新归类为 26 系列，这个系列只造了这一款，但因其所采用的技术创新和所选用的鲜红颜色而蜚声世界，这种颜色还为其赢得了"红魔"的绰号。沃代尔的这一成就，无论就制造时代而言，还是就他所选用的机车而言，都具有重要意义。他选用的机车，因其先进的建造理念，在当时是世界上最现代化的机车。而沃代尔本人不仅是个优秀的工程师，他还肯定是个理想主义者，不想对蒸汽牵引的落幕听之任之。

他相信，通过应用 20 世纪 70 年代的技术，他能让蒸汽牵引获得重生。这样，在用 19D 系列的一辆机车做了初步实验后，他通过"红魔"，实践了自己关于机车性能改进的理论。机车功率增加到了 4000 马力以上，同时节省成本 38%。不过，尽管如此，南非铁路公司仍决定替换蒸汽牵引，沃代尔的梦想也就此结束。

■ 第 196 页上　这辆小型蒸汽机车，在印度东北部西里古里（Siliguri）到大吉岭（Darjeeling）间的陡峭铁路上行进。其绰号是"玩具火车"。

■ 第 196 页下　牵引着一列客车的这两辆巴基斯坦机车是在英国制造的，其设计之源要回溯到 17 世纪，回溯到 4-4-0 的老式车轮配置。

■ 第 196-197 页　由土耳其铁路公司注册为 56 系列的这辆德国造大型机车，正在等待出发信号。该车车轮配置为 2-10-0。

■ 第 197 页下左　一辆很是吸引眼球的双重牵引机车，牵引着一列包车，行驶在土耳其的马拉特（Malat）和阿达纳（Adana）这两座城市之间。土耳其仍在使用大量蒸汽机车，这一事实吸引了世界上成千上万的爱好者前来观赏。

■ 第 197 页下右　20 世纪 80 年代中期，德国制造的一辆 55 系列的机车，牵引着一列较短的客车，穿行在土耳其的厄斯帕尔塔省（Isparta）。

　　20 世纪 70 年代末，蒸汽牵引从欧洲舞台上快速落幕。在西方，只在次级线路上仍在使用；而在东方国家，由于那里的经济条件有限，蒸汽机车仍相当普遍。在土耳其，就有许多辆出处不一的蒸汽机车还在服役，这令土耳其成了流动的博物馆。在印度和巴基斯坦，蒸汽牵引仍是标配。

　　在巴基斯坦，20 世纪 80 年代英国制造的蒸汽机车仍在使用！虽说蒸汽牵引在欧洲几近消失，但有意思的是，人们越来越怀念那个时代，先是在英国，继而在德国，之后在其他地方，出现了许多这个主题的特色博物馆。

　　许多业余爱好者协会也应运而生；正是由于这些协会，很多重要机车才得以保存下来。没过多久，这些机车中就有不少又恢复到了工作状态，开始用于怀旧旅行，而且这个项目人气越来越旺。与此同时，其他爱好者则用录像和照片，认真地记录了那些古董级机车的消失，为后人留下了重要的历史性记录。这当中最著名的，当然是英国人科林·加瑞特（Colin Garrat），他被人们称为"蒸汽机车的大卫·爱登堡（David Attenborough）"。在 30 余年的时间内，他周游世界，用照片记录下了几乎所有还在运行的蒸汽机车，无论是在中国，还是在菲律宾的甘蔗种植园。

柴油牵引的兴起

■ 第 198-199 页　使用机械传动的 ALN 668 型柴油动车组，自 1956 年开始批量生产，之后一直是意大利次级线路上客运的主力车型。

■ 第 199 页上　这辆 ALN 56 型 2037 号车，在其最终退役和被回收前，被改造成一个流动会议室，用来参与针对工伤事故的全国性宣传，因此才有这不一样的外饰。

　　柴油发动机是由鲁道夫·狄赛尔（Rudolf Diesel）于 1897 年发明的，但在铁路上的应用既不简单又不够快。最大的问题不是可靠性，而是发动机本身的重量和大小。

　　为达到所需功率，发动机的重量会让人望而却步。直到 1930 年，才有了解决这一问题的技术手段，人们对柴油驱动的兴趣再度提升。设计人员很快发现，柴油发动机所产生的动力，使得机械传动成为可能，这与卡车的牵引原理相同，要用到传动装置和曲轴，但只适用于轻型车和特技车。功率更大的车辆所需技术也不一样。当时有两个办法：一是美国早在 1930 年就开始选用的电力传动；二是"德国派"成功开发的液压传动。

　　在第一种情况下，柴油发动机要和直流发电机或交流发电机结合使用，由发电机产出直流牵引电机所需的电能。在第二种情况下，柴油发动机要和液压传动装置相结合，由这一装置通过受压油液驱动轴减速器。意大利人是机械传动的大师，他们制造出一系列的将

两台柴油发动机同步化的轨道车。早在第二次世界大战前，他们就开发出最初是用汽油的轨道车，这成了法西斯所宣扬的意大利进步的一个标志，他们将其称为"利托里尼"（littorine），这明白无误地提示着法西斯政权是从古罗马借来的。菲亚特和布雷达公司（FIAT & Breda），也制造出了著名的 ALN 56 和 556 列车（代表有 56 个座位的轻型柴油轨道车；后面一款多出来的那个 5，表示能够与更多单元相连接）。

▎第 199 页中　ALN 56 型和 556 型机车，是意大利铁路网上第一批成功的并得到广泛使用的自动化车型，由菲亚特和布雷达公司在第二次世界大战前生产，共制造出 532 辆。

▎第 199 页下　1992 年夏天，这辆 ALN 990 型 3018 号机车停靠在托斯卡纳的小站奥拉（Aulla）。这是该车型中的最后一辆，用于旅游项目，不过不幸毁于大火。

1932 年，"飞翔汉堡"号以平均 145 千米的时速，驶过了从柏林到汉堡的 286 千米的距离。

这种机车的特点之一，是将发动机和传动装置直接安装在底盘上，这对维修比较有利（如果出了问题，可以整体换掉），但车身的振动和碰撞则会直接影响到发动机。战后，ALN 880 型和 990 型机车问世，但在意大利次级线路上牵引地方列车最多的，还要数 ALN 772 型机车（1939—1949 年由 OM 公司和菲亚特公司生产），这种情况一直持续到 1956 年菲亚特制造的 ALN 668 1400 型机车出现之后（这是都灵的这家公司成功出口的一种发动机中的首个系列）。所有这些轨道车都使用了机械传动；从 ALN 880 型之后，发动机安装到了地板下面，不再直接装在底盘上。

就连法国和德国，也开发出使用热牵引的轻型车辆，只是不像意大利那样有规模。法国方面比较重要的是艾托尔·布加迪（Ettore Bugatti）于 1933 年为 PLM（巴黎－里昂－地中海）和菲亚特公司制造的轨道车。其理念显然来自汽车（使用 4 台 200 马力的发动机，以汽油、苯和酒精为混合燃料），通过液压接头进行直接的机械传动。这在当时被认作是豪华列车，共生产了 76 辆。其现代化的、带有创新性的设计，也为这些车辆赢得了名声。

也是在这一年，德意志国家铁路公司（DR）启用了著名的"飞翔汉堡"号（Flying Hamburger），这趟列车连接了柏林与汉堡，全程仅需 2 小时 18 分钟。全车由安在 3 架台车上的两个单元组成：中间是雅各布型（Jacob type）（两个单元都可使用）。

这种车辆由两台迈巴赫（Maybach）柴油发动机提供动力，每台功率为 410 马力，同时作为电力牵引马达的发电机。"飞翔汉堡"号当时的时速为 145 千米，由于其优异表现，该车很快成为那个时代的传奇。

■ 第 200 页 SVT 877 型柴油发动机是在 1933 年为"飞翔汉堡"号快车生产的，这趟列车连接了柏林和汉堡，时间仅要 2 小时 18 分。每辆列车都由安置在 3 架台车上的两个单元组成。

■ 第 201 页 PLM（巴黎－里昂－地中海）公司的这张海报，为巴黎－克莱蒙费朗（Paris-Clermont Ferrant）线做了广告。这条线上使用了著名的、流线型的布加迪列车，该车与众不同的特点之一，是其燃料由苯、酒精和汽油混合而成。

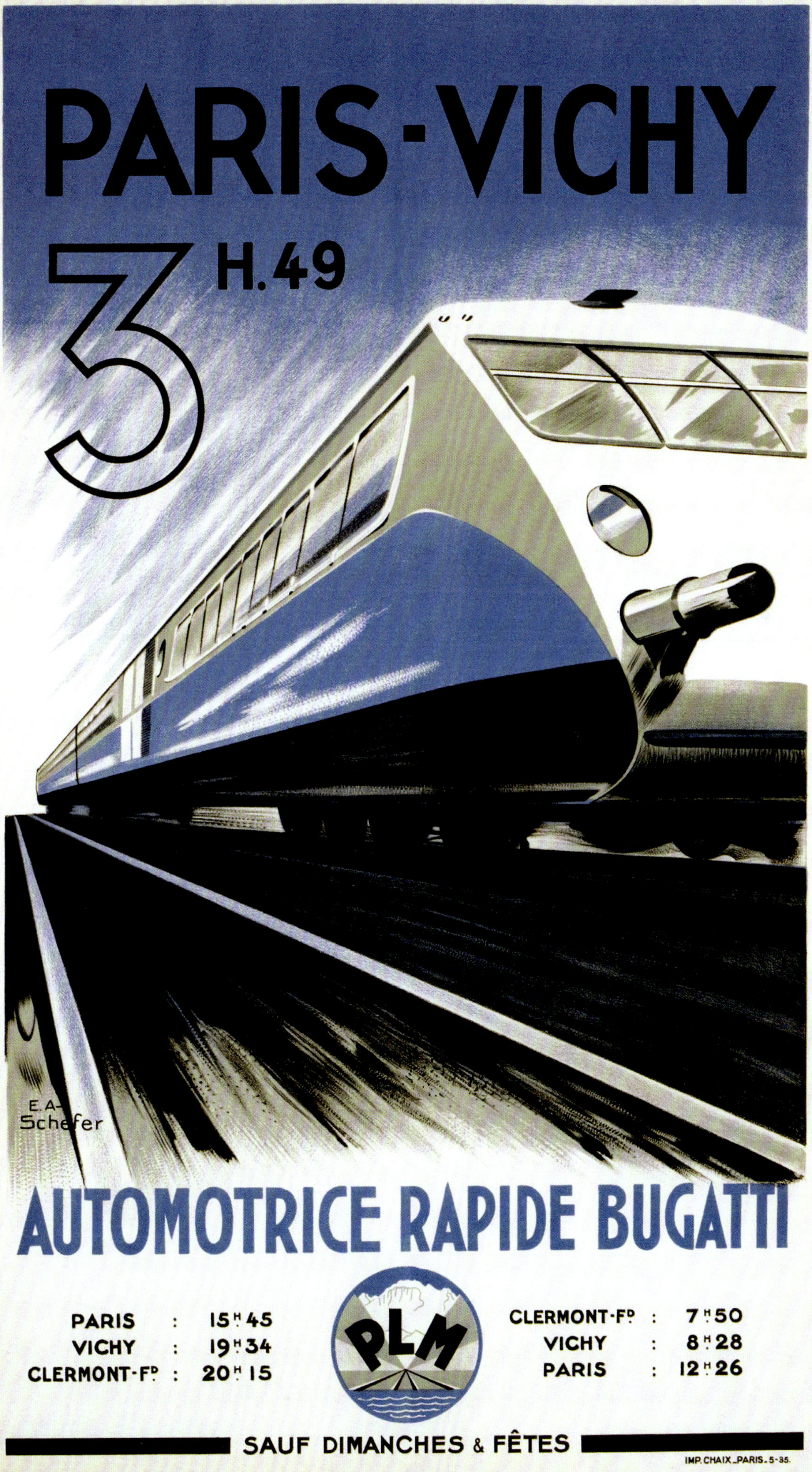
PARIS-VICHY
3 H.49
E.A-
Schefer
AUTOMOTRICE RAPIDE BUGATTI
PARIS : 15H45
VICHY : 19H34
CLERMONT-FD : 20H15
PLM
CLERMONT-FD : 7H50
VICHY : 8H28
PARIS : 12H26
SAUF DIMANCHES & FÊTES
IMP. CHAIX_PARIS_5-35.

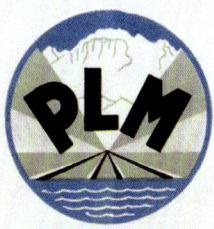

而在大洋彼岸，形势也在不断发展。早在1934年，伯灵顿公司就启用了一列电动柴油牵引的豪华客车，名叫"伯灵顿微风"号（Burlington Zephyr）。列车的3个组成部分，都是用不锈钢制作，呈流线型；车内安有空调、霓虹灯和后靠座椅，这在当时的确奢侈。其速度能轻松达到每小时180千米，证明柴油发动机也能用于快速列车。

不过，柴油机车时代的到来，还要数年之久。这一过程始于1939年，那一年，通用汽车公司（General Motors）的电力驱动部生产了带有传奇色彩的F系列机车，共制造出7000个单元。通用汽车公司工程师的基本想法是造出一种模块式机车。每个单元都安置在有两组轴的车盘上，并配置一台功率在1700马力以上的柴油发动机和供4台电动机使用的发电机。每个单元都有自己的驾驶室，驾驶室也能配装在其他3辆从动车上，从动车均可通过第一辆车遥控。这样就组成了一个整体，能够轻松牵引任何火车。

第二次世界大战后，利用F系列中已在使用的EMD 567发动机，通用汽车公司开发出一款很有现代意识的新机型，称为GP或通用型。他们的想法是为美国公司提供一款万能机器，适合于任何工作。这一目标得到了实现，通用汽车公司卖出了6个不同系列的足足10647台机器。从20世纪60年代开始，该公司开发出一款采用CoCo车轮配置的新型机车，废弃了陈旧的BoBo式。这意味着机车将安置在有3组发动机轴的两个车盘上，而不是此前的两组。对于同等重量的机车，这一选择具有双重意义：在每组轴上的重量减少，在次级线路或轻轨上的运转更为顺畅；此外其抓力和牵引力都得到提高。被称为"特殊重载"（Special Duty）SD系列的这种机车，随时间推移出现了许多版本。1972年，公司推出了SD40-2型，配备有高级电机指令系统，这款车卖出了数千辆。

▎第202页　南太平洋铁路公司这张雅致的海报，为火车穿越大盐湖（Great Salt Lake）做了广告。

▎第203页上　柴油电动列车"伯灵顿微风"号以快捷和奢华的服务著称。每款流线型的列车都由3辆车组成。这款车于1934年开始生产，共制造出72辆。

▎第203页下　为展示用不锈钢材料制造的"微风"号系列机车和其他列车相比有多轻便，1934年4月在费城组织了这场拔河秀。

■ 第 204 页上　巴尔的摩与俄亥俄铁路公司的 1437 号柴油机车在圣路易斯站分路。由 GM 电力驱动部于 1937 年制造的这辆机车，连同这一公司的其他发动机，是 B&O 使用的第一批机车。

■ 第 204 页中　联合太平洋铁路公司的这辆 LA-4 型机车牵引着著名的"洛杉矶市"号列车。

■ 第 204 页下和第 204-205 页　F 系列的 GM-EMD 型机车，是在美国批量生产的第一种柴油电气机车。这种车共有 20 余款，生产了约 7000 辆。照片右侧是皇家乔治铁路公司的一辆 F7 系列柴油机车，正牵引着一列老式旅游火车，行进在科罗拉多州的丹佛和里奥格兰德西部铁路（Denver & Rio Grande Western）线上。

▌第 206 页上　2000 年 3 月，联合太平洋公司的这辆 SD60M 型机车牵引着一列货车，穿行在加利福尼亚州的东克恩（East Keen）。制造于 1992 年的这辆机车，在 2001 年 8 月被重新编为 2470 号。其功率为 3800 马力，采用了 CC 式车轮配置。

▌第 206 页下　威斯康星南方铁路公司的一组 GP9 型机车在列车车队前移动就位。1954—1963 年，共生产了 3436 辆这种 4 轴式机车，交由数家美国公司使用。

▌第 206-207 页　新英格兰中央铁路公司的两辆 GP 系列（万能型）的 GM-EMD 机车，连同另外一辆型号不明的机车，在牵引一列重型货车。共生产了 10600 辆这种单元式机车。

第208页 英国铁路公司的4辆三角型机车。这些柴油机车由英国电力公司制造,于1961年首度面世,共生产了23辆。它们以其汽缸按三角形排列而著称。

第209页 这张海报纪念的是"苏格兰飞人"号的百年运营,其中包含着英国铁路发展的整整一个世纪的历史。左上角是1862年的列车,画面主体则是一辆三角型柴油机车。

在欧洲,柴油机车的生产,在数量上要少得多,不过其中有些机车因其所采用的技术方案而独具特色。在一直看重热力牵引的英国,有两款柴油机车值得一提:三角型和47型。三角型机车于1961年由英国电力公司(English Electric Company)联合纳皮尔公司(Napier)共同设计。这款机车使用了原本属于海军的一种柴油发动机,其汽缸不同寻常地以等边三角形的方式排列。这款机车与当时的其他机车功率相当,而重量仅有其他的一半。三角型机车共生产有23辆,每辆都有上乘表现,直到1982年才告退役。1963年,英国铁路公司推出了47型机车,共制造有528辆,成了英国柴油牵引的主力车型。这款车使用两个车盘,3组承载轴,功率达2750马力,能轻松达到145千米的时速。就连法国也开发了为数不少的柴油机车,用于尚未电气化的线路。这些机车被归为BB67000一族,从1963年开始以不同版本制造(包括67200、67300到67600),共生产有492个机车单元。这些是真正的万能型机车,使用BoBo式车轮配置,电力传动,输出功率从830到1470千瓦不等。1967年,在1973年的石油危机之前,法国国家铁路公司设计出一款牵引重型快车的大功率柴油机车,用在了巴黎-巴塞尔以及巴黎-克莱蒙费朗等尚未实现电气化的线路。于是,92 CC72000型机车应运而生,功率2250千瓦,时速可达160千米。

在德国,他们选择了液压传动。这类机车中,最好的是V200型,其制造始于1953年,持续10年之久,两个系列共生产出136辆,由克劳斯玛菲和马克公司制造。这款机车开始时使用两台迈巴赫12缸柴油发动机,每台功率809千瓦;使用伏伊特(Voith)液压传动[后改为两台MTU的发动机,每台功率1010千瓦;改用米基德罗(Mekydro)的液压传动],这使得机车功率大、速度快。多年来,V200型(这里的V代表Verbrennung,即燃烧)及后来的220型和使用新式计算机编号的221 DB型,一直用于牵引德国的干线客车。时至今日,这些型号的机车仍有不少,德国也有,其他国家也有,不过往往用来在建筑工地上牵引火车。

英国的柴油牵引时代,始于著名的三角型机车。

第210页上 20世纪60年代,法国国家铁路公司开发出足一个家族的电动柴油机车。BB 6700型机车的不同版本共生产了492辆,往往用于多机牵引。

▌第210-211页　47系列机车是英国铁路网上的万能主力车型。这种机车共制造了约500辆，它们占据了英国铁路公司火车车队的半壁江山。

▌第211页上　隶属德国联邦铁路公司的一辆V200液压柴油机车。这款车于1953开始由克劳斯玛菲公司生产，生产了86辆，用来在德国的非电气化干线上牵引快车和西欧联运快车（TEE）。

▌第211页下　英国铁路公司的一辆三角型机车，牵引着一列重型客车。这款机车及后来的47型机车的成功，意味着该公司可以依靠热力牵引，从而避免造价高昂的电气化。

211

电力牵引的发展

■ 第212页 意大利铁路公司的 E646 型 070 号机车，牵引着一列 1961 年设计的旨在提供优质服务的地区间通勤列车。这种机车现仍用于货运及地区性客运。

■ 第213页上 战后，这些机车是德国联邦铁路公司的"多面手"。带有电动刹车的车型（139 型和 140 型）有两个版本，共生产了约 900 辆。

■ 第213页下 E 103 型火车，特别是漆成红色和奶油色的这种，是所有德国火车中最漂亮的一款。这种车共生产了 149 辆，一直服役到德国城际高速铁路（ICE）问世。

要想深度描述从第二次世界大战结束到 20 世纪 70 年代电气牵引的演进，需要整整一本书的篇幅。因此，我们这里仅限于叙述那些最重要的事件，描述那些最突出的机车车型。我们当然要从法国国家铁路公司的 CC7107 型开始，这款机车在 1955 年的 3 月 28—29 日，创造了时速 329 千米的世界纪录，并将这一纪录足足保持了 51 年，直到 2006 年 9 月 2 日，才被德国的西门子 ES64U4 型机车打破，后者属于欧洲短跑手系列中的多制式机车。这辆西门子机车被奥地利铁路公司注册为 1216 050 号，在英戈尔施塔特和纽伦堡之间，达到了 357 千米的时速。CC7100 系列，是法国国家铁路公司制造的首批 Co'Co' 式车轮配置的机车，主要是在装备了 15000 伏直流电的南方线路上，用来牵引重要快车。其顶级服务，无疑是"密史脱拉"（Mistral），也就是巴黎－里昂－马赛这条路线；在这条线上，CC7100 系列替换了过去使用的 2D2 9100 型机车。从 1952 年开始，这个系列的机车，阿尔斯通（Alsthom）共制造了 58 辆。其输出功率为 5060 CV，最高时速 145 千米。这批机车中的最后一辆于 2001 年宣告报废，当然，由于曾经有过打破纪录的辉煌，机车并未遭到毁坏。

从技术角度看，另外一款值得一提的机车，是法国国家铁路公司的 CC40100 型，从 1964 年开始共生产了 10 辆。这是为克服连接不同国家的铁路网而产生的问题所做的第一次协同尝试。CC40100 型机车属于多张力型，能在 4 种不同电压下运行：1500 伏直流电、3000 伏直流电、15000 伏频率为 16⅔ 赫兹的交流电，以及 25000 伏频率为 50 赫兹的交流电。总的想法，是想让这款车在法国、比利时、荷兰及德国都可以运行。但这一计划过于超前，而这款机车又极其精巧复杂，从未能够在荷兰和德国使用。CC40100 型机车采用 Co'Co' 式车轮配置，功率 3670 千瓦。其正面设计为法国许多其他快速机车所采纳，这种设计

第214页 20世纪60年代中期法国国家铁路公司的这张海报，承诺着速度、准时与舒适。这是辆崭新的BB 16000型机车，从1958年到1962年，这款车共生产了62辆。

第215页 阿尔伯特·布勒内（Albert Brenet）制作的这张成功的海报，宣传了西欧联运快车巴黎-布鲁塞尔-阿姆斯特丹（TEE Paris-Brussels-Amsterdam）的铁路运营。这条线路是由4组电流的CC40100列车承运的，这款车在边境不必更换牵引。

既能提高司机的能见度，也能突出列车速度。值得注意的是，自20世纪80年代开始，铁路行业果断转向了多电压机车。因此，CC40100型机车远远走在了前面。战后法国另一款必须提及的机车是CC6500型，这款车在功率和速度方面都是一个转折点。其目的是希望成为一款能够牵引一般列车以190千米的时速行进的机车。配备1500伏直流电的CC6500型机车，很好地实现了这一目标，牵引着许多著名列车，例如卡比托勒巴黎-图卢兹线（Capitole Paris-Toulouse）上的列车，在大部分路段都能达到190千米的时速。

同样值得一提的，是德国的一款开始时归为E40、后改为140的机车，这款车在德国联邦铁路公司自20世纪50年代中期起执行的德国电气化计划中，发挥了不可或缺的作用。该机车采用Bo'Bo'的车轮配置，使用15000伏交流电，频率为$16^{2/3}$赫兹，功率为3700千瓦。这是德国电气牵引中的顶梁柱，共生产约900辆。

由于其高度的适应性和稳定性，这款车被用于各种用途，无论客运还是货运。德国电气机车的桂冠是E103型，在1970年前共生产了149个单元。在7000千瓦的功率下，E103型是德国联邦铁路公司所属最大功效的机车，而190千米的时速，也令其成为速度最快的机车。虽说这款车有点老，但在1985年，E103中的003号车，在一次试运行中，达到了283千米的时速。在那些年里，德国联邦铁路公司将其功率提高到了7440千瓦。E103型机车尤因流线型整流罩而出名。在多年的运行中，机车车身涂漆不尽相同，但20世纪70年代的红色加奶油色，毫无争议地成为最受欢迎的一款。

在使用3000伏直流电进行电气牵引的意大利，发展出独特的一族：意大利国家铁路公司打算开发配备6个承载轴的机车，但因为3轴的车盘对路轨要求较高，也不太适合这个国家的铁路上那无数的弯道，他们很快废弃了Co'Co'的车轮配置。于是Bo'Bo'Bo'式车轮配置应运而生，就是使用两个轴的3个机动化车盘，这种设置在其他地方少见，此外还有一个不同寻常的选项，是将车厢与两组相同的半轴铰接在一起，在全车运行中发挥枢纽的作用。这样也就不用考虑中间车厢的侧移，否则在弯道上这点必不可少。

从1940年第一批E 636型，到最后制造于1989年的E 656型，有个技术方案贯彻始终：所有这些机车都采用同一个建造模式，3个车盘，12组机电发动机。在其制造周期内，机车功率从E 636型的1400千瓦，提升到了E 656型的4800千瓦。在这两个极端之间，他们在1958年又制造了E 645型，1961年制造了E 646型。总体而言，这一族的机车，意大利国家铁路公司共生产了1223辆，其中E 636型469辆，E 645型97辆，E 646型198辆，最后是E 656型459辆。

唯一的例外是E 444型，采用传统的Bo'Bo'式车轮配置和标准车厢，因其速度而被人们戏称为"海龟"。1967年到1974年之间，从原型到后面不同系列的版本，共生产了117辆。这款机车的时速能达到190千米，这就注定它们要负责牵引有名的快车，从而替代已经有些年头的电气列车。这一项目总体上是成功的，但存在各种问题——线路不够，缺少能以190千米的时速行驶的车厢，这些都阻碍了其广泛应用。

横穿欧洲的快车与名车

■ 第216-217页 这张很吸引人的照片，俯瞰了目前唯一仍能运行的一辆VT601型列车，正在布伦纳铁路的坡道上行进。该车只用于观光目的。

跨欧洲快车铁路线，构成了战后欧洲最重要的国际铁路网。这条线路建成于1957年，是根据荷兰铁路公司董事长的建议实施的，德国、意大利、法国和瑞士铁路公司也都参与其中——在二期时，比利时和卢森堡也加入进来。

西欧联运快车（TEE）式运营的特殊要求，就此准确地建立起来，尽管后来随时间推移也有了不少例外。具体而言就是：采用柴油驱动，以免在边境处因电力供应不同而更换机车；封闭式车辆组成，方向可逆，以免在终点站浪费时间调转方向，而调头的做法当时仍很普遍；只承担国际交通；奢华的车厢和服务；每天一趟；最后就是车上进行海关检查（当时旅客在边境还需下车查验）。西欧联运快车式运营一直进行到1974年，才被普通列车替代，而后者增加了二等服务。

那些年间，一些欧洲最漂亮的列车都曾在这条线路上运行，所有这些车

■ 第217页 瑞士铁路公司为西欧联运快车式运行生产的多拉力电气列车。这款车最初由5节车厢组成，后来又增加了一节42座的车厢。

都漆成典型的西欧联运快车式红黄相间的颜色。意大利国家铁路公司要求布雷达公司制造一款特别列车，是由两辆柴油轨道车永久性连接在一起，这款车被归为 ALN 442/448 型。按照经过多次试验的柴油轨道车原理，共生产了 9 辆：两台发动机，功率总共为 720.78 千瓦，通过液压接头进行威尔逊式（Wilson）传动，最高时速 225 千米。

车上的 90 个座位按排排列，每排 3 个，座位之间空间宽敞，有可折叠式餐桌供餐饮使用，还有热风供暖。从 1957 年 8 月开始，这种车用在了西欧联运快车利古里亚线（Ligure），也就是米兰－热那亚－马赛，米迪奥拉姆号线（Milan-Genoa-Marseilles, Mediolanum），即米兰－维罗纳－慕尼黑线（Milan-Verona-Munich），以及莱芒湖－米兰－多莫多索拉－洛桑－日内瓦线（Lemano Milan-Domodossola-Lausanne-Geneva）。这些线路运行的巨大成功，很快让人们注意到座位的不足，没过几年时

间，就被普通列车取而代之。也是在 1957 年，德国联邦铁路公司开始制造一款柴油列车，开始时归类为 VT11.5 型，后改为 VT601 型，不过由于其别具一格的外形，全欧洲都称之为"大鼻子"。这款车由 7 个部分组成，共有 122 个座位。7 个部分的排列如下：机车、隔间车厢、沙龙车厢、带吧台没厨房的餐车、有厨房的餐车，以及后置发动机车厢。每列火车都装备有两台发动机，功率计为 2058 千瓦，采用液压传动，时速可达 140 千米。

法国国家铁路公司一开始则用带有轨道车和拖车的 10 节车厢，将其改造为西欧联运快车式运行。编号为 X2771-2781（拖车为 XRS7771-7779）的这款车，在驱动单元中有 39 个座位，并带有一个小型厨房，此外在拖车中另有 42 个座位。

瑞士、荷兰铁路公司利用已在运行的柴油列车开展了西欧联运快车式服务，这些列车分别是荷兰铁路公司（NS）的 NS 1001-1003 型和瑞士联邦铁路公司的 Ram 501-502 型。不过，1961 年，瑞士又将一种多电压电气列车投入使用，这种车能在德国运行，因为德国铁路与瑞士的相同；该车也能在法国和意大利运行。归类为 Rae II 1051-1055 型的这款车，成为欧洲最著名的西欧联运快车式火车。其标准配置，开始时是由一辆 42 座的先导车、一辆机车、一节 58 座另加吧台 6 座的餐车、一节 42 座沙龙车厢组成。随后几年里，又在中间增加了一节 42 座车厢。

在结束对历史名车的回顾前，我们还必须提及意大利国家铁路公司著名的 ETR 301 型车，又称为"塞特贝洛"（Settebello）。1953 年后，这款车共生产有 3 个版本，许多年间，在全欧洲的铁路上，它都是优雅与奢华的代名词。

这款车最主要的特点，在于它是一种电气列车（因此发动机虽然集中在发动机单元，但通过车盘分配至全车），整个车辆由 3 组 7 部分组成（第 1 组是 1、2 两个车厢；第 2 组是 3、4、5 车厢；第 3 组是 6、7 车厢）。这 3 个组以自动系统相互连接。这样，由 7 节车厢组成的这列火车，就有 10 个车盘。司机是被限制到一个高高的驾驶室内，这是因为列车前方是个带转椅的全景式房间。列车内饰由著名建筑师吉欧·庞帝和朱利奥·米诺莱蒂（Giulio Minoletti）设计。这些与整流罩一道，鲜明地表示出 20 世纪 50 年代意大利设计的特色。

第二款不应被遗忘的列车，是西班牙的泰尔戈（Talgo）型，生产于 1941 年至 2000 年，有多个版本。泰尔戈型是轻量化铰接列车（Tren Articulado Ligiero Goicoechea-Oriol）的首字母缩略语，这是款重心放低的铰接式火车，采用自由轴，由同名公司制造并销往全球。

其特点即在于这是款铰接式列车（由一系列永久性连接起来的车厢组成，每个车厢占据一个车轴的一边，各有独立车轮，与车轴紧密相连，这与铁路行业的惯常做法一致）。各车厢还与后面的车厢相连。实际上，除了牵头的机车，相邻的车厢间总有一个起关联作用的车轴。

铰接系统和独立车轮的配合，令后者可以不必总与铁轨保持平行，这大大提高了旅程的质量。车轴的独特配置，连同独立车轮，令车厢可以轻许多，也比一般车厢的地板低出许多。因此，列车也就低了不少，重心随之下降，具有了更多的稳定性，特别是在高速行驶期间。

在几十年的时间内，泰尔戈型列车有过不少的版本，其中有的适用于西班牙的宽轨，有的适用于标轨。20世纪60年代后，还开始生产可调轨距的车辆，这使得欧洲不同城市间的直通成为可能。

直到几年前，泰尔戈型列车还是由传统机车和专门的轨道车牵引：针对XXI系列，这家西班牙公司还推出了可调轨距的全驱动式列车。这一项目的副产品是泰尔戈·彭杜拉（Talgo Pendular）型车，是一款提速也不影响舒适感的无源型通勤车；此外还有为西班牙铁路公司生产的泰尔戈350型高速列车，也称为阿维（AVE）S-102型。

▌ 第218-219页 "塞特贝洛"是20世纪60年代意大利最著名的电气列车。列车前端是配备了小型转椅的休息室，还有升高了的司机驾驶室。

▌ 第219页上 泰尔戈Ⅰ型和Ⅱ型列车使用特别机车牵引安装了特别铰链的车厢。泰尔戈Ⅱ中的"贝戈尼亚圣母"号（Virgen de Begognà）机车，连同一些车厢，现保存在巴塞罗那的比拉诺瓦铁路博物馆。

▌ 第219页下 西班牙铁路公司的一辆A 252型机车，牵引着一辆明显较低的泰尔戈型列车。设计于1941年的泰尔戈型列车，有两三个版本，行销世界。

从高速列车到可持续发展

救赎
第 222 页

东海道新干线：新式铁路
第 226 页

出类拔萃的法国高速火车：法国高铁
第 230 页

**意大利高速列车：从"潘多利诺"号
到"红箭"号 1000 型到"意大洛"号
第 236 页**

**德国：德国城际快车之邦
第 240 页**

**西班牙及欧洲其他高速列车
第 244 页**

**中国与世界其他地区
第 256 页**

**技术改变了铁路旅行：下一步，氢驱动
第 270 页**

**愿景中的超级高铁及磁悬浮列车
第 276 页**

救赎

■ 第222-223页 铁路货运在美国尤其发达，这主要是因为路途遥远，因而铁路运输成了一个远为划算的选项。美国的货车可重达8000余吨。

从20世纪60年代末到70年代初，很多人觉得铁路已经步入黄昏。铁路被视为一种老套的、不舒服的旅行方式，顶多也就适合接送大量的住在郊区的通勤者。对铁路运输优势的认知，是逐渐产生的：公路交通事故中死亡人数的几何级增长，交通拥堵以及停车问题，慢慢削减了公路运输那似乎不容置疑的优势。公众开始意识到污染对这个星球的环境的影响，意识到不可再生能源消耗的快速增长。铁路的优势开始显现，而且仍有很大潜力：它们所产生的温室气体，只占总量的2.5%。运输1吨的货物，只需消耗长途卡车所需能源的一半，或飞机所需的1/12。开车旅行带来的致命事故的风险，从数据上看，要比火车旅行高出37倍。为了把这些优势转化为人们的具体选择，需要对铁路系统全面更新，既包括客运，也包括货运。这是所有铁路公司于20世纪70年代初所采取的路径，尽管其中难免产生一些不可避免的矛盾。

全面更新的主要目标是：提高中长途旅行的速度和舒适度，并使这种旅行与城市交通相分离；重新组织货运；引进新的控制与安全系统。

这些更新开始是在各个国家独立进行的，后来则由欧盟（及其前身欧共

■ 第223页 货车的编组成列是项复杂操作，美国的铁路公司多用相应的柴油机车来完成这一任务。

高速列车问世后，铁路开始和空运竞争。

体）主导。自 1991 年开始，欧盟（及其前身欧共体）发布了旨在提升和发展铁路运输的系列规范，目的在于将铁路运输逐步市场化，以刺激系统内的竞争和效率的提高，就像航空运输那样，不过这一目标尚未完全实现。

这些规范对欧洲铁路的影响功不可没。其中第一个指令（1991 年的 91/440 号令）本来是就国际货运的发展和开放所做的规定，但这一指令确立了一些不可更改的原则：成员国各铁路公司的相互独立；铁路公司的互不隶属；对基础设施的管理；以及从事国际货运的公司无差别使用铁路网的权利等。1991 年，欧洲共同体还就为铁路公司发放运行许可证颁布了指引。这份指引允许私营公司与传统的国有铁路公司一道，使用同样的铁路网，相互直接竞争。第一批的这些规范于 2001 年得到评估和修订，其中所明确的一系列措施被称为"第一套铁路方案"。

意大利是成功贯彻欧共体指令的第一个国家，这归功于时任运输部长的皮耶尔·路易吉·贝尔萨尼（Pier Luigi Bersani）的远见卓识。2001 年 9 月，米兰北部铁路公司（FNM，一家属于伦巴第地区的拥有百年历史的公司），开通了从梅尔佐（Melzo）到比利时泽布吕赫（Zeebrugge）的国际货运，这打破了意大利国家铁路公司的垄断，具有象征意义。不过，真正的转折点，出现在一个月之后，那时，轨道牵引公司（RTC）——专门为了利用放宽的机会而于 2000 年 2 月成立的第一家私营铁路公司——在从维罗纳（Verona）到慕尼黑的布伦内罗（Brennero）线上开始运营，尽管许多内部人士还有所疑虑。今天，这家公司控制着布伦内罗线上 30% 以上的货运，而且，在直接竞争的环境下，此前的垄断者国家铁路公司，即今天的意大利铁路（Mercitalia Rail），其麾下货车的运行质量和准点率也大大提高。因此，在这个事例中，欧盟指令的精神得到了很好的贯彻。2004 年，欧盟推出了"第二套铁路方案"，对国际和国内货物运输的完全市场化，给出了一整套的新办法（其中国际部分和国内部分分别于 2006 年 1 月 1 日和 2007 年 1 月 1 日推出）。欧盟委员会于 2007 年发起的"第三套铁路方案"，目的是将国际和国内客运推向市场竞争（分别于 2010 年和 2012 年开始），但由于受到各国原垄断公司的强烈反对而引出很多争议。最后，到了 2016 年，又发起了"第四套铁路方案"，其主要目的，是促进"单一欧洲铁路区"的创立，并进一步开放国内客运市场。

除了制定规则，欧盟还致力于促进各国铁路网的整合，这需克服不同电源供应和不同信号系统带来的困难，打造一个将欧洲各主要城市连在一起的高速铁路网。克服不同电源供应系统的问题现在相对容易，因为有的车辆生产厂家，能够专门生产多制式的机车（在不同电压等级下均可运行）。不过，信号与安全系统的问题要复杂得多。出于历史和技术原因，每个国家的管理部门都开发出一种或几种系统，这些系统互不兼容。在每辆机车上都安装所有的设备不仅特别昂贵，并且有时在技术上不可行——而且无论如何也解决不了每位火车司机需要知道的规则中最难的部分。他们于是决定开发一套全新的信号和控制系统，这就是欧洲铁路运输管理系统（ERTMS），先是用于在建中的新干线铁路，之后又扩展到国际互联及其他线路。

▎第 224 页 轨道牵引公司（RTC）是在布伦纳山口运行的意大利首家私营公司，使用西门子 E189 型多向张力电气机车，以克服意大利和奥地利铁路网上牵引的不同。

▎第 224-225 页 轨道牵引公司的两辆 EU43 型机车，在暴风雪中抵达瓦利科（Valico）火车站。这个火车站位于 1300 米的海拔高度。

东海道新干线：
新式铁路

讲到高速铁路的历史，让我们来追本溯源：如前所述，对速度和快速连接的追求，都源于铁路本身的特点。我们今天所理解的"高速"，1964年出自日本，东海道（Tokaido）大阪（Osaka）铁路线上带有传奇色彩的新干线列车。这里需要提示的是，在西方，我们把日本的高速列车称为"新干线"或"东海道新干线"。实际上，在日语里，"新干线"只表示"新铁路"，因此它指的是铁路而不是列车。1958年，日本政府批准建造具有里程碑意义的东京-大阪铁路，并将该项目命名为"新铁路"，又叫"新干线"。这条线上所使用的每辆车，都会根据型号得到一个生产序列号，而且往往还会得到一个绰号。这带来了第一批的0系列（闪电系列），以及随后的100系列（霹雳系列）和300系列（希望系列）。由于0系列火车的高速与正面形状，这些列车又被戏称为"弹丸列车"（日语 Dangan Ressha）。

当时，首列新干线209千米的时速震惊了世界（我们按西方惯例，继续沿用这个称呼）。但如果说一般公众对速度感到惊艳的话，行业人员则被整个项目所吸引。其新颖性在于，通过建造带有相应功能的专线，通过能够提供前所未有服务内容的技术附件，创造出作为专门系统的高速。这一项目也有其政治目的，即在1964年的奥林匹克运动会期间向世界表明，曾被第二次世界大战摧残的，经济凋敝、道德受损的这个国家，已经发生了令人瞠目的变化，甚至可能比德国的变化还要大。但讲求实际的日本人马上意识到，新干线能够彻底解决陈旧过时的铁路网所产生的客运问题。日本的传统铁路线，使用的是偏窄的路轨（42英寸/1067毫米），弯道很多，速度缓慢。新式列车使用标轨，在专线上投入运行；专线上也有不少弯道，还有无数的桥梁、隧道，这不仅是为了穿过河流、山谷，也是为了穿过这个国家人口特别密集的城市地区。在这方面，出现了一个实操模式：列车每5分钟一趟，其正点率令世人皆知的瑞士人的准时

▎第226页　西日本铁路公司的550系列列车，是新干线列车家族中最具特色的一款，车首的"长鼻"长达15米。这家公司共生产了16辆，采用木质材料，时速可达350千米。

▎第227页上　300系列的列车制造于1992年，用于东海道和山阳（Sanyo）的新干线线路，替代有了年头的"光"号（Hikari）。这款车由16节车厢组成，时速可达285千米。

性相形见绌。2004年，日本东海旅客铁道株式会社的一名主管向旅客公开道歉，因为前一年每趟新干线列车平均延误12秒。在我们西方人看来，这不过是"区区"12秒；但按当地的精确和效率标准来看，则是"足足"12秒。在西方，要是我们的火车平均延误时间控制在5分钟之内，我们肯定就很知足了，更何况是12秒！

多年以来，新干线铁路网得到了扩展，现早已超出东海道新干线（东京 – 大阪）：东北（Tohoku）新干线（东京 – 八户）、北陆（Hokuriku）新干线（高崎 – 长野）、上越（Joetsu）新干线（大宫 – 新潟）以及山阳（Sanyo）新干线（大阪 – 博多）构成主线，另有3条从北到南的短途支线——秋田（Akita）、山形（Yamagata）和九州（Kyushu）——总长约2000千米。

起初，铁路网是由日本国有铁道（Japanese National Railways），简称日本国铁（JNR）管理的；但在1987年，也就是铁路私有化那年，新干线的运营因传统铁路网的费用而赤字连连，已无法通过收费来弥补（我们这里再次回到对铁路运输社会角色的讨论，回到对相关选择所产生的政治责任的讨论）。这家公司被拆分为若干公司，合称日本铁路公司（Japan Railways，JR），是日本大型铁路公司集团。其中包括东日本铁路公司、西日本铁路公司及中日本铁路公司：每家公司各自负责新干线的一部分，各自独立开发所用车型。因此，每条线上的列车外观各不相同。

▎第227页中　700系列的列车，因其明显的"鸭喙"头而独树一帜。从1997年到2004年，这款车共制造了83辆，有些由8节车厢组成，大部分则由16节车厢组成。

▎第227页下　东日本铁路公司的400系列列车，因其紧凑的外形，又被称为"迷你新干线"，是在轨距扩展到56.5英寸（1435毫米）的旧铁路线上运行的主力车辆。

让我们来回顾一下那些最明显的区别：0系列的列车，由16节车厢组成，全部机动化，总长400米（这已是最大长度，后面的各系列也以此为限），发动机使用25000伏交流电，单相50赫兹，最高时速210千米；中日本铁路公司的300X系列保持着日本列车的速度纪录，每小时440千米，但一般情况下以300千米的时速运行；东日本铁路公司的400系列列车又被称为"迷你新干线"，这是因为这种车要在从原来的窄轨改造而成的线路上运行，所以体量较小：轨距虽然从原来的42英寸增宽至56.5英寸（即从114厘米增加到143.5厘米），但隧道和桥梁处的路灯仍和从前一样。随后出现了世界上首辆双层高速列车，这就是由东日本铁路公司运营的E1 Max系列弹丸列车，这种车有7节标准车厢，载客量为1000。后来，西日本铁路公司推出了有12节车厢的W7系列，而在2020年7月1日，中日本铁路公司则将其2007年N700系列中的最新一代，即N700A型列车，投入运行。2024年，中日本铁路公司还将推出全新的E8系列列车，取代生产于1997年的E3系列。

227

▌ 第228-229页　新干线700系列是日本应用最广的弹丸列车，现存91辆，最多有16节车厢，时速285千米。

▌ 第229页上　由12节车厢组成的E7系列列车，在东日本铁路公司的东京-金泽线（Tokyo-Kanazawa）上运行。这条线被称为北陆新干线，取自所穿过的地区名。

▌ 第229页下　时速可达300千米的N700系列列车，借助其倾摆系统，即使在通过弯曲半径达2500米的弯道时，速度也能达到每小时270千米，而这种弯道上的最高时速一般为255千米。

229

出类拔萃的法国高速火车：法国高铁

新干线的成功，甚至令欧洲的铁路管理方也在考虑提速：要覆盖的路线各不相同，但都很有意义。不过，我们还是先来看看，提速对欧洲铁路网有哪些好处。

在600～700千米的距离内，提速有利于和空运竞争；实际上，在法国高铁已经运行多年的里昂－巴黎线路上，两地之间的空运已经停止，就像巴黎到布鲁塞尔之间的空运也行将停止；这释放出传统铁路线上的交通量，减少了马路上的交通量，而且有助于减少事故和污染。

除了让旅客直接受益（路途上花的时间越少，做其他事情的时间就越多），在火车上还能做许多开车或乘飞机都无法去做的事情。我们还应计算一下间接好处：对能源的更合理的消耗；污染的减少；汽车事故所致伤亡数量的减少；国家开支乃至全民开支的降低。

此外，新线路的修建造价高昂，在某些国家还会困难重重，例如在人口稠密、山地很多的意大利。

法国是在欧洲率先拥有高速铁路网的国家，他们于1978年开始建造法国高铁，并于1981年9月27日开始在巴黎－里昂线上运行；而对高速铁路的研究，早在1966年就已开始，由法国国家铁路公司为此专门设立的研究机构进行。

在高速铁路网的设计中，存在着两种不同的理念：第一种理念，也就是法国人所采纳的那种，认为高速列车应有其专用线路。任何其他类型的列车，无论客车还是货车，均不能使用。这有两个方面的好处：一是线路上所有列车都以同样速度行驶，车次频繁时易于管理；二是不必设计、建造能供又重又长的传统列车使用的设施，因为高速列车又轻又快，因此能够适应陡坡，哪怕是法国国家铁路公司设计的坡度为35/1000的路段，这节省了不少的建造桥梁、隧道和路堤的费用。

第二种理念，是想让所建造的线路，既可供高速列车使用，也可供传统列车或货车使用（例如在夜间客运间歇期），德国和意大利就采纳了这种。这种情况可以说是对现有线路的翻番，当然其中不乏创新要素。这种线路造价高昂，因为新线要与传统线路相互连接。

如前所述，法国国家铁路公司选择了第一种理念，建造出一个非常高效的系统，该系统甚至延伸到法国之外。

法国第一条高速线路即巴黎－里昂线运营仅一年半之后，就有逾800万的旅客选择了法国高铁。1989年，向西到布雷斯特、雷恩（Rennes）和南特（Nantes）的大西洋省（Atlantique）线路开通，随后到西南方向的波尔多

▎第230-231页　一列法国高铁西北高速列车（Thalys）列车（左），与一列法国高铁"大西洋"号（Atlantique）相邻停靠在巴黎的一个车站。由法国高铁运营的铁路网已经遍布法国各地，每天有650列车运行，经停250个车站。

（Bordeaux）和图卢兹的线路也于1990年开通。

1993年，高速线路连接到了北方的里尔（Lille）和加来（Calais），继而又于1994年11月，实现了与英吉利海峡隧道的连接。也是在这一年，东南大西洋线开始与北方线路连接，其中经过戴高乐国际机场。

由于这些新线路的出现，在法国各主要城市之间的旅行时间大为缩短（例如从里尔到里昂仅需3小时）。2001年，又出现了一个新的转折点，在瓦朗斯（Valence）、阿维尼翁（Avignon）和马赛（Marseilles）之间的地中海（Méditerranée）线，又增加了250千米。

从巴黎到马赛的800千米的路程，现已减至3个小时。与此相比，从米兰到那不勒斯的类似距离，仍需8个小时。

多年以来，法国高铁的技术革新也在不断进行，行驶速度已从每小时270千米上升到300千米。

法国高铁中的试验列车V150号，于2007年4月3日下午1时16分，在东南铁路线191千米处，达到了574.8千米的时速，这是轮式火车的最快纪录，而且保持至今。这打破了1990年也是由法国高铁中的"大西洋"号创造的每小时515.3千米的纪录。"V150"号车长106米，重268吨，由阿尔斯通（Alstom）与法国国家铁路公司及法国铁路网合作生产。达到破纪录的速度，这列火车仅用了约10分钟，当时的功率是19.6兆瓦，几乎是F1国际汽车大奖赛开赛起步时所有参赛车辆

的功率之和。1996年，法国高铁又推出了双层列车，每层有386~516个座位。欧洲之星列车也借鉴了法国高铁的设计，连接了巴黎和布鲁塞尔，并通过英吉利海峡隧道与伦敦相连。2000年，受洗后命名为西北高速列车（Thalys）的一款4维电流的法国高铁问世，其车队分布在法国、比利时与荷兰的铁路线上，在巴黎－布鲁塞尔－阿姆斯特丹－科隆间运行。

我们再来看一组能说明问题的数字：仅在2005年，法国高铁在法国就运送了8000万的旅客，此外还运送了欧洲其他地区的2000万旅客；这归功于每天运转的650辆列车，覆盖着1540千米的线路，经停250个车站。

1996年，法国还推出了高铁双层列车，这令每辆车的座位数从386个增加到了516个。欧洲之星连接巴黎和布鲁塞尔以及通过海峡隧道连接伦敦的列车，也是来源于法国高铁；从2000年开始，法国高铁西北高速列车（Thalys）使用4种电压的车队，开始在巴黎－布鲁塞尔－阿姆斯特丹－科隆间运行。这支车队分布在法国、比利时与荷兰的铁路线上。下面是一组概数：仅在2005年，法国高铁在法国就运送了8000万的旅客，此外还运送了欧洲其他地区的2000万旅客；这归功于每天运转的650辆列车，覆盖了1540千米的线路，经停250个车站。自2007年6月起，欧洲东部大区的法国高铁，将巴黎与其东部的约30个城市连接起来，其中包括德国和卢森堡的数个城市。2010年12月，由佩皮尼昂（Perpignan）到菲格拉斯（Figueres）的铁路段开通，连接了西班牙和法国的铁路网；到2011年12月11日，又开通了林河－罗纳河（Rhin-Rhone）的高速铁路，这连接了里昂－

▎第231页 试验性质的"V150"号法国高铁，于2007年4月3日下午1点16分，在常规路轨上打破了火车速度的世界纪录。这辆车达到了574.8千米的时速，打破了1990年由另一辆法国高铁创造的时速515.3千米的纪录。

第戎（Lyon-Dijon）和米卢斯（Mulhouse）。2016年7月，法国高铁东部大区开往斯特拉斯堡（Strasbourg）的高速铁路线完工，其中包括博德雷库尔（Baudrecourt）与旺德内姆（Vendenheim）之间原本缺失的一段；而在2017年7月2日，波尔多观光线（Tours Bordeaux，属法国高铁大西洋线的延伸），以及勒芒-雷恩（Le Mans-Rennes）线（一般叫作布列塔尼-卢瓦尔河地区高铁）也都开通。此外还计划开通其他一些线路，例如里昂-都灵线，以及通往西班牙边境的线路，但实施均已推迟。从运行车辆看，新式的法国高铁2N2列车，又称为欧洲双层，于2013年投入使用。机车由异步牵引电动机驱动，使用欧洲铁路运输管理系统（ERTMS）/欧洲列车控制系统（ETCS）的驾驶室信号系统，而双层车厢的设计，更加注重舒适度，尤其是在上层。新一代的法国高铁列车，法国高铁TGV-M型（这里的M代表现代，也代表模块式），由法国国家铁路公司（SNCF）和阿尔斯通公司于2021年5月推出。这款车是以阿尔斯通公司的阿弗利亚地平线（Avelia Horizon）平台为基础，其模块式设计使得车厢数量可以在7、8、9之间任意调整，头等座和二等座的座位数，也可视市场需求而调整。这款车将在2024年投入使用，据估计，到2030年，100辆的法国高铁（TGV）-M列车，将在法国高铁中占三分之一的比例，而高速列车的车辆总数，也将从400减至300。

▋ 第233页左上 3辆巴黎东南线（Paris Sud Est）的法国高铁在等待绿灯。这些列车属于1978年为巴黎-里昂线生产的第一批车辆，之后于1981年9月27日正式投入使用。

▋ 第233页右上 法国高铁欧洲双层车是法国高铁双层列车中的第三代，由于其采用的多系统及欧洲铁路运输管理系统信号和速度控制系统，因而可以在多国运行。

▋ 第234-235页 在连接巴黎和布列塔尼（Brittany）及诺曼底（Normandy）的铁路上，一辆法国高铁"大西洋"号驶过一片长满向日葵的田野。这趟线路于1988年开通，由105辆灰蓝颜色的法国高铁TGV-A型列车运营。

▋ 第232页下 阿尔斯通公司工厂中法国高铁第四代的法国高铁TGV-M型列车前部。这款车的首批于2024年投入使用，其建造则将持续到2030年。

▋ 第232-233页 停靠在巴黎里昂站的法国高铁双层列车的机车：由10个单元组成的这辆列车共有508个座位，时速可达320千米。

232

意大利高速列车：从"潘多利诺"号到"红箭"号 1000 型到"意大洛"号

意大利早就有意开发快速列车：第一段高速路轨的建设，即佛罗伦萨直通线，始于 1970 年。可叹的是，虽然这段线路仅有 240 千米，却用了 22 年才告完工。其中的第一部分，即在塞特巴尼（Settebagni）和皮耶韦城（Città della Pieve）之间的 122 千米，于 1977 年 2 月 24 日开通；而从菲利内（Figline）到瓦尔达诺南（Valdarno Sud）的最后一部分，到 1992 年夏天才投入使用。那些年间，意大利政府也开始建造一个重要的高速铁路网，专供客车以 300 千米的速度行驶，但可能同样适用于货车。该网络包括一条南北向干线，连接了米兰-博洛尼亚-佛罗伦萨-罗马-那不勒斯-萨莱诺（Milan-Bologna-Florence-Rome-Naples-Salerno），和一个东西向横跨全国的铁路网，连接了都灵-米兰-布雷西亚-维罗纳-帕多瓦-威尼斯（Turin-Milan-Brescia-Verona-Padua-Venice）。2009 年 12 月 13 日，随着博洛尼亚到佛罗伦萨之间的几乎都是隧道的路段开通，连接米兰-博洛尼亚-佛罗伦萨-罗马-那不勒斯-萨莱诺的高速铁路线完工，而米兰-威尼斯段仍未完成。

米兰-布雷西亚（Milan-Brescia）和帕多瓦-威尼斯（Padua-Venice）（梅斯特雷站）的线路现已开通，而布雷西亚到帕多瓦之间的部分或是在建，或是仍在计划阶段。另有两条国际线路处于在建阶段，一条连接了都灵和里昂，其中包括苏萨山（Val di Susa）的基底隧道；另一条连接了博尔扎诺（Bolzano）和因斯布鲁克（Innsbruck），其中长长的布伦纳基底隧道，将会显著提高意大利、德国和北欧之间的货运与客运量。此外，在那不勒斯和巴里（Bari）之间，也在建设一条新线，在热那亚和诺维利古雷（Novi Ligure）之间，在建设一条山地铁路线，连接了亚历山德里亚-都灵线（Alessandria-Turin）和托尔托纳（Tortona）（米兰方向）。建设这条山路的原因有二：一是促进热那亚港的货物流通，这对这个国家的进出口十分必要；二是有利于从米兰和都灵去往热那亚。计划中的威尼斯到的里雅斯特之间的高速铁路的修建——以在波河河谷（Po Valley）完成东西线——因造价高昂而遭到质疑，而且从对未来交通量尤其是货运量的预测来看，的确不容乐观。最可行的建议，似乎是沿现存的传统式现代铁路线，建造另一条高速轨道，最高时速可达 200～220 千米。

除了 300 千米的商业运行时速——不过佛罗伦萨-罗马线上的时速仍是 250 千米——意大利高速列车还有其他一些显著特征：采用 2×25 千伏 50 赫兹的电力供应制式（在铁路交叉点和市区路口处电力供应仍是 3 千伏，

以避免干扰传统制式);此外,更重要的是,采用欧洲铁路运输管理系统。从技术角度看,欧洲铁路运输管理系统有两个基本组成部分:新版欧洲列车控制系统,以及 GSM-R(全球移动通信系统铁路版),这是一套基于 GSM(全球移动通信系统)技术,特别为铁路开发,以保证司机与交通管理中心通信的无线电系统。欧洲铁路运输管理系统和欧洲列车控制系统应用共有3级,意大利高速铁路系统目前使用的是第2级。意大利国家铁路集团(RFI)是欧洲首家在整个商务高速铁路网上采用这套系统的铁路基础设施管理商,而且没有任何在系统失灵情况下用传统体系控制车辆周转的备用系统。

意大利高速铁路网也是欧洲首个推向市场的高速网络,每天在这里的路轨上竞争的有两家公司:一家是隶属意大利国家铁路公司的客车运营商意大利铁路公司(Trenitalia);另一家是自2012年4月28日改名为新客运(Nuovo Trasporti Viaggiatori,NTV)的一家由意大利一些企业家联手成立的私营公司。这一竞争已带来了票价降低和行程时间上的减少,从罗马火车站到米兰中心站,现仅需2小时55分钟。在描述新客运和意大利铁路公司用来彼此竞争的那些车辆前,也就是新客运的"意大洛"号(Italo)与意大利铁路公司的"红箭"号(Frecciarossa)和"银箭"号(Frecciargento),我们需要回顾一下,看看世界上最成功列车之一的"潘多利诺"号(Pendolino),是怎样借助意大利高速铁路问世的。当直通线的第一段开通后,意大利国家铁路公司实际上还没有高速列车。因此他们接手了一个变轨式高速列车项目,这就是 ETR 401"潘多利诺"型,由菲亚特公司铁路分部(Fiat Ferroviaria,即今天的阿尔斯通公司)于1976年开发,而且订制了具有同样特点的成套火车。其结果就是 ETR 450 型列车。"潘多利诺"号是意大利铁路工程取得的一项非凡成就,在世界范围内都可圈可点。在当时那曲折蜿蜒的铁轨上,为了提高列车速度,他们创新性地提出了将车身向弯道内倾斜的想法。虽然这点在线路笔直、弯曲半径很大的高速路段并不必要,但在铁路网的其他路段,则非常有利于"潘多利诺"号顺利抵达目的地。

此前,法国和英国也都试验过变轨式,但未能成功:菲亚特公司铁路分部决定,用两个安装了转向架的陀螺仪,来控制列车的倾摆系统,而不是在车身上安装加速器。这项技术取得了巨大成功,以至任何产自"潘多利诺"号平台的列车(ETR460、ETR 470 及 ETR 480/485),

从当时到现在一直在意大利和欧洲其他地区服役:芬兰的 S220、西班牙的 Alaris、葡萄牙的阿尔法摆式列车(Alfa Pendular),斯洛文尼亚的 ETR310、德国的 VT610、英国的维珍360(Virgin360),以及捷克的 CD680。近来,产自新潘多利诺平台的成套列车,也开始在俄罗斯(连接圣彼得堡与芬兰的赫尔辛基的 Sm6 "Allegro"列车)与中国运行(归类为 CRH5)。在意大利,最新一代的"潘多利诺"号列车,归类为 ETR600 和 610 型的两款(由不同的电源供应系统驱动),于2008年投入使用。此外使用的,还有 ETR 485 型和更新些的 ETR 700 型(两种不同类型的火车),以及意大利铁路公司的"银箭"号列车,后者既用于高速路网,也用于传统路网。在传统路网上,生意主要来自那些通勤旅客。ETR 600 型列车有7节车厢,包括2个一等车厢和5个二等车厢(其中1节设有酒吧),共有座位432个。ETR 610 型列车也有7节车厢,但座位安排不一样:3节一等车厢,其中之一设有酒吧,4节二等车厢,共有座位412个。

▌第236页 由新客运(NTV)受洗后命名为"意大洛"号的这辆崭新的阿尔斯通高速动车组(Alstom AGV)高速列车,停靠在罗马的伯提那(Tiburtina)火车站。

▌第237页上 意大利铁路公司的 ETR 500"红箭"号列车,承担着都灵和萨莱诺之间的高速交通,其商业运行速度为每小时300千米。

▌第237页下 意大利铁路公司的一辆潘多利诺 ETR 600"银箭"号列车,在高速铁路上全速行驶。该车的倾摆系统,在高速通过弯道时提高了列车舒适度。

而ETR 485型列车则有9节车厢，其中3节是一等座车厢，5节是二等座车厢，另有1节的餐车/酒吧，座位数共有489个。

后来，17辆由制造商安萨尔多百瑞达（AnsaldoBreda）[即现在的日立轨道意大利公司（Hitachi Rail Italy）]命名为"信天翁"（Albatros）的ETR 700型成套列车，也加入了"银箭"号运营车队。这批成套列车本来是要用于荷兰与比利时之间的高速运营，但在北欧的两个运营商另有打算后被意大利铁路公司收购。ETR 700列车有8节车厢（3个商务座车厢、1个头等座车厢、4个标准座车厢），共有500个座位。从另一方面看，意大利铁路公司以"红箭"号的品牌所提供的高速列车运营，是由ETR 500和ETR 1000（也称为"红箭"号1000）型的列车提供动力的。ETR 500型车队由59辆成套列车组成，每辆有一前一后两个动力车，中间是11节车厢，提供4个等级的服务，座位数有574个。服役中的"红箭"号

1000型列车共有50辆，意大利铁路公司已向其制造商，即由日立铁路股份公司和庞巴迪运输公司组成的联营体，另外订购了37辆（庞巴迪运输公司后由阿尔斯通收购），其中14辆将用在意大利，以提供更好的运营服务，其他23辆则将用在西班牙。欧盟铁路客运市场的开放，使得这家意大利公司得以与西班牙国家铁路运营商（RENFE）展开竞争。

崭新而且颇具创新性的"红箭"号1000型列车，是基于庞巴迪（Bombardier）的V300"和风"号（Zefiro）型列车平台而建造的，是欧洲最先进的高速列车。其商业运行的最低时速为360千米，最高可达400千米，而且能完全做到互换操作。这里成功解决的最主要的技术问题，是设法让以360千米的时速行驶的列车对路轨设施造成的压力，与以300千米的时速行驶的成套列车所造成的压力持平，后面这一速度，是对所有高速铁路线的速度要求。每辆成套列车都有分散式电力供应，车长

■ 第238-239页 两辆ETR 1000"红箭"号列车，并排停靠在米兰中央车站。由于其技术特点，这款成套列车被视为欧洲最先进的高速列车。

■ 第239页上 隶属私营铁路运营商新客运的一列"意大洛"号EVO型成套列车，停靠在米兰中央火车站。EVO属于阿尔斯通的阿弗利亚型列车之一，后者包括高速列车，也包括超高速列车。

■ 第239页下 意大利铁路公司高速列车车队中的新成员ETR 700型，用于该公司的"银箭"号列车运营。由于其独特的"鼻子"形状，这款车又有着"信天翁"的绰号。照片摄于米兰中央火车站。

202米，8节车厢，459个座位。安装在第1、3、6和8节车厢的16个转向架，8个都有牵引电动机。因此，4节车厢都各有两个带马达的转向架，其他4节则被牵引。这保障了成套列车的快速提速：从静止到每小时300千米，仅需4分钟。

意大利铁路公司的竞争者新客运，则选择了阿尔斯通为其提供高速列车，并将列车命名为"意大洛"号。新客运于2008年采购了第一批的25辆阿尔斯通高速动车型列车，将其归类为ETR 575。这批车使用分散式电力供应，批准时速为300千米，不过设计时速为360千米。这种车有11节车厢，460个座位。这款新车所有的优点都体现在性能上：电力与重量比、车内空间与舒适度、能源消耗、安全性以及维修保养。由于转向架数量减少（紊流减少，因而阻力变小）及其独特的空气动力学特点，与法国高铁车辆相比，其能耗减少了30%。从2017年12月开始，随着另外26辆ETR 675型成套列车的购入（其中4辆订购于2021年5月），新客运的车队规模得到扩大。这些成套列车属于阿尔斯通的阿弗利亚型，由7节车厢组成，总长187.3米，能够容纳472名乘客，最高时速250千米。其商业运营名称是ItaloEvo，从技术角度看，是阿尔斯通新一代的"潘多利诺"号列车，只不过它们没有安装倾摆系统。这批列车的另一个特点是牵引系统，这一系统与法国的高速动车组AGV 575型列车一样，后者中的一辆商业列车，于2007年4月3日打破了火车速度的世界纪录，达到每小时574.8千米。

德国：德国城际快车之邦

与日本和法国不同（意大利及其后发的进展需另当别论），高速列车在德国属于新生事物。第一批的 ICE 列车（即城际快车）试运行，是在 20 世纪 80 年代中期。1985 年 11 月 14 日，城际试验列车，也就是后来的城际快车 ICE V 型，首次实现了 300 千米的时速。不过，高速列车首次的商业运营，直到 1991 年 6 月 2 日才开始，线路是在汉堡和慕尼黑之间。其最高时速开始设定为 250 千米，后提高到 280 千米，而德国联邦铁路公司的白色列车，也很快成为德国旅客的新宠。首批建造的高速线路，是 327 千米长的汉诺威 - 维尔茨堡线（Hanover-Würzburg），和 99 千米长的曼海姆 - 斯图加特线（Mannheim-Stuttgart）。德国联邦铁路公司投入运营的城际快车车队有 60 辆之多，由西门子生产，后被命名为城际快车；这些列车属于传统的电力集中式火车，前后各有一辆机车，中间是 14 节车厢。载客量为 759 人，同时提供餐饮服务。一开始，运营商打算根据所提供服务项目的需要改装列车，但很快发现这得不偿失。

从 1997 年开始，高速铁路线延伸到了前民主德国（柏林 - 汉诺威线），这也要归功于第二代城际快车即城际快车 2 型的启用。城际快车 2 型系单元式列车，由 1 辆机车、5 节车厢和 1 个驾驶室组成，但由于使用了沙尔芬贝格（Scharfenberg）式自动耦合器，能够很快连接其他车厢，使载客量达到城际快车 1 型的水平。

这使得同一辆车可以有两个目的地，只在需要时将其一分为二，即可成为两辆列车。

第二步是在 1998 年，推出了带有倾摆系统的列车，以提高在常规线路上的速度。就像后来的城际快车 3 型，

▌第 240 页上　一辆德国城际快车正在进站。城际快车的运营始于 1991 年夏，是从汉堡到慕尼黑，这条线上的一辆火车达到了 250 千米的时速。

▌第 240-241 页　德国联邦铁路公司的一辆 ICE3 列车，在科隆等候离站。这款车由西门子公司制造，自 2000 年开始运行。

▌第 241 页左　照片上的这款列车，就是现在归类为城际快车 1 型的、首批投入运行的高速列车。该车在 14 节车厢两端各有一辆机车。

▌第 241 页右　城际快车 -T 型列车有电气和柴油两个版本。因为有了这款列车，即使在特别弯曲、不能作为高速线路运行的路段，行驶时间也大为减少。

城际快车-T型（"T"代表倾摆）不同于城际快车1型和城际快车2型，因为这是电气列车，是装有电动转向架的成套列车。这款车即使在非常弯曲的路段，也能达到230千米的时速；由于是柴油驱动，它能大大减少传统路段上的行驶时间。有16节车厢、由永久性耦合在一起的两部分组成的城际快车3型有两个版本：单电压版和多电压版，后者称为城际快车3M型，可以在4种主要的电力系统下运行。这个类型的成套列车，行驶速度可达每小时300千米。2013年，新一代的城际快车3型（407系列）投入运行。维拉罗（Velaro）D型是这一系列中的最新款，由西门子制造。其商业行驶速度已提高至每小时320千米；车厢内部更加宽敞，也更为安静；新的安全要求，令其可以穿越海峡隧道。

城际快车家族中最新的成员是城际快车4型，德国联邦铁路公司将其归类为412系列。由西门子和庞巴迪联合生产的第一批标准车辆，于2017年年底投入使用。虽说这批车辆本来是要替换尚存的老式列车，但由于随后的订购，随着时间推移，它们也替换了后来变得过时的城际快车1型和城际快车2型列车。使用分散式电力供应的列车有两种配置：配有7节车厢的K1n型，其中3节电动，4节从动；此外，还有配有12节车厢的K3

型，其中 6 节电动，6 节从动。2021 年 6 月 8 日，在城际快车 ICE30 周年纪念日上，50 辆崭新的、有 13 节车厢的城际快车 4 列车中的第一辆，XXL-ICE 型，在柏林正式推出。这款车能搭载 918 名乘客，与搭载 499 名乘客的城际快车 4 K1n 型及搭载 830 名的城际快车 K3 型相比，各种性能有了显著提高。德国联邦铁路公司已经订购了总共 220 辆的城际快车 4 列车，而且还可能再追加 80 辆。

▎第 242-243 页　城际快车的新成员——城际快车 4 型正以全速行驶在德国乡村，唤醒了人们许多难忘的记忆。

▎第 243 页上　城际快车 4 型首次亮相，将行驶在柏林和慕尼黑之间。

▎第 243 页下　德国最新高速列车——城际快车 4 型时尚的驾驶舱。

西班牙及欧洲其他高速列车

今天，西班牙的高速铁路网由 10 条干线铁路组成，总长 3240 千米，使其成为欧洲第一、世界第二，仅次于中国。这个纪录很有意义，因为高速列车在西班牙的运行只是近年的事情：这里的第一条高速铁路线，马德里–塞维利亚线（Madrid–Seville），1992 年才正式启用。

西班牙国家铁路运营商的目标，是打造出一个高速网络，将各省会城市到首都马德里的时间控制在 3 小时之内，到巴塞罗那的时间在 6 小时之内。西班牙高速铁路最有意思的一个技术特点是其轨距：与欧洲其他地区

▌第 244-245 页和第 245 页　西班牙正在快速改造被忽视了数十年的铁路基础设施。这里的两张照片，展示了投入使用的第一批配备了西班牙高铁装置的高速火车，这相当于西班牙版的法国高铁"网络"型。

一样，这里的高速网使用的是 4 英尺 8.5 英寸（1435 毫米）的标准轨距，而旧的伊比利亚（Iberian）式网络轨距更宽，为 5 英尺 $5^{21}/_{32}$ 英寸（1668 毫米）。

这样做的好处，是将西班牙高速铁路网与法国的高速铁路网进行实体性连接，这也恰是他们在巴塞罗那和法国的佩皮尼昂之间的路段所实现的。不过，不利之处是高速列车无法在常规路网上行驶，也就无法连接周边那些城市。对此，西班牙国家铁路运营商的应对办法，是打造特别变轨系统，这样列车就可以畅通无阻。

然而这一复杂的技术方案，需要将高速铁路网上的列车速度，限制在每小时250千米之内。伊比利亚式的高速铁路运营又被称为西班牙高铁（Alta Velocidad Española，AVE），这个首字母缩略词也是一句双关语：西班牙高铁在西班牙语里的意思是"鸟"，是西班牙国家铁路运营商标识的组成部分之一。西班牙的铁路线，主要是从中部的马德里向外辐射，其最高设计时速为310千米。运营车辆组成不一，有来自不同制造商的众多的成套列车系列：阿尔斯通的西班牙高铁S-100，直接来自法国高铁；泰尔戈和庞巴迪公司的S-102与S-112（内部配置不同），因其独特的前部造型而都有"鸭子"的绰号；西门子的S-103，来自维拉罗的生产平台。其他的成套列车（"阿尔维亚"号和"先锋"号），每小时可行驶250千米，也被视为高速列车，但不属于西班牙高铁品牌。"先锋"号既可以在标准轨距的高速网上行驶，

也可以在老式的、宽轨距的伊比利亚线路上行驶。不久的将来，由意大利铁路公司制造的、崭新的 ETR 1000"红箭"号成套列车，在赢得了与西班牙国家铁路运营商的竞争后，也将在西班牙高速铁路线上运行，提供高速运输服务。

▌ 第 246-247 页　西班牙国家铁路运营商 103 系列的一列成套列车，停靠在萨拉戈萨（Saragoza）的火车站。这款车是西门子维拉罗列车的西班牙版本。

▌ 第 247 页上　西班牙国家铁路运营商公司的两辆高速列车，停靠在现代化的塞维利亚火车站：左边是 102 系列中的"鸭子"型；右边是基于法国高铁的 100 型。

▌ 第 247 页下　泰尔戈和庞巴迪公司制造的 112 系列火车采用了新式漆装（与 102 系列类似）。阿弗洛公司将这款车用于低成本高速运输，这一服务于 2021 年 6 月正式推出。

247

Look what you gain when you travel by train

Now: London to Bath, a comfortable 69 minutes

Now: London to Bristol Temple Meads, a smooth 85 minutes

Now: London to Cardiff, a relaxing 105 minutes

Now: London to Swansea, an easy 163 minutes

Pick up a free copy of the pocket timetable

Inter-City 125 makes the going easy

▋第248页 这张海报宣传的是从伦敦到英国西部和威尔士的城际125式列车。这款车在两端各有一辆43系列机车，采用马克3车厢。

▋第249页上 今天，私营公司在参与英国客运干线的竞争。这张照片上是第一大西部铁路公司所使用的14辆180系列"阿德兰特"型柴油火车之一。

▋第249页下 英国的赫尔火车公司（Hull Trains）和中部主干线公司（Midland Mainline）投入运行的是222系列柴油列车，目前，这些车辆中有27辆是由庞巴迪制造，与221系列相仿。

英国现在只有一条高速铁路线，即连接伦敦圣潘克拉斯（St. Pancras）火车站和海峡隧道的高速1线。欧洲之星列车通过这条线连接欧洲，英国东南铁路公司也用这条线，在圣潘克拉斯站和阿什福德（Ashford）国际站之间进行国内运营，使用的列车是395系列的多系统电气列车，最高时速为225千米。与此相比，欧洲之星列车则以法国高铁为原型，在英国路网上以接触轨电源运行。此外当然还有125型和225型城际成套列车，用来从事国内各地间的运营：其中125型是柴油列车，使用马克3车厢，以及两辆43系列的柴油机车；225型是电气列车，采用一辆9系列的机车、马克4车厢以及驾驶室。这两种类型的成套列车，最高时速均为200千米。

近来，其他一些类型的列车也已投入使用：第一大西部铁路公司（First Great Western）的14辆180阿德兰特（Adelante）型柴油成套列车；维珍公司（Virgin）的220旅行者（Voyager）型和221超级旅行者（Super Voyager）型列车（后者使用变轨）；以及赫尔火车公司（Hull Trains）和中部主干线公司的222系列列车（与221相仿）。此外，自2001年开始，维珍公司已将53辆390系列的"潘多利诺"号阿尔斯通列车投入运行，这款车使用变轨系统，时速可达225千米。

比利时拥有4条高速铁路线，而荷兰在2009年12月13日，才正式开通其唯一的荷兰高铁（HSL-Zuid）铁路线，连接了阿姆斯特丹和鹿特丹，并一直延伸至比利时边境。这些线路上所使用的火车，是法国高铁、西北高速列车（Tahlys），以及德国城际高速铁路成套列车。丹麦现在也只有一条高速铁路线，那就是60千米长的哥本哈根－灵斯特德线（Copenhagen–Ringsted），最高时速250千米。这条线将于2028年扩建115千米，一直延伸至菲姆汉姆（Femham）。

第 252-253 页　伦敦的滑铁卢车站，是来自巴黎和布鲁塞尔的欧洲之星列车的重要站点。这种列车以法国高铁车型为原型，并为适应英国路网做了改装。

■ 第253页上 隶属欧洲之星车队的法国高铁列车，停靠在离伦敦约80千米的肯特郡阿什福德国际站。这些列车是在伦敦和巴黎间运行。

■ 第253页下 原来名为跨海峡超级列车的欧洲之星，在车两端各有一辆机车，中间是8节车厢。这种车有3种动力选项：在法国约25千伏ca；在比利时3千伏cc；在英国则为750伏cc接触轨电力。

4014

izy

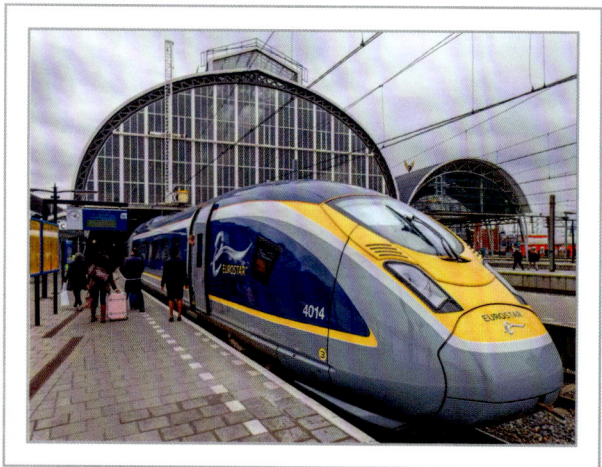

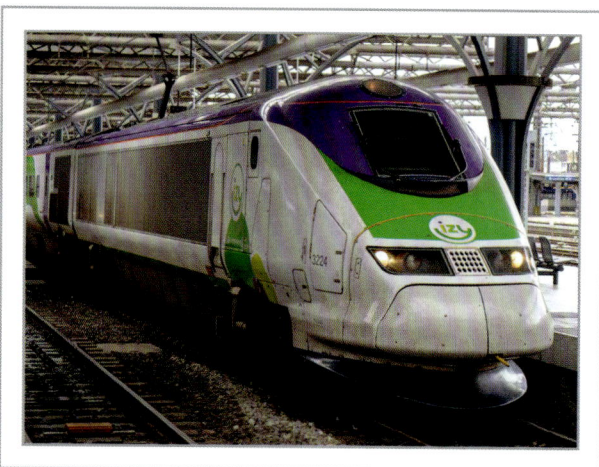

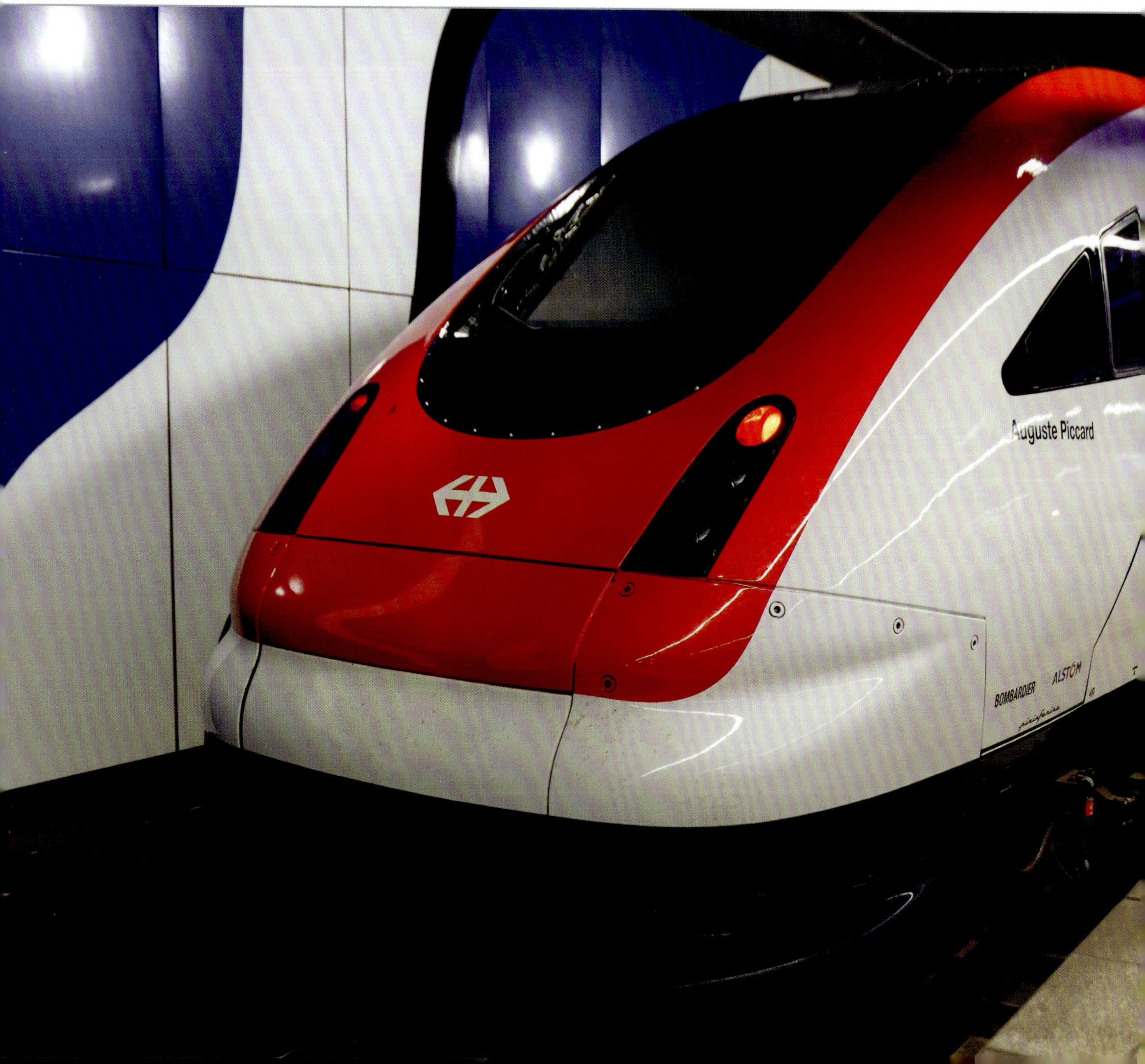
Auguste Piccard
BOMBARDIER
ALSTOM

奥地利正在建造 125 千米长的科尔姆（Koralm）铁路线，其中包括一条 33 千米长的隧道，这样从克拉根福（Klagenfurt）到格拉茨（Graz）仅需 1 小时，而不是以前的 3 小时。这条铁路线的最高时速是 250 千米，与目前在建的两条基线隧道内的最高时速一致：这两条隧道分别是 27.3 千米长的塞默灵隧道，和 56 千米长的布伦纳隧道，将分别于 2026 年和 2032 年投入使用。

瑞士没有这样的高速铁路线，他们选择对轨道车辆进行更新换代，改为使用倾摆式城际列车 ICN（InterCity Neigezug），这种配备了倾摆系统的列车，连接了联邦各主要城市。这种列车使用为菲亚特/阿尔斯通的"潘多利诺"号列车开发的变轨系统，是一款有 7 节车厢、463 个座位的电气列车，运行速度为每小时 200 千米。今天，瑞士的列车即以这一速度，在马特施泰藤－罗特里斯特（Mattstetten-Rothrist）和索洛图恩－旺茨维尔（Solothurn-Wanzwil）之间的线路上运行，其间穿过勒奇山和圣哥达两条基线隧道——从 2020 年 9 月后还包括切内里（Ceneri）基线隧道——这令穿越阿尔卑斯山的铁路线得以完成。

土耳其于 2009 年 3 月开通了第一条高速铁路线，这就是 533 千米长的安卡拉－埃斯基谢希尔线（Ankara-Eskisehir），属安卡拉－伊斯坦布尔（Ankara-Istanbul）高速线路的一部分。第二条线路，即安卡拉－科尼亚线（Ankara-Konya），自 2011 年 8 月开始运营。这条线到波拉蒂（Polati）的部分，与安卡拉－伊斯坦布尔线相重合。此外，安卡拉－锡瓦斯线（Ankara-Sivas）和安卡拉－伊兹密尔线（Ankara-Izmir）目前在建。运营列车包括 17 辆西门子生产的维拉罗 TR 列车（以维拉罗 D 为原型），由土耳其国家铁路公司归类为 HT80000 型，运行速度每小时 300 千米；还包括 12 辆由西班牙铁道制造商生产的 HT65000 型，时速可达 250 千米。

▎第 254 页左上　欧洲之星车队中的一辆由西门子生产的维拉罗 E 320 型成套列车，在阿姆斯特丹中央火车站准备开往伦敦。这种成套列车于 2015 年年底投入使用。

▎第 254 页右上　这辆用于巴黎－布鲁塞尔间以低成本的"IZY"式运营的法国高铁，由列车运营商西北高速列车公司提供。该运营属于比利时国家铁路公司、法国国营铁路公司、德国联邦铁路公司和荷兰铁路公司（NS）之间合作的一部分，合作的目的是在巴黎－布鲁塞尔－科隆/阿姆斯特丹之间运行高速列车。

▎第 254-255 页　一辆第二系列的 RABDe 500 型列车，也就是倾摆式城际列车，停靠在苏黎世机车火车站。这辆车的编号是 039，瑞士铁路公司的人称其为"奥古斯特·皮卡德"（Auguste Piccard）。

▎第 255 页下　土耳其国家铁路公司的 HT65000 型列车，在安卡拉－伊斯坦布尔线及伊斯坦布尔－科尼亚线上运行。这款车共有 12 辆，由西班牙铁道制造商按其塞皮亚系列制造。

中国与世界其他地区

欧洲和日本在高速列车运营上的成功，激起了世界各地许多国家的兴趣。建造高速铁路网，成了一个国家经济和技术发展的标志。这对中国来说更是如此，这里发展迅猛，在仅仅数年之内就建成了一个令人刮目相看的高速铁路线路系统。到2020年年末，这一铁路网已令人难以置信地覆盖了37900千米的距离；而在2012年年末，才仅有9300千米。今天，中国的高速铁路网是世界最大的，而且预计将保持下去，因为他们计划在2035年前，将总长度扩展到70000千米。我们就算拿国际铁路联盟UIC的标准，也就是将高速铁路明确为最高时速等于或高于250千米的线路，来衡量最高时速在200千米以上的中国高速铁路网，这仍是一个世界纪录。中国取得这一成就，一方面是对既有线路进行提速，另一方面是建造新线。今天，中国可以宣称拥有世界上最长的高速铁路线：这就是于2012年12月25日开通的2298千米长的京广线。要想充分领会中国政府的承诺，我们只需陈述一个事实：中国第一条高速列车专用线，即约400千米长的青岛－沈阳线，早在2007年4月即正式启用。至于中国铁路总公司的运行车辆，自行开发的列车，能够达到250千米的时速（"中国之星"DJJ2型列车在试运行中曾达到每小时321千米的速度）。后来决定与世界上顶级制造商展开合作，这种合作不仅仅是采购其成套列车，而是通过与中国企业合资，达到技术转让的目的。

这一策略带来了两代成套高铁的建造。其中第一代包括2006年开发的、以庞巴迪公司的雷吉娜为原型的CRH1A型；以川崎的E2系列为原型的日本式CRH2A型；以德国的ICE3为原型的西门子CRH3C型；以及基于新潘多利诺设计的阿尔斯通CRH5型，只是中国的版本没有倾摆系统。第二代高铁，诞生于2008年4月京沪高铁线开始建设之际，这是世界上首条商业运行速度达每小时380千米的线路。适应这一速度的列车有4款：完全由中国制造商"中国南方机车车辆有限公司"生产的CRH380A型，于2010年投入使用；"唐山铁路车辆公司"与西门子合资生产的、以维拉罗为制造平台的CRH380B型；CRH380B的升级版CRH380C型，列车前端做了调整，并配备了日立电气设备；以及由"南车四方车辆公司"和庞巴迪合资生产的CRH380D型，以"和风"号的制造平台为基础，与意大利国家铁路公司的"红箭"号

■ 第 256-257 页　中国的一辆 CRH380A 型高铁，属于专门用在新铁路线上以 380 千米的时速运行的 4 辆列车之一。

■ 第 257 页左　中国的一辆 CRH2C 型高铁，停靠在北京南站，图中是其颇具冲击力的前端造型。这款车是与日本合作的，速度可达每小时 250 千米。

■ 第 257 页右　停靠在北京南站的中国高铁。左侧是 CRH1E 型（由庞巴迪与四方合作生产）；右侧是 CRH2 型（由四方和川崎合作生产）。

1000 型相类似。后来，在掌握了相关技术后，中国的铁路企业（由政府所控）开始研发自己的列车，并为其技术和部件申请了专利。这也令其成套列车进入到国际市场，能够提供一整套的高速铁路"交钥匙"工程，这也是这个亚洲大国向其他洲技术输出的一部分，首当其冲的是非洲和南美洲。

为强调其新近取得的技术独立，在中国铁路网上服役的为数众多的列车，被分为两个大的家族："和谐"号，其中包括与外国公司合作生产的成套列车；另一个是"复兴"号，其中包括技术和知识产权完全属于中国的那些列车。在更新一些的成套列车中，就有绰号"蓝/红海豚"的 CR400AF 型，以及绰号"金凤凰"的 CR400BF 型。另外还有两款世界上商业运行速度最快的列车，时速是惊人的 350 千米。被视为中国高速和超高速列车标准范式的这些成套列车，于 2012 年开始开发，由中国铁路总公司（CRC）监制，有大批的企业、研究院所和大学参加。基本技术参数确定于 2013 年，最终设计方案于 2014 年 9 月得到批准。这一代中国成套高速列车中的首列，于 2015 年 6 月 30 日出厂。从决策开始，从零开始开发这种复杂的新式列车，到其实际投入使用，发展之速令人难以置信，也清楚地表明了中国铁路产业的设计、生产能力所达到的水平。在 2016 年 7 月的一次试运行中，两辆相向而行的列车，以 420 千米的时速安然会车，其相对速度翻番为每小时 840 千米。第一辆高铁，于 2016 年 8 月 15 日正式投入运营，服役于中国北方的哈大线（哈尔滨－大连）。CR400"复兴"号系列的成套列车，标准配置是 8 节车厢，长 209 米，宽 3.36 米，高 4.06 米，最高轴负载 17 吨。这种配置下，座位总数为 556 个（其中商务座 10 个，一等座 28 个，二等座 518 个），但在其他版本的列车中，座位数有了很大增加，车厢数最多可达 17 节，长度可达 449 米。迄今为止，中国的高铁共有 19 个不同版本，其中包括基本款，还包括 3 款针对极端天气情况而设计的列车，例如沙尘暴和暴风雪。

▎第 258 页上　中国铁路总公司所属的一辆"复兴"号 CR400af 型高铁。这种成套列车是世界上是速度最快的，平均运行速度为每小时 350 千米。

第 258-259 页　中国的一辆 CRH2 型高铁驶过火车站。中国的铁路网，现在是世界上最大的铁路网。

第 260-261 页　停靠在中国台湾高雄火车站的两辆 THSR 700T 型高速列车：这种车的运行速度可达每小时 300 千米，由川崎、日立和日本车辆制造株式会社三家联合生产。

在亚洲范围内，我们再来看看中国台湾。这里只有一条高速铁路线，即台北和高雄之间345千米长的铁路，于2007年正式启用。近来，又在规划建造这条铁路的两条延伸线，其一向南到屏东，其二从台北向北到宜兰。台湾的运行车辆由川崎制造，基本是以日本新干线700系列为原型。其车队原有30辆成套列车，近日扩大至34辆。此外也在研究其他快速铁路线，以在岛内建设出完整的铁路网，不过这些线路并非严格意义上的高速铁路。

韩国的高速铁路网于2004年正式启用，第一条线路是从首尔（Seoul）到釜山（Busan），无论铁路设施还是运行车队，都是以法国高铁为样本。今天，韩国已有为数不少的高速铁路线，最高时速从250千米到305千米不等，而且还在规划更多延伸线。最初的运行车队，包括由阿尔斯通制造的46辆以法国高铁"网络"型为原型的成套列车。后来，国家运营商韩国铁道公社推出了由现代罗特姆制造的24辆新款成套列车：KTX Ⅱ型，后正式命名为KTX山川（Sancheon）型，Sancheon是韩语中对三文鱼中一个特定种类的称呼。最新的一款列车是KTX-Eum型，也是由现代罗特姆制造。这款车共有60辆，第一辆于2021年1月4日投入运行。这批车所采用的技术，基于一款实验性列车HEMU-430X，对这款列车，韩国铁道公社进行过深入测试和研究。这批新式成套列车由6节车厢组成，分散式牵引，有意思的是，他们选择在列车两端各配备一辆驱动拖车，中间4节车厢也都有电力配备。其载客量为381位，速度可达每小时260千米，列车内饰与飞机相仿，每个座位都配有显示器、USB接口，以及供当今电子设备使用的无线充电装置。

▎第262页　阿尔斯通公司用法国高铁"大西洋"型列车部件制造的KTX-I型列车，在光明火车站列队展示。

▎第262-263页　由现代罗姆特公司制造的一辆AV KTX-II"山川"型列车，全速行驶在江景市附近。这款车于2010年2月投入运行。

■ 第264-265页 俄罗斯的一辆"游隼"号火车，正在莫斯科和圣彼得堡之间全速行驶：这种列车的速度，可达每小时250千米。

■ 第265页 俄罗斯国家铁路公司的一辆"游隼"号火车，停靠在圣彼得堡的火车停车场，准备返回莫斯科。这款车是由西门子公司按维拉罗火车的原型制造。

俄罗斯也在发展高速铁路，只是在数量上要少得多。如今，这里有3条高速线路，其中最主要的是著名的莫斯科-圣彼得堡线，2009年12月正式启用。该线采用宽轨（4英尺 $11^{27}/_{32}$ 英寸/1520毫米），长约650千米，商业运行速度每小时250千米。运营所用车辆是"游隼"号（Sapsan）成套列车（Sapsan是俄语中"游隼"的意思），由西门子公司以维拉罗列车为原型制造。从事运营的8辆列车，由10节车厢组成，能乘坐604名旅客。第二条高速线路，是2010年12月启用的圣彼得堡-赫尔辛基线，由阿尔斯通公司的4辆"潘多利诺"号"快板"（Allegro）型列车运营，最高时速为220千米。这使得原来5个半小时的旅行时间，减少到了约3个半小时。第三条线路是从莫斯科到第五大城市下诺夫哥罗德，使用"游隼"号成套列车。

目前在建的最大项目之一，是莫斯科到喀山之间的高速新线：这条772千米的铁路，将连接俄罗斯联邦共

和国的两个最大的城市，途经弗拉基米尔、下诺夫哥罗德及切博克萨雷。本项目预计 2023 年完工，完工后将成为俄罗斯和中国现已在考虑中的一条庞大的跨国高速线的第一段。这条线路计划连接北京和莫斯科，距离长达 7000 千米。

而美洲的情形则大不相同。目前，无论北美还是南美，都没有真正意义上的高速铁路线。美国政府将每小时 175 千米的速度视为高速，于是美国国家铁路客运公司的阿西乐特快（Acela），就被归类为高速列车。虽说沿东北走廊在华盛顿和波士顿之间运行的阿西乐特快，平均速度是每小时 130 千米，但在某些路段，其时速的确能达到 240 千米。由阿尔斯通和庞巴迪联合制造的这款列车，是和其他所有普通火车使用同样的铁路设施。随着新车的启用，在今后数年，阿西乐特快的最高时速，有望达到 265 千米乃至 300 千米。美国还有其他几种时速能达到 200 千米的铁路运营，根据地方标准（而不是国际），这些也被归类为高速列车。

在加州高速铁路管理局（California High-Speed Rail Authority）的监管下，加利福尼亚州现已在建设该州的高速铁路项目，目前在建的是横跨中央山谷（Central Valley）的路段。这一路段计划于 2029 年开通，全部项目将于 2033 年完工。项目目的是要连接阿纳海姆区域交通联运车站（Anaheim Regional Transportation Station）、位于洛杉矶市区的联合火车站（Union Station）和旧金山的赛富时（Salesforce）转运中心，使得这两大城市间的 610 千米的距离，乘火车仅需 2 小时 40 分钟。在圣何塞和伯班克之间将有一条专线，最高时速可达 350 千米，而在旧金山–圣何塞路段以及洛杉矶–阿纳海姆路段，仍将使用当地火车所用的轨道，同时配备为欧洲铁路所广泛使用的混合系统。

近年以来，在南美洲的阿根廷，尤其是巴西，则在致力于建造采用欧洲标准的高速铁路。不过，影响南美各国的经济危机，虽说严重程度各异，目前却使得所有这些项目都停止下来：这包括在阿根廷的布宜诺斯艾利斯和科尔多瓦之间的 710 千米长的线路，也包括巴西的弹丸快车"特伦巴拉"（Trem Bala），这趟快车计划连接里约热内卢和圣保罗以及坎皮纳斯，其间的距离为 520 千米。

▌第266-267页和第267页下　这是阿尔斯通公司以"潘多利诺"号为原型制造的4辆"快板"列车中的一辆。这款列车连接了芬兰首都赫尔辛基与俄国的圣彼得堡。

▌第267页上、中　在美国首都华盛顿和波士顿之间运行的美国国家铁路客运公司的阿西乐列车，中间经停纽约和费城。其最高速度达每小时240千米。

　　非洲终于有了自己的第一条也是唯一一条高速铁路——至少现在如此——这就是在摩洛哥的丹吉尔和卡萨布兰卡之间长 350 千米的铁路，运行速度每小时 320 千米，基本是沿大西洋沿岸行驶。所采用的列车，是阿尔斯通的法国高铁双层列车。摩洛哥国家铁路局（ONCF）将这条高速铁路的运营称为阿尔博拉克（Al Boraq），意为"飞马"，这是一个带有象征意义的称呼，与伊斯兰教传统有关。

　　我们转到中东的沙特阿拉伯，这里的高速铁路线叫作哈拉曼线，也叫麦加-麦地那线：线路全长 453 千米，连接了这两座穆斯林圣城，主线长 449.2 千米，支线 3.75 千米，延伸至吉达的国王阿卜杜勒阿齐兹国际机场。

　　这条铁路于 2018 年 10 月开通商业运营，设计时速 300 千米。路轨和运行车辆的建造，都按能够适应沙漠地区特别气候条件的要求；这里的气温就算在阴凉处也能达到 50℃，还不时会有沙尘暴。服役的 36 辆列车，都是由西班牙制造商泰尔戈提供（转向架由庞巴迪制造），以在伊比利亚高速铁路网上运行的 102 系列列车为原型制造。

▎第 268 页上　摩洛哥国家铁路局的一辆高速列车，停靠在卡萨布兰卡的一个火车站。这辆"飞马"号列车，是以阿尔斯通为法国铁路制造的法国高铁双层列车为原型制造。

▎第 268-269 页　沙特阿拉伯现已拥有一条高速铁路线。图中是停靠在麦地那火车站的两辆成套列车，是由西班牙制造商泰尔戈以 102 系列为原型制造。

技术改变了铁路旅行：下一步，氢驱动

日新月异的技术进步，也在给较其他产业相对稳定的铁路产业带来变革。新材料的应用，令绝大部分火车部件更加经久耐用，而且到了生命周期的尾声还能回收。不过，近年以来，最迅速的变革，是在电气机车新的供电系统的开发上，这催生出世界上第一辆投入运行的氢驱动旅客列车。仅仅数年之前仍属于可以一试的事物，在今天的产业制造中，已经成为实打实的产品，而且支持者在日益增加。

我们还是从头说起。如今的列车，都是由强有力的电气机车驱动，电力或是来自列车上方的电线（个别的是来自导电轨），或是来自车上装载的发电机（在柴油机车或客车的情况下）。虽说干线铁路现在都已实现了电气化，因而是由电气机车服役，不过铁路网的其他线路，包括支线、通往主要港口的线路、港口之间的线路以及连接货运站的线路，仍由载有发电机的柴油车辆运行。这一方面是由于成本，另一方面则是因为技术上的不兼容，例如与装卸货物起重机的不兼容。今天，无论客运还是货运，铁路运输都是我们所拥有的最为环保的批量运输方式。不过，限制污染物尤其是二氧化碳排放的新要求，以及克服某些技术难题并使运行更为经济和灵活的需求，促使铁路部门去努力寻找为非电气线路提供动力的前所未有的解决方案。

▎**第270—271页** 施泰德铁路公司（Stadler）制造的一辆88系列双制式机车，漆有英国运营商"铁路直达服务"（Direct Rail Services）的标志。其动力或是来自列车上方的电线，或是来自车上的柴油发动机。

▎**第271页左上** 西门子公司制造的维肯型（Vectron）双制式机车，主要用于货运，可由机车上方的15千伏的电线提供动力，也可由自身所带的、最大传输单位MTU2400千瓦的柴油发动机供电。

▎**第271页右上** 德国铁路公司在纽伦堡和维尔茨堡的车站所使用的阿尔斯通制造的H3混合动力转轨机车。其动力来自柴油发电机或车载电池。

DB
ECO Hybrid

SIEMENS
248 001
Vectron
Dual Mode

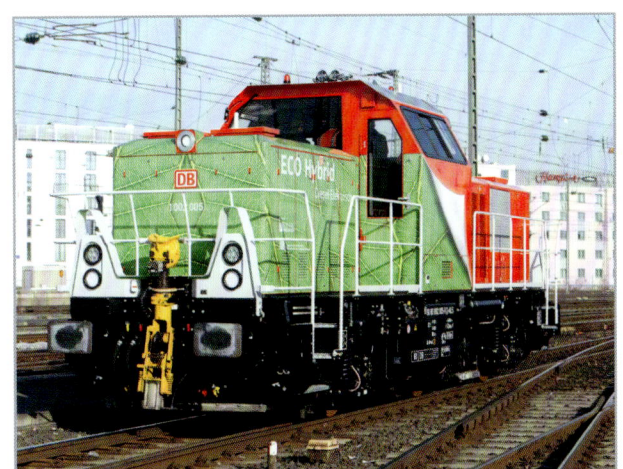

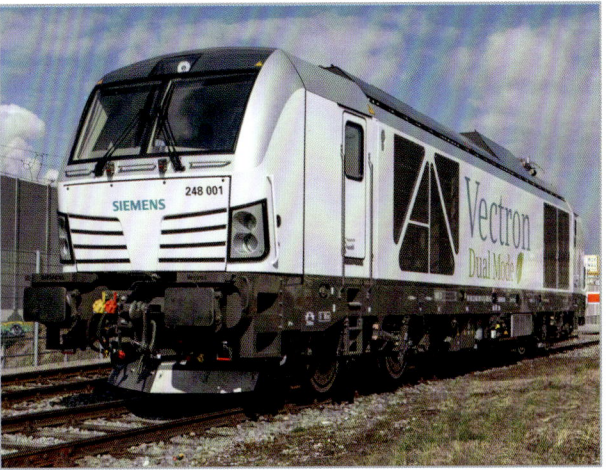

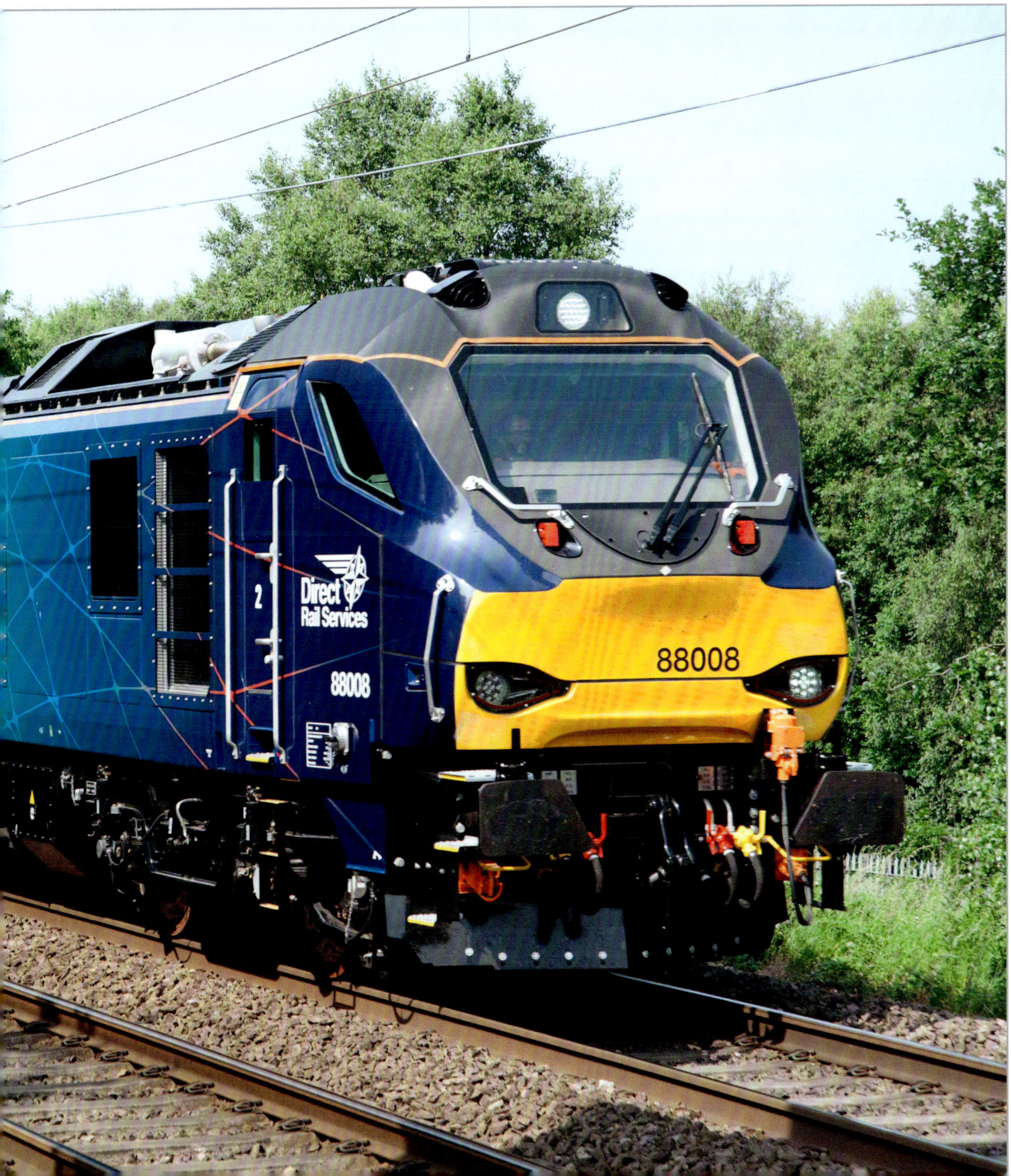
Direct
Rail Services
2
88008
88008

解决方案之一是双制式的机车和客车，装备有受电弓和柴油发电机，火车到了非电气化线路或货运站后，发电机即自行启动。例如施泰德铁路公司的 BTR813 弗勒特（Flirt）型列车，就能做到电力直通，这样旅客在只有部分路段电气化的线路上就不必换车；再如西门子公司为货运设计的 Vectron 双制式机车。后者的优势是列车连同其自身的机车能够直接开到货运场的路轨上，而不必使用转轨机车，这样不仅节约成本，也大大节约了时间。其他制造商，包括日立铁路、庞巴迪及阿尔斯通，也开发出了基于同样概念的车辆。至于更专业、更填补空白的应用，还有电池动力车辆，在近年技术发展的带动下，效率已大为提升。当然这并非新生事物，因为早在 20 世纪，就制造过电池动力车辆，不过今天的技术，已令这些车辆更上一层楼。施泰德铁路公司的 NG 转轨机车即为一例，而且有 3 个版本：配备 1～2 台柴油发动机的柴油电动机车；在电气化线路上以 2000 千瓦的功率运行、在非电气化线路上使用 1～2 台柴油发动机运行的双制式机车；以及配备一台柴油发动机和牵引电池的混合动力版机车。

而真正革命性的进展则是氢燃料，这可能才是为电气机车提供所需能量的终极解决方案。2018 年 9 月 17 日，世界首批两辆氢动能客车投入商业运营，这就是由阿尔斯通制造的 Coradia iLint 列车，到 2020 年 2 月底，在连接库克斯港（Cuxhaven）、不来梅港（Bremerhaven）、布

▌ 第 272 页上　由施泰德铁路公司（Stadler）为英国运营商"铁路直达服务"（DRS）制造的 10 辆 88 系列双制式机车，都各有各的名称。图中是 88003 "创世纪"号客车。

▌ 第 272 页下　英国运营商"大西部铁路公司"（GWR）的两辆 800 系列双制式列车，停靠在伦敦帕丁顿火车站那教堂似的天花板下。

▌ 第 272-273 页　英国运营商伦敦东北铁路公司（LNER）的一辆 800 系列"东北"号（Azuma）双制式列车。该车由日立公司制造，其电能或是来自列车上方的 25 千伏、50 赫兹交流电接触系统，或是来自安装在车身下方的柴油发电机。

272

雷默弗德（Bremervörde）和位于下萨克森州的布克斯特胡德（Buxtehude）之间的约100千米的线路上，这两辆列车已顺利运行了180000千米以上的距离，由地区性运营商易北－威悉铁运（EVB）负责运营。第一批标准列车于2021年投入商业运营。Coradia iLint列车装备了燃料电池，能将氢和氧转化为电，从而避免了柴油机车带来的污染物排放。因为排放物仅为蒸汽和凝结水，这款车的噪声也很低。其创新性体现在以下几个方面：清洁能源转化；灵活的电池能量存储；智能动力与可用能量管理。这是专门为非电气化铁路设计的车型，是可持续铁路交通的一个示范。

这款车以Lint54为原型设计；共有2节车厢，每节车厢约120吨重，分散至4辆台车。列车能搭载150名座席乘客和150名站票乘客，这在非电气化的支线上已是最佳搭载量；其行驶距离可达1000千米，最高时速140千米。

Coradia iLint的牵引机车所需的电能不再由柴油发电机提供——列车上也没有配备柴油发电机——而是由将氢和氧转化为纯水的燃料电池提供，这一过程中产生的唯一废品便是纯水。出于安全原因，储氢罐安装在车顶中部，而在车身下方安装有一个锂电池，存储列车行驶期间燃料电池产生的任何多余电能，同时也存储列车刹车时产生的电能，后者要归功于能源再生系统的使用。

Tankanlage
4,0 °C
166,9 bar
4,2 °C
166,0 bar
4,0 °C
166,0 bar
4,1 °C
163,0 bar
4,2 °C
164,6 bar
4,3 °C
161,5 bar
3,8 °C
165,5 bar
9,7 bar
Füllstand: 52 %
Ø: 4 °C
Ø: 165 bar
zurück
Grundbild
B-Wagen

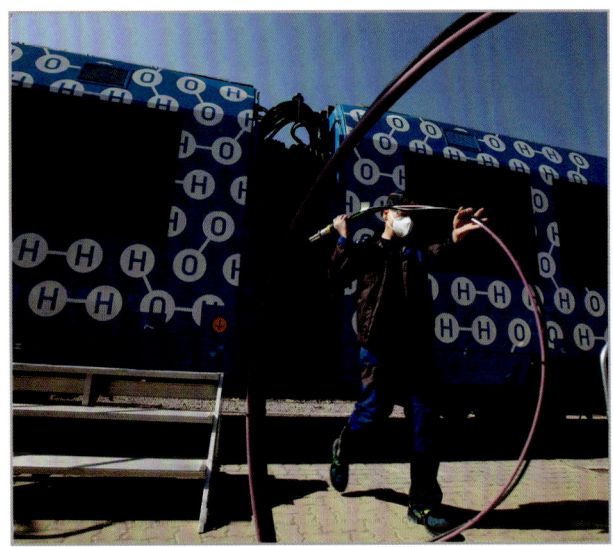

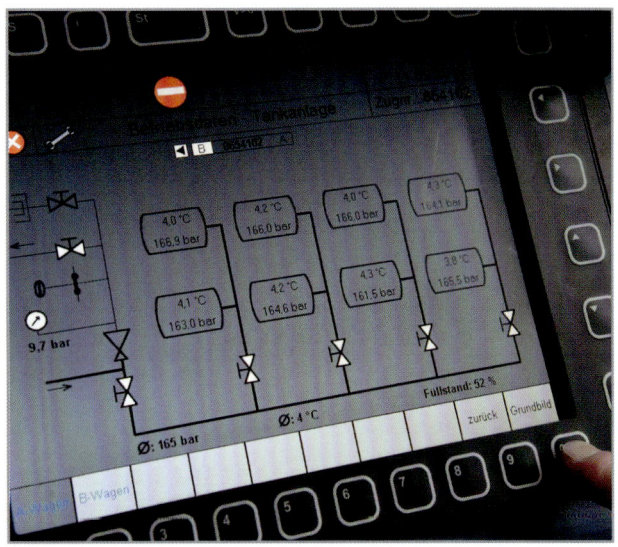

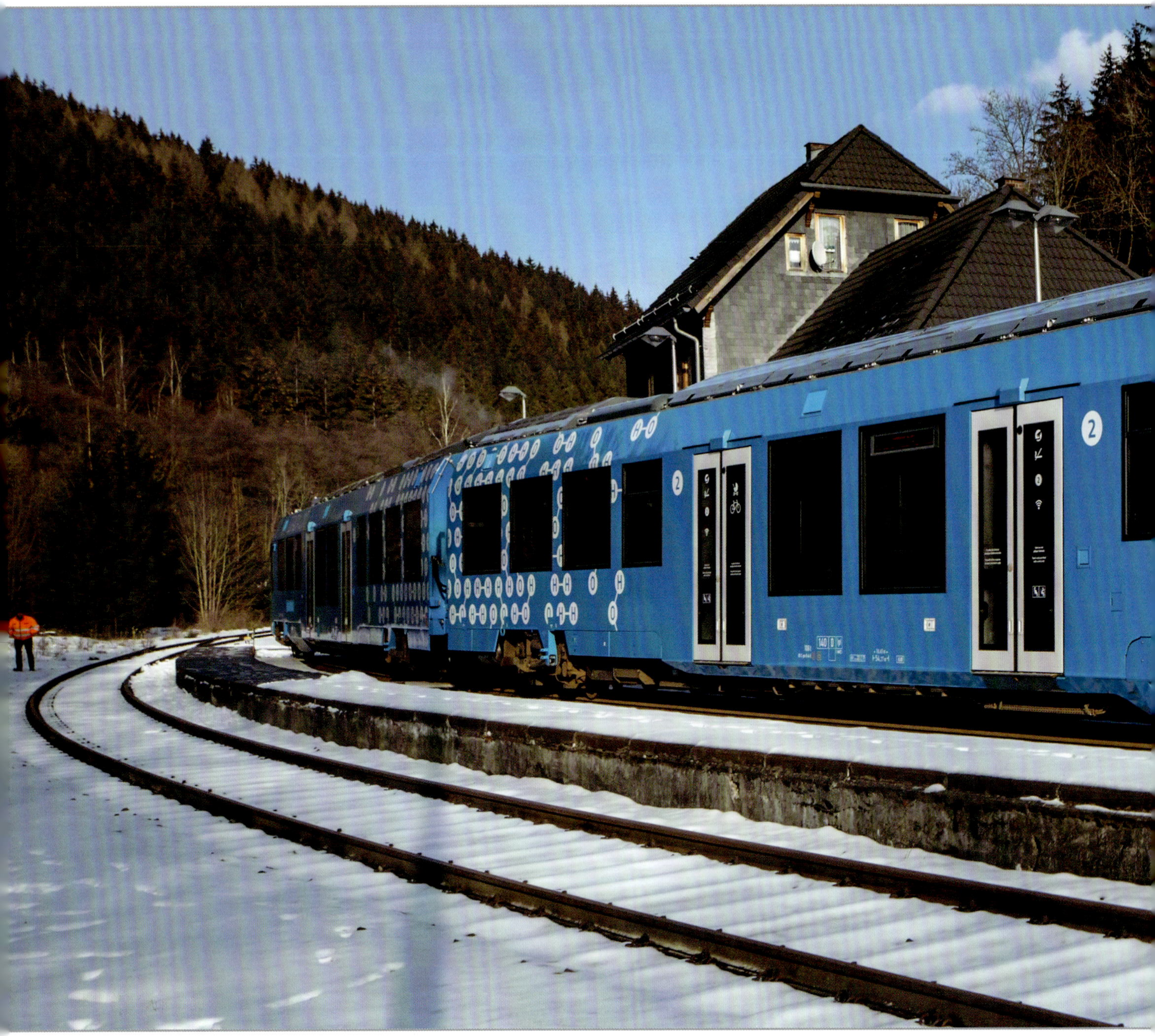

存储在锂电池内的电能，在列车启动或加速时，被用来为牵引系统提供动力，这样列车产生的能量就不会分散，并且能够保证为成套列车提供的整体动能与传统的柴油版本的列车相类似，约为 800 千瓦。氢是储存在列车停车场的一个 350 巴（35000 千帕）的特殊氢罐中，用大约 15 分钟的时间，即可转至车顶的储氢罐，这与柴油列车"加满油"的时间相仿。许多运营商对这种成套列车极感兴趣，因此欧洲不少国家都在测试，例如奥地利、荷兰、波兰。其他制造商也在开发应用同一技术的列车——例如西门子的米雷奥（Mireo）列车及施泰德公司的弗勒特型列车都以氢能为动力，这可能会成为在非电气化线路上实现环境无害运输的一个转折点。

▌ **第 274 页左上**　阿尔斯通的 Coradia iLint 列车是第一款由氢燃料电池提供动力的运营客车。图中的列车正在"加氢"。

▌ **第 274 页右上**　阿尔斯通制造的 Coradia iLint 型列车上的储氢罐控制面板。

▌ **第 274-275 页**　Coradia iLint 列车在下萨克森地区的库克斯港 - 不来梅港 - 布克斯特胡德线上投入商业运营。

愿景中的超级高铁及磁悬浮列车

仅仅几十年前，还曾出现了另一项似乎能够引领交通运输新纪元的技术，这就是磁悬浮列车。这种列车使用导轨上的磁悬浮和推进系统。在轨道和车轮之间没有实体接触；在强磁体的作用下，列车在轨道上方数毫米（通常约10毫米）处悬浮。这就消除了一个关键的摩擦力，但仍需克服空气阻力。由于没有了摩擦，列车可以达到非常高的速度，提速和制动也非常平稳。这一铁道线路由日本东海旅客铁道株式会社（Central Japan Railway）与川崎（Kawasaki）重工联合开发，名为"超导磁悬浮新干线"；另一个开发者是由德国的西门子和德国蒂森克虏伯集团（Tyssen-Krupp）组成的联合体"磁悬浮列车公司"（Transrapid）。目前世界上只有一条商业运营的磁悬浮线路，这就是由"磁悬浮列车公司"于2002年建造的上海磁悬浮铁路，目的是连接上海的国际机场和市中心：这条线路长33千米，用时7分钟20秒，最高时速501千米，不过设计者的目标是650千米。磁悬浮系统也能用于城市轨道交通，不过速度显然不会太高。

此外还有两条低速磁悬浮（或城市磁悬浮）线路值得一提。第一条是日本的藤丘－万博八草线（Linimo Tobu Kyuryo），也叫作名古屋东部丘陵线（Nagoya East Hill），线路全长9千米，于2005年3月正式启用。这条线连接到2005年世界博览会场馆，运行时速最高仅为100千米。欧洲也曾有一条很短的磁悬浮线路，仅约600米，连接了伯明翰国际机场和伯明翰火车站，于1984年到1995年间运营。不过，过时的电气系统，零部件的缺失，致使这条线路被缆索铁道替代。英国和日本所使用的技术稍有不同：英国使用常规的电磁铁和电磁悬浮（EMS）技术，利用轨道下方磁铁的磁力举起火车；日本使用超导磁铁和电动悬浮（EDS）技术。然而，对磁悬

▎第276页　现存唯一从事商业运营的磁悬浮列车项目是在上海,"磁悬浮列车"联营体在这里建造了一条30千米的线路,连接了机场和市中心。

▎第276-277页　从国际机场到市中心的上海磁悬浮列车,行驶距离为30千米,速度为每小时431千米。这是仍在运营的使用时间最长的磁悬浮列车。

▎第277页　2003年12月2日,日本东海旅客铁道株式会社的超高速磁悬浮列车,在山梨县的磁悬浮测试线上,达到了令人刮目相看的每小时581千米的速度。

浮技术的研究则集中在3个方面：使用安装在列车下方和安装在导轨的常规电磁铁之间吸引力的EMS技术；利用磁铁将列车推离而不是吸引到导轨的EDS技术；以及在移动的列车上使用数排永磁体,从而产生磁场带来排斥力的Inductrack系统。磁悬浮列车依靠直线电机获得驱动,驱动力或直接作用于列车本身,或作用于导轨。

这种车辆没有司机,用磁屏来保护旅客免受磁场影响。虽说造价高昂,而且因导轨高出地面数英尺(1英尺等于0.3048米),因此对环境影响肯定较大,但迄今为止,新的磁悬浮列车项目仍在规划之中,其中包括日本、中国(从上海到杭州)、英国(从伦敦到格拉斯哥)以及德国(从慕尼黑机场到慕尼黑中央火车站)。

第278-279页 日本东海旅客铁道株式会社的一辆漂亮的"超高速磁悬浮列车"。

▌第 279 页上　历经 5 年研究于 2021 年 7 月在青岛推出的中国新式磁悬浮列车的原型，能够达到 600 千米的时速。

▌第 279 页下　测试中的一辆日本磁悬浮列车。由东京品川到名古屋，预计于 2027 年投入运营。

　　超级高铁的概念与磁悬浮列车的概念多少有些相似，有3家私营公司对超级高铁同时进行了开发，即超级高铁一号（Hyperloop One）、超级高铁交通技术公司（Hyperloop Transportation Technologies）和穿梭宝（Transpod）。超级高铁这一概念，于2012年由出生在南非的美国发明家、企业家埃隆·马斯克推出，他因创立特斯拉和贝宝（PayPal）而具有很高的知名度。这个项目被有意定为开源性项目，不受知识产权和商业产权的约束，任何有能力做的人都可以去做。这就是为什么今天有3家竞争者都在试图造出真正的超级高铁，而不仅仅是个"范本"。

　　从概念来看，超级高铁是利用低压管来移动载有货物或乘客的车辆（称为"pods"），车辆的驱动靠线性感应电动机。其所需设施包括两个高出地面的管道，车辆在管道中的移动就像炮弹。车辆所产生的摩擦，不仅因管道中的低压而被最小化，而且因永磁体的使用，也就是磁悬浮列车所用的技术，会令车辆轻轻浮起。

■ 第280-281页　在可期的将来超级高铁可能呈现的模样。

■ 第281页上　在由埃隆·马斯克的公司赞助的一场学生竞赛中，一辆超级高铁的原型在进行测试。

■ 第281页下　超级高铁交通技术公司推出的一辆列车（西班牙，2018年）。

项目倡议方承诺，超级高铁的速度，可达每小时600~1000千米，然而造价、技术难题以及对环境的巨大影响，令这项极为超前的技术很难普及。第一次也是唯一的一次载客测试（载有2人），于2020年11月在美国内华达州一条500米长的测试路轨上成功进行。车厢仅用数秒就开到了路轨尽头，速度是每小时160千米。

世界上有不少国家已经宣布，它们将兴建超级高铁网络，但到目前为止，这些都还只是空谈，而不是有实际的技术和经济可行性研究支撑的具体项目。值得一提的是，2016年，俄罗斯宣布已和超级高铁一公司签约，探讨在莫斯科与圣彼得堡之间进行客运系统建设的可能；此外，就在前不久，中国宣布已和超级高铁交通技术公司达成协议，建造一条10千米长的路轨，连接贵州省铜仁市市区与该地机场。

可信度最高的项目，至少从书面来看，似乎是将连接迪拜和阿拉伯联合酋长国首都阿布扎比的超级高铁：这两座城市之间都是沙漠地带，这个国家当然也不缺资金，而且具有以其特色项目令全世界为之侧目的强烈愿望。

乘火车旅游观光

东方快车
第 286 页

"皇家苏格兰人"号
第 290 页

卑尔根铁路
第 292 页

哈茨窄轨铁路
第 294 页

松果火车
第 296 页

冰川快车
第 298 页

意大利"西伯利亚铁路"
第 300 页

"坎塔布里亚穿越"号
第 302 页

西伯利亚列车
第 304 页

"车轮上的宫殿"号
第 306 页

大吉岭喜马拉雅铁路
第 308 页

东方快车
第 310 页

"非洲之傲"号
第 314 页

"甘"号
第 316 页

"加拿大人"号
第 318 页

人们乘车无论上班还是上学，他们想的都是一样：按时抵达。交通是日常生活的必需，也就是你要为准时上班或上学或去任何其他地方必须付出的代价。当然，对我们大多数人而言，乘火车旅行的意义仅在于此，此外的意义也就微乎其微了（如果可能调查一下有多少人喜欢乘火车旅行，再看看乘车期间发生过多少爱情故事，诞生过多少纯粹的友谊，那就更好了）。

如今，就像一直以来那样，人们可能会仅为消遣而旅行，仅为享受乘车过程而旅行，而不一定是要从一个地方到另一个地方。他们可能会乘坐高档列车，享受车上的奢华服务，也可能会乘老式蒸汽火车，闻闻那久违了的味道。不过，要是能乘小型电动机车牵引的火车，机车上带有两个供旅客随时跳上跳下的木制脚踏板，驶过风光旖旎的原野，那才是一场全景式的梦幻之旅。对世界上那些最漂亮、最具特色的列车，我们可以用上百页的篇幅描述它们，讲述它们的故事，但对那些我们不得不省略描写的列车，这样做就有失公允。不过，所有这些经历，都可以归结到一点：到最后，时间不再作准，人们的目标也不再是越快越好。

过去数年间，铁路旅游发展迅猛，今天，旅行方案和线路多种多样，能够照顾到方方面面的需求。

我们的希望是，即使你不是火车爱好者，至少也有那么一两种列车能够引发你的好奇，以至决定要亲自体验一番。

▍第284-285页　匈牙利铁路上最漂亮的机车之一，424.356号，牵引着东方快车，行驶在蒸汽的云雾中。这种机车因其速度和块头而被戏称为"水牛"，它们一直服役到1986年。

东方快车
欧洲

对许多人而言，东方快车是终极奢华列车的象征，旅行中的舒适应有尽有，而且还带点冒险色彩。这条国际线路由国际卧铺车公司于1883年开通，连接巴黎的巴黎东站和伊斯坦布尔，但这条铁路现已不复存在，而是成了发展和航空旅行的牺牲品。幸运的是，对该车的呼吁，得到了威尼斯-辛普伦东方快车（Venice Simplon Orient Express）所属公司的重视，这趟列车是由"东方快车饭店、火车和邮轮公司"所创，该公司则由饭店业巨头詹姆斯·B. 舍伍德（James B. Sherwood）创建和拥有。

豪华旅游项目威尼斯-辛普伦东方快车于1982年正式启用，包括乘坐状态良好的20世纪20年代和30年代的原型车周游欧洲各国。其中最经典的线路是从伦敦到威尼斯，途经巴黎、巴塞尔、苏黎世、因斯布鲁克、布伦纳山口和维罗纳。这条迷人的线路，还会定期顾及罗马、维也纳、布拉格、布达佩斯和伊斯坦布尔，而且自2007年后又加上了华沙和克拉科。

无论是在威尼斯或巴黎停靠，还是在布伦内罗线的弯道上行驶，这款车的外形，那饰有国际卧铺车公司金色粗条的蓝色车身，长长的17节车厢，都令人刮目相看。不过，这款新式东方快车真正吸引人的所在，是其内饰和车上服务。从伦敦到威尼斯的经典线路用时两天。虽然其始发站和终点站是欧洲两座最迷人的城市，但为乘客所看重的，还是在车上旅行的经历。列车车厢全部从20世纪20年代或30年代那古色古香的式样修复而来，无须重新增添任何东西，因为那个时代的奢华程度已达到相当的水准。这家公司明智地决定不去添加任何多余成分，例如卧铺车厢中的淋浴设施，以维持时代感，维持原汁原味，对此人们相当认同。

另一个非常好的想法，是在车内提供讲述每节车厢历史的小册子，而这些历史往往带有冒险色彩。4095号餐车于1927年在伯明翰制造，采用"北极星线"（Etoile du Nord）的样式。运至欧洲后，它用在了巴黎到阿姆斯特丹的普尔曼列车，途经布鲁塞尔，全长560千米以上。该餐车以1961—1969年的卢西塔尼亚（Lusitania）快车结束了服役。但其他车厢的历程则更具冒险性。例如3309号卧铺车厢，1929年在离伊斯坦布尔95千米的地方陷入雪堆，长达10天之久，车上乘客依靠附近村民的帮助才得以脱身；而3425号卧铺车厢，还曾被罗马尼亚国王卡罗尔用过，其他车厢在第二次世界大战期间也曾被德军和盟军使用。

今天，车厢内到处讲求奢华——无论是私人包间，还是餐车或酒吧车厢。在轻松愉快的钢琴背景音乐里，旅客们享受着鸡尾酒。身着正式服装，去参加车上每餐或白天里的任何约会，也是东方快车车上生活的一个特

色;这种场合下,牛仔裤、运动鞋是绝对不可以的。正装晚餐是乘坐该车的特别经历。卧铺车厢里的隔间,白天就成了豪华的私人休息室,其中最具特色之处,是窗前优雅的灯罩。到了晚上,乘务员就将沙发调整为舒服的床,铺上柔软的床单。隔间内既可以是单人床,也可以是双人床。从3月到11月,东方快车都规律运行。

▌第286页上和第286-287页　东方快车上身着优雅制服、戴着白手套的乘务员,个个彬彬有礼而且效率很高。而古老式样的车厢上那些抛光后的铜制部件,在阳光下熠熠发光。上图所示的是车上厨师,其中有些是欧洲最优秀的厨师。

▌第288页和第288-289页　东方快车的车厢内饰完全按20世纪20年代的样子恢复,其效果如此之好,以至该列车被归为"历史丰碑"。里面的餐车实际上相当于路轨上的豪华餐厅。

"皇家苏格兰人"号
苏格兰

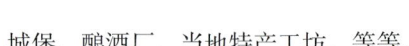

■ 第 290 页上 "皇家苏格兰人"号辉煌的盾徽,表明这辆列车与某个高级俱乐部有关。在苏格兰高地穿行的任何一次旅程中,这辆豪华列车载客数量从不超出 36 位。

■ 第 290 页下 "皇家苏格兰人"号的厨师从餐车中探出身来,等候厨房所用的新鲜食材。优质服务和可口美食,都是这辆列车的亮点。

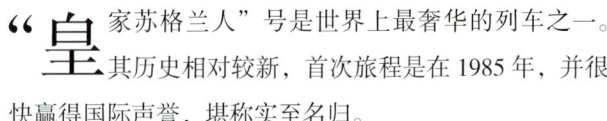家苏格兰人"号是世界上最奢华的列车之一。其历史相对较新,首次旅程是在 1985 年,并很快赢得国际声誉,堪称实至名归。

乘"皇家苏格兰人"号旅行价格不菲,有人会因此望而却步,不过这属于那种一生难得一次的经历。每年 3—10 月,"皇家苏格兰人"号在苏格兰高地上穿行。其行程安排不尽相同,所需时间 2～7 天不等,其间是在豪华车厢内度过,并专门到苏格兰最具特色的地方观光:城堡、酿酒厂、当地特产工坊,等等。

每趟行程中,列车只容纳 36 位乘客。他们由 12 名乘务人员悉心照料,其中包括 2 名厨师。香槟、牡蛎当然必不可少。每趟旅程都始于爱丁堡站,车上假期的独特之处也就由此开始。乘客们伴着风笛乐声上车,风笛由列队车旁的乘务人员演奏,他们后面是装饰一新的列车。每节车厢的内饰都富丽堂皇。其中有 6 节是前普尔曼车厢,由都城嘉慕公司(Metro-Cammell)于 20 世纪

60 年代制造，并为这趟豪华列车做了全面恢复。两节 MK3 型卧铺车厢（1997 年之前使用的是 MK1 型）与前面的 6 节相连，其内饰也大为改观。

这趟列车中时间最久的车厢是 2 号餐车，由伦敦东北铁路（LNER）于 1945 年制造，并于 20 世纪 80 年代受洗命名为"洛哈伯"（Lochaber）。列车所有组成部分，都按爱德华七世时代的风格做了重新改造。其组成结构如下：一节带有观景台的沙龙车厢［原 319"斯奈普"号（SNIPE），现 99965 号］；1 号餐车［原 317"雷文"号（RAVEN），现 99967 号］；2 号餐车（原伦敦东北铁路 1513 号，现 1999 号）；1 号卧铺车厢［原 324"安伯"号（AMBER），现 99961 号］；2 号卧铺车厢［原 329"珀尔"号（PEARL），现 99962 号］；3 号卧铺车厢［原 324"托帕斯"号（TOPAZ），现 99963 号］；4 号卧铺车厢［原 313"芬奇"号（FINCH），现 99964 号］；5 号卧铺车厢（原 MK3 10541 号，现 99968 号）；以及一节车组车厢（原 MK3 10556 号，现 99969 号）。

所有卧铺车厢，都有双人床和单人床隔间，你在最有名的饭店能够享受到的一切，这里应有尽有，甚至还要超出——洗手间、浴室、衣橱、床上用品，等等。此外，列车夜间不开，而是停靠在安静的小站，因此能够保障乘客休息。餐车提供各种上等的红酒、香槟，菜单中包括三文鱼、贝类海鲜以及牛羊肉。

"皇家苏格兰人"号列车最美的线路，无疑是西部高地线，从爱丁堡出发，途经格拉斯哥。这是条不那么容易的线路，迂回曲折，时至今天仍是低速行驶（约 250 千米的路段，需要大约 5 个小时），但线路穿越这个国家最狂野、最漂亮的地带。

列车在罗蒙湖（Loch Lomond）穿行 16 千米，随后一路向北爬坡，穿过奥达尔山（Beinn Odhar）和多莱恩山（Beinn Dorain）之间著名的马蹄高架桥（Horseshoe Viaduct）。驶过遥远的兰诺赫站（Rannoch）后，列车抵达英国最有吸引力的一段铁路，最后是有 21 拱的格伦芬南高架桥（Glennfinnan Vaduct），到达附近的格伦芬南站。这一路的美景令人目不暇给，而"皇家苏格兰人"号上的 36 名乘客，则可在自己的座位上静静欣赏。

▎第 291 页左 "皇家苏格兰人"号缓慢驶过颇有气势的格伦芬南高架桥。这座桥有 21 座拱，位于通往苏格兰西部马莱格的铁路上。这一地区是整个英国铁路网最为壮观的一部分。

▎第 291 页右 "皇家苏格兰人"号上的午餐，在优雅的餐车中进行。

291

卑尔根铁路

挪威

第292页上　从火车车窗看到的米达尔周围的漂亮景色。

奥斯陆-卑尔根线（Oslo-Bergen）（卑尔根铁路 Bergensbanen），世人心目中最漂亮的铁路之一，穿过挪威一些最美丽的风景。这是这个国家的铁路干线之一，每天有无数趟客车运行，让各行各业的旅客有机会享受舒适而豪华的旅行服务。这条全程493千米的单轨线路，于1883年到1909年间分数个阶段修建；1957年，蒸汽机车被柴油机车取代，几年后，他们又开始安装电气系统（15千瓦、16.7赫兹单相交流电）。这条铁路连接了两座基本处于海平面的城市（奥斯陆平均海拔23米），但它穿过挪威的一个罕有其匹的自然地带，最高点上升至1200米。更为特别的是，它穿越挪威中南部的哈当厄高原（Hardangervidda plateua），这是欧洲最大的高原，终年气候极其寒冷，这个国家最大的冰川就在此地。列车在森林一边行驶约97千米后，在从岩石、沙

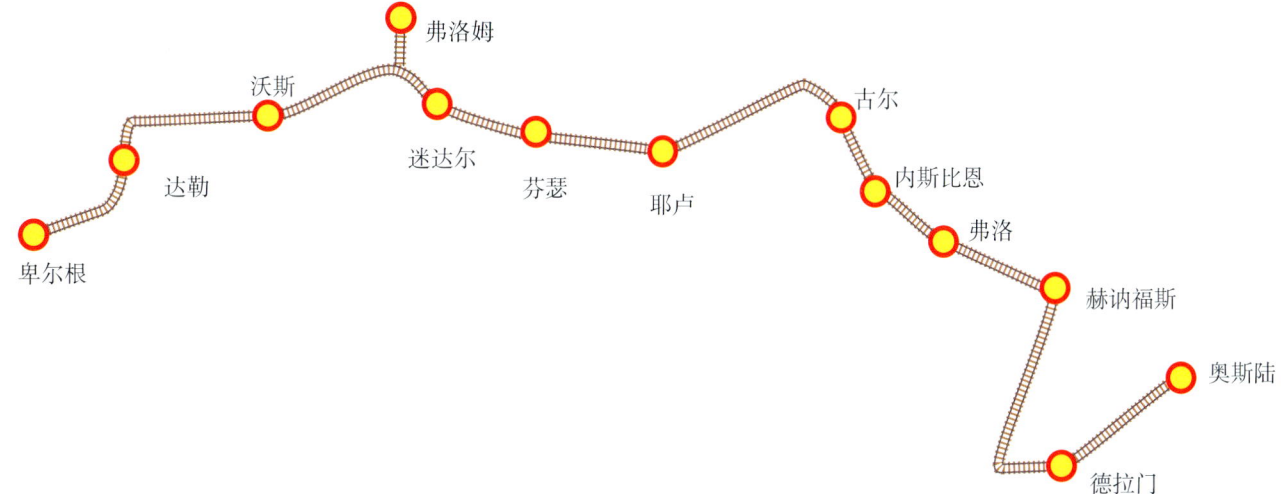

石堆和树木中间开辟出来的线路上，沿着溪流蜿蜒前行，四周是美不胜收的壮丽景色。

对铁路爱好者而言，还有两个不容错过的机会。其中之一需在米达尔（Myrdal）站下车，另乘火车到弗洛姆（Flam），这是一个海边小镇，位于艾于兰（Aurlandsfjord）峡湾的顶头；该峡湾长 204 千米，属挪威最长的峡湾。这趟旅程很短，仅有 20.2 千米，但其独特之处在于，这是世界上最陡的标轨铁路路段之一。线路的绝大部分，坡度达 55‰，从海拔 2 米的弗洛姆开始，一直攀爬到海拔 867 米的米达尔站，再回到奥斯陆－卑尔根线。从这里开始，有一系列的急弯和曲曲折折的隧道，在山间螺旋式攀升；这是挪威铁路中真正的杰作，也是世界各地游客向往的地方。另一个不可错过的机会，则是去参观由挪威铁路协会管理的老沃斯蒸汽铁路博物馆（Old Voss Steam Railway Museum）。每年 6—9 月，在每个星期天，游客可以乘蒸汽火车，在卑尔根附近的一段保留下来的原奥斯陆－卑尔根（Oslo-Bergen）铁路路段旅行。原先的这条铁路，于 1964 年随着阿纳尼帕（Arnanipa）隧道和于尔里肯山（Ulriken）隧道的完工而关闭。全程 18 千米的老沃斯线，连接了加内斯（Garnes）和米特图（Midttun），旅程约需一个小时。列车由 19 系列机车中的 255 号车牵引，该机车属瑞典国家铁路公司，建造于 1913 年，退役于 1969 年，后于 1981 年到 1993 年间由志愿者修复。列车的柚木车厢也一样古色古香，是在 1921 年至 1938 年间制造的。

▎第292-293页　这张俯瞰图，充分展现了卑尔根铁路所经地区的旖旎风光。

▎第293页　一辆成套列车在弗洛姆附近的山腰间蜿蜒而行。

哈茨窄轨铁路 | 德国

哈茨（Harz）铁路，也就是哈茨山（Harzer）窄轨铁路，是前东德覆盖范围最广的窄轨路网，今天仍有约132千米的轨道，从德国中部延伸至汉诺威的东南部。其主线长61千米，由韦尼格罗德（Wernigerode）到诺德豪森（Nordhausen），另有两条支线：第一条从艾斯费尔德（Eisfelder）到盖恩罗德（Gernrode）；第二条，当然也是最壮观的一条，从艾斯费尔德到布罗肯（Brocken）。

这一路网建成于1898年6月，当时运行的第一趟列车，是从韦尼格罗德到希尔克（Schierke）。在两德统一之前，它为当地居民提供了交通服务，但它在全世界都大名鼎鼎，这一方面是因为列车经过的地方风光秀丽，另一方面则是因其众多的、各具特色的蒸汽机车。两德统一后，一旦关闭这条铁路并以毫无特色可言的巴士取而代之的提议被否决，兼之大力的资金投入，这条线路很快得到了恢复和改进，被改造成了德国旅游主要项目之一。不过，这条铁路并没有并入德国联邦铁路公司，而是在萨克森-安哈尔特省和图林根省的支持下，成为一家地区性公司。

显然，蒸汽机车仍在使用，不过几乎完全是为了观光，而每天例行的车辆，则主要由柴油机车牵引。布罗肯线是个例外，这里所有运行的车辆，几乎都是由99系列的蒸汽机车牵引，这是款外形壮观的机车，车轮配置为2-10-2。这条线路全程基本都是30/1000的坡路，从韦尼格罗德附近海拔254米的德雷洛安嫩霍那（Drei Annen Hohne），一直到海拔1142米的终点站布罗肯，一路全力攀爬，只是在到了大约半路位于林间的希尔克站加水时，才稍得喘息。

另一条支线上的旅程倒没那么困难。从韦尼格罗德站出发，驶过路网办公室及主仓库所在的西站地区后，朝斯坦尼梅（Steinerne）方向的铁路开始爬坡，由此开始全程最困难的一段：到德雷洛安嫩霍那的线路，全程仅9千米，却有72处弯路，外加一条隧道。之后列车驶向本讷肯施泰因（Benneckenstein）站，车站建筑都是木质结构，还有一家小型铁路博物馆；而另一家以矿区铁路为主题的博物馆，则在内次卡（Netzkater）站附近。

▌第 294-295 页 一辆窄轨的 99 系列机车，牵引着一列观光火车，驶向布罗肯山山顶。在这个不长的支线上，列车运行几乎还都在使用蒸汽机车。

通往盖恩罗德的路段，由艾斯费尔德塔尔穆勒（Eisfelder Talmuhle）站开始，一路风景如画。爬升至施蒂格（Stiege）地段后，穿过数个迷人的小镇以及树林和田野。哈茨列车每天准时运行，观光车也一样，因此想到这些路段上去看看的话，没必要参加旅行团组。

有些列车配有敞篷车厢，在这种车厢里，你可以更好地欣赏田园风光，更好地体会机车的喘鸣。蒸汽机车爱好者可以从多种主题旅游项目中选择其一，这种项目会提供包车，组织参观铁路办公室及仓库，可以让列车摆出从车站出发的样子，让爱好者们摄影、录像，还可以专门停下来让游客拍照。

▌第 295 页 哈茨铁路是前民主德国最大的窄轨路网。近年来，这条铁路已被改造为一项出色的旅游项目，并仍在使用部分蒸汽机车。

295

松果火车 | 法国

要领略法国的尼斯到迪涅省及其从小站皮热泰涅（Puget-Théniers）开到阿诺（Annot）的松果火车，有一趟特别的火车之旅。这一旅程始于离摩纳哥公国不远的蔚蓝海岸，离圣特罗佩海滩也较近，去往上普罗旺斯阿尔卑斯。这趟行程颇为耗时，因为在窄轨的尼斯－迪涅线上，只有4列火车，它们需要3个多小时，才能走完166千米的全程。但由于一路风光优美，所以一定不虚此行。在夏天，还可能乘坐一趟历史性的蒸汽火车，这趟车被赋予了"松果火车"的可爱名称，在从皮热泰涅到阿诺的线路上运行。名字中所说的松果，在这个地区到处都是，在贫穷年代曾用作燃料，替代碳和木柴，当然松果不可能用于蒸汽机车。这个名字由来的另一个说法，是说火车行驶缓慢，旅客们可以随时下车，捡拾松果。

1951年，最后一辆服役中的蒸汽火车被柴油火车取代。不幸的是，这批蒸汽火车都没能保存下来。因此，窄轨上的"历史性火车"，使用的是两辆另有出处的蒸

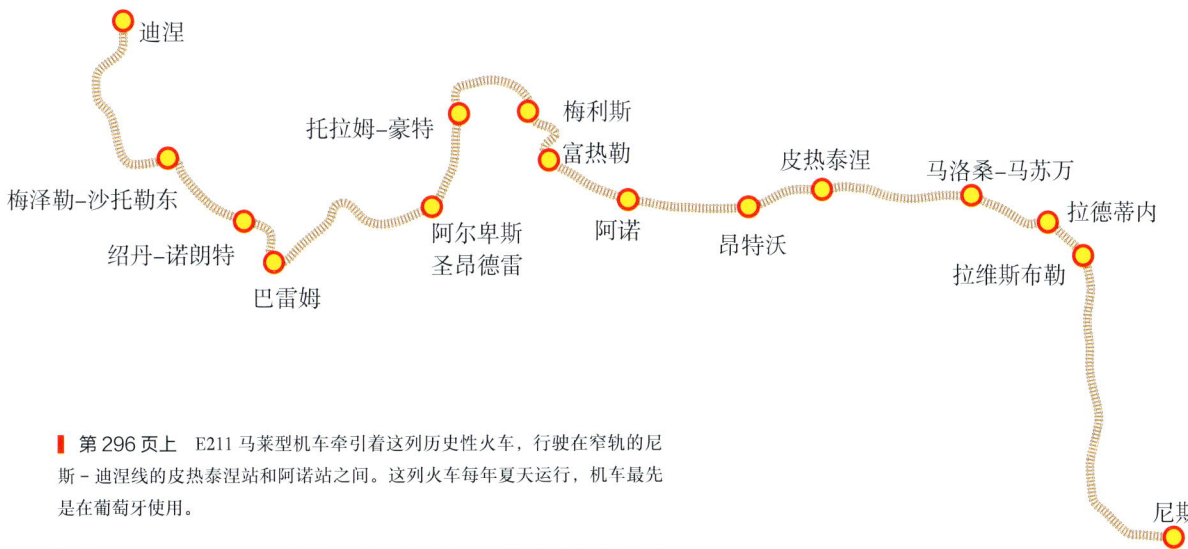

■ 第296页上　E211马莱型机车牵引着这列历史性火车，行驶在窄轨的尼斯－迪涅线的皮热泰涅站和阿诺站之间。这列火车每年夏天运行，机车最先是在葡萄牙使用。

■ 第296-297页　E211马莱型机车牵引的松果火车，驶过这条线路上最壮观的一座高架桥。列车的修复和管理，是由当地的一个志愿者团体负责。

汽机车：车轮配置为4-6-0T的E327型蒸汽煤水车，由法孚集团（Fives-Lille）于1909年制造，原用于布列塔尼线；还有体形大得多的马莱型，车轮配置2-4-0+0-6-0T，注册为E211号，来自葡萄牙铁路公司。后面这款车轮配置非常独特的列车，由德国的亨舍尔公司于1923年制造。该车与其他15辆这个系列的列车一道，在数年前都一直用于杜罗河谷的运行。

这趟列车由5节车厢组成：一辆可追溯到1912年的双轮卡车，承担了行李车厢的功能；一辆出色的1901年的双轮分层式车厢；德苏什和大卫（Desouches & David）于1892年制造的B505型有轨电车；外加两辆1911年的B31和B32型二等座有轨电车。后面这4节客座车厢，共能容纳220名乘客。1981年后，每年5—10月的每个星期天，列车都会沿这条线路周游，目的是让人们知道这条可能会被遗忘的山谷。这趟列车所经路段，可能是整条铁路中最引人的部分，其中在拉多内（La Done）和格罗斯瓦隆（Gros Vallon），还有两座砖石结构的高架桥。每趟列车在周日上午的10:25出发，中午抵达阿诺；返程下午4:10启动，一小时后回到皮热泰涅。

列车的修复和管理，是由一个志愿者协会［普罗旺斯铁路协会（Groupe d'Etude pour les Chemins de fer de Provence）］来负责的。这个组织还积极活动，保证尼斯－迪涅线的运行不被停止，而是得到改进和加强。这条铁路的常规路段，是由主管威立雅集团（Veolia）的CFTA公司管理。这家公司和重组了该地区区划及部门，并于1968年之后独家控制普罗旺斯铁路的SYMA（Syndacat Mixte Mediterraneé Alpes）一道，计划对铁路进行全面升级，目的是重启客运，并提升游客对这条铁路的使用，当然也包括蒸汽火车。

冰川快车 | 瑞士

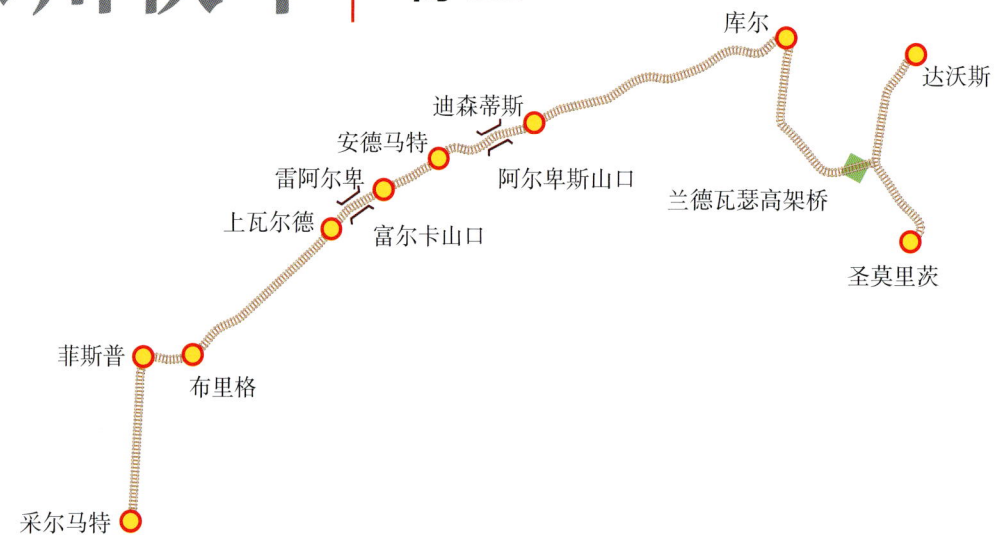

冰川快车绝对应跻身世界铁路十大奇迹之列，而在瑞士，它无疑是最有名的列车。快车线路连接了采尔马特（Zermatt）和圣莫里茨（St. Moritz），二者都是阿尔卑斯山最有名的世界级滑雪圣地。线路全长290千米，穿过布里格（Brig）和安德马特（Andermatt）地区，路上需要8个小时。

这趟现已装备了现代而舒适的全景车厢的窄轨列车，途中穿越7条山谷、91条隧道，通过291座桥梁——几乎1千米1座。由这些数据，可以想见当初修建这条铁路时的困难。自从1931年正式启用，一直到1982年，该线路都能开到位于富尔卡山口（Furka pass）山顶的罗讷（Rhône）冰川边缘。不过，自从基底隧道建成后，这一景致非凡但因其海拔高度致使冬天无法使用的路段，已不再为冰川快车所用。

这条13千米长的路段，倒是没被完全遗弃。在一家特别公司的安排下，这段铁路已被改造为观光专线，即富尔卡蒸汽铁路线（Dampfbahn Furka Bergstrecke），只在夏天运营，使用20世纪30年代原版的HG 3/4蒸汽机车。有意思的是，1947年，这条线路实现电气化后，这批机车被卖到了越南，一直使用到20世纪90年代中期。

冰川快车现由两家铁路公司联合经营，即雷蒂亚（Retiche）铁路公司和马特峰哥达铁路公司（Matterhorn-Gotthard Bahn，MGB）。虽说列车不再攀爬到富尔卡山口（Furkapass），但在乌里（Uri）和格劳宾登（Graubunden）这两个瑞士行政区交界处的上阿尔卑山口（Oberalp Pass），

仍然上升到了2033米的高度。整条线路上，有无数个坡度极陡的路段，列车需改用齿轮铁路。

自采尔马特开始，这趟列车向菲斯普（Visp）方向下坡而行，之后转入从日内瓦延伸而来的主线，向东驶向布里格。到达布里格后，列车开始向上瓦尔德（Oberwald）方向爬坡，穿过富尔卡山口下的基底隧道，驶过雷阿尔卑（Realp），最终抵达安德马特。这是整条线路中最可观的路段，为了在短距离内完成大量爬坡，路轨转了4个急弯，其中有3个是在隧道里。列车随后继续向上阿尔卑山口爬坡，之后下坡驶向迪森蒂斯（Disentis）及其本笃会大修道院。在这一站，车头的蒙特勒伯尔尼高地机车（MOB）让位于雷蒂亚铁路公司（Retiche Railways）的机车，此后便一路驶向终点。过了库尔（Chur），野外风光更加具有狂野气息，驶过阿尔瓦诺伊（Alvenau）后，冰川快车还会立即通过世界上最有

第298页 冰川快车的全景式车厢，为旅客们欣赏所经的阿尔卑斯山地区的壮丽风光提供了绝佳角度。这条线路是公认的世界铁路十大奇迹之一。

第299页 无论冬夏，冰川快车都要穿越瑞士最壮观的地带。从采尔马特到圣莫里茨／达沃斯的旅程长约290千米，耗时8个小时。

名的铁路建筑之一的兰德瓦瑟（Landwasser）高架桥。

旅程现已接近尾声。在穿过10千米长的阿尔布拉河（Albula）隧道，驶过切莱里纳（Celerina）后，冰川快车终于抵达圣莫里茨。每年夏天，从3月中旬到10月中旬，每天都有4趟冰川快车。现代化的全景式车厢，令旅程更加舒适，旅客们可以充分欣赏美妙的自然风光。当然，考虑到旅程所需时间，列车还配有餐车和一个品种丰富的酒吧，服务员可以到各个座位提供服务。

意大利"西伯利亚铁路"

意大利

■ 第300页　940系列机车中的041号，牵引着一辆老式火车，慢慢靠近水柱加水。

■ 第301页左　940系列的041号机车司机，在狭窄的驾驶室内翻看值班日志。

■ 第301页右　在燃烧室内给炉火加煤，是十分艰苦的工作。

在苏尔莫纳-卡尔皮诺内线（Sulmona-Carpinone）旅行，是一次独特的经历，就像在意大利国家铁路公司基金会（Fondazione FS）修复并重新开放的9条其他线路上旅行一样。这条铁路又称为"意大利西伯利亚铁路"，都属于该基金会"永恒的轨道"项目的一部分。意大利国家铁路公司基金会成立于2013年，由意大利国家铁路公司（FS Italiane）、意大利铁路公司（意大利国家铁路公司集团的运输公司）和意大利铁路网络（Rete Ferroviaria Italiana）（负责国家铁路网的机构）联合设立，自2015年后，意大利文化部也加入其中。今天，无论在欧洲还是在世界其他地方，在促进铁路旅游及维护历史列车方面，这家基金会都是最重要、最成功的组织机构之一。于2014年启动的"永恒的轨道"项目尤其成功。意大利国家铁路公司基金会修复并重新启用了约600千米的铁路，这些路段曾因状况不佳，无法用于货运和客运，一度陷入荒废。其成果便是10条观光铁路线从北到南纵贯半岛——从弗留利-威尼斯朱利亚大区（Friuli Venezia Giulia）的杰莫纳（Gemona）到西西里的恩佩多克莱港（Porto Empedocle），这样游客们就可以深入意大利各省，欣赏其独特风光。这10条现在都在运营的线路是：巴索赛比诺（Basso Sebino）铁路，从帕拉佐洛苏洛廖（Palazzolo sull'Oglio）到帕拉蒂科（Paratico），全长10千米；奥尔恰谷（Val d'Orcia）铁路，从阿夏诺（Asciano）到蒙特安蒂科（Monte Antico），

全长 51 千米；庙宇（Templi）铁路，从阿格里真托巴萨（Agrigento Bassa）到恩佩多克莱港（Porto Empedocle Succursale），全长 12 千米；瓦尔塞西亚（Valsesia）铁路，从维尼亚莱（Vignale）到瓦拉洛塞西亚（Varallo Sesia），全长 51 千米；塔纳罗（Tanaro）铁路，从切瓦（Ceva）到奥尔梅阿（Ormea），全长 35 千米；伊尔皮纳（Irpinia）铁路，从阿韦利诺（Avellino）到罗凯塔－圣安东尼奥（Rocchetta Sant'Antonio），全长 119 千米；桑尼奥（Sannio）铁路，从贝内文托到博斯科雷多（Bosco Redole），全长 66 千米；皮埃蒙特（Pedemontana）铁路，从萨奇莱（Sacile）到弗留利地区杰莫纳（Gemona del Friuli），全长 75 千米；蒙费拉托（Monferrato）铁路，从阿斯蒂（Asti）到卡斯塔尼奥莱德莱兰泽（Castagnole delle Lanze）再到尼扎蒙费拉托（Nizza Monferrato），全长 45 千米；以及最壮观、最有名的"意大利西伯利亚铁路"，从苏尔莫纳到卡尔皮诺内，全长 118 千米。这是意大利海拔第二高的标轨铁路，有很长一段都在海平面 1000 米以上。线路穿过马耶拉国家公园的森林，越过阿布鲁佐（Abruzzan）高原，这里夏天水草丰美，吸引了许多动物，冬天则因严寒让人想起西伯利亚。正是因为漫长的严冬和无情的暴风雪，需要使用大量的扫雪机，所以在这条铁路上的运营，从来都不是件容易事儿。这些扫雪机曾由蒸汽驱动，但现在都换成了现代化的、柴油驱动的旋转式机器。由于地形崎岖不平，而且可以运输物资的道路很少，苏尔莫纳－卡尔皮诺内铁路是分两段启用的：从苏尔莫纳到斯坎萨诺（Cansano）的路段于 1892 年开通，继续通往卡尔皮诺内的路段，则于 1897 年 9 月 18 日正式启用。这条蜿蜒曲折的铁路，在其 118 千米的距离内，经过不少风景独到之处，有时坡度可达 28‰；从海拔 328 米的苏尔莫纳出发，列车先是开至海拔 1268 米的里维松多利－佩斯科科斯坦佐（Rivisondoli-Pescocostanzo）站，这是意大利第二高的火车站，仅次于海拔 1371 米的布伦内罗站；随后，列车又向下开至海拔 793 米的桑格罗堡（Castel di Sangro），之后再度爬坡到海拔 923 米的圣皮耶特罗阿韦拉纳（S. Pietro Avellana）；最后又再度下坡，来到海拔 631 米的卡尔皮诺内。第二次世界大战期间这条铁路所遭到的破坏，直到 1960 年才得以修复，之后无论客运还是货运都逐渐萎缩，到 2010 年年底所有商业运营全部暂停。今天，就像"永恒的轨道"项目所涵盖的其他 9 条线路一样，这条线路上的观光列车，由一色古色古香的车辆组成，其中既有蒸汽火车，也有柴油驱动火车。在为时不长的时间内，整条铁路焕发了生机，其所提供的慢游和可持续游项目，让人们发现了罕为人知然而毫不逊色的另一面的意大利。

"坎塔布里亚穿越"号
西班牙

第302页 "坎塔布里亚穿越"号列车有着精致的盾徽,与其20世纪20年代的老式车厢十分相配。从莱昂到圣地亚哥-德孔波斯特拉的行程需要8天,全长1000千米。

西班牙豪华列车"坎塔布里亚穿越"号(El Transcantabrico)的旅程,穿过从莱昂(Leon)到圣地亚哥-德孔波斯特拉(Santiago de Compostela)的西班牙北部,持续8天7夜。这是一趟安静而且节奏很慢的旅程,夜里会停靠在宁静的车站,幸运的旅客可以在列车舒适的卧铺车厢内休息;而在坎塔布里亚(Cantabria)、加利西亚(Galicia)和巴斯克(Basque)等景点,旅客们还可享受短途旅行。

"坎塔布里亚穿越"号列车包括8节老式车厢:4节卧铺车厢及4节沙龙与餐饮车厢。这些车厢都是20世纪20年代在英国制造,现已完全翻新,令游客可以享受超级时尚的车内环境。

4节的沙龙及餐饮车厢都有空调,这些都是真正的精品车厢,内饰富丽堂皇,有着出色的结构设计。其中的一节设有酒吧和舞池,显然,探戈和弗拉门戈舞在这里都司空见惯。

这里的内饰,令人想起每晚提供音乐和娱乐节目并一直持续到凌晨的小酒吧。另一节沙龙车厢配备了电视和录像机,还有一些可供游客玩各种棋牌游戏的桌子。

第三节沙龙车厢里有另一个酒吧,整体环境装饰豪华,还有可供游客们享受车内饮品的长沙发和咖啡桌。第四节沙龙车厢则是专门为那些喜欢放松和安静的游客准备的,这里有个小型图书室,备有欧洲各主流报纸。

4节卧铺车厢也同样奢华,每节都有4个各放两张床的套间,每个套间内配有衣橱、咖啡桌、小吧台和电话,地上铺着精致的地毯,专用盥洗室里还装备了按摩浴缸及桑拿。一面装有窗帘的大车窗,为欣赏外面的田园风光提供了绝好的条件。

在"坎塔布里亚穿越"号列车上,餐饮至关重要;在其所经过的地区,当地厨师都认为该地的西班牙式烹饪已臻完美。在长达一周的旅程中,车上厨师各显神通,为旅客们提供了最美味的当地特色餐饮。

列车行程中提供的一些短途旅行至为难忘。从阿尔塔米拉(Altamira)岩洞中的新石器时代壁画开始,到中世纪村庄"海边的桑蒂利亚纳"(Santillana de Mar),之后在科米利亚斯(Comillos)的由高迪设计的一处别墅内,吃上一顿丰盛的晚餐,最后是参观圣地亚哥-德孔波斯特拉(Santiago de Compostela)那宏伟的大教堂。

这条全长1000千米的旅程,可以从圣地亚哥-德孔波斯特拉开始,也可以从莱昂出发,乘坐的是与众不同的蓝白相间的车厢。在旅游旺季,从4月到10月,列车从两个终点站轮流出发,每周一班,沿着这条穿越西班牙北部的漂亮线路慢速而行。

此外,如果团组人数在50人以上,还可以整车租用,甚至还能调整行程和时间。运营公司还组织特别

第302-303页 "坎塔布里亚穿越"号列车包括8节装饰奢华的老式车厢,车厢是在英国建造的。其中有4节沙龙与餐饮车厢,其余则为卧铺车厢。

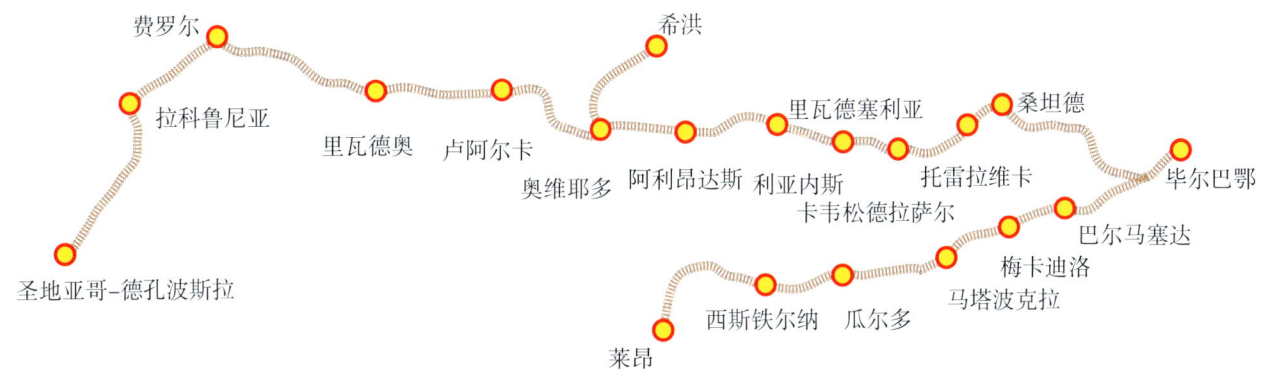

旅行：例如，在新年那天，以及在圣周有名的庆典期间。"坎塔布里亚穿越"号列车由西班牙窄轨铁路公司（Ferrocarrillas de Via Estrecha）运营，这是西班牙一家国有铁路公司，在过去的40余年中，一直负责西班牙北部这一米轨铁路网上的客运和货运。在欧洲，这一路网是最大的米轨铁路网。

西伯利亚列车
俄罗斯 – 中国

第 304 页上 "金鹰"号西伯利亚快车,在 11 天到 21 天不等的行程中,穿越西伯利亚那令人震撼的自然风光。全长 9000 千米的西伯利亚大铁路,是世界上最长的铁路。

乘坐西伯利亚大铁路上的火车从莫斯科到符拉迪沃斯托克(Vladivostok),仍是一场名副其实的探险,特别是如果你选择定期班次的火车,而不是奢华的旅游包车,来跨越这两个城市之间 9000 千米的距离的话。旅游包车在这条线路上的运行,也已经有了些年头。无论你选择哪种方式,这都会是场难忘的经历,因为世界上没有任何其他线路这么长,而且途中穿过如此引人入胜而又鲜为人知的地带。

于 1903 年正式开通的西伯利亚大铁路,很快成为连接圣彼得堡(当时的俄罗斯帝国首都)和俄国东部太平洋沿岸港口城市的交通干线,以致数年后当局决定将这条铁路改为复线。只是时至今日,这项工程仍未完全结束。

不过,2002 年,这条线路完全实现了电气化,其效果立竿见影,特别是货车的载重量。正常班次的客车,走完全程约需一周。后来,通过这条铁路的两条支线,还可以到达中国北京:第一条是外蒙支线,经由乌兰巴托;第二条是东北支线,先到哈尔滨,然后抵达北京。

在西伯利亚大铁路上,显然有若干列车运行,但其组成大同小异。俄罗斯的客车分为 3 种座位:SV 相当于

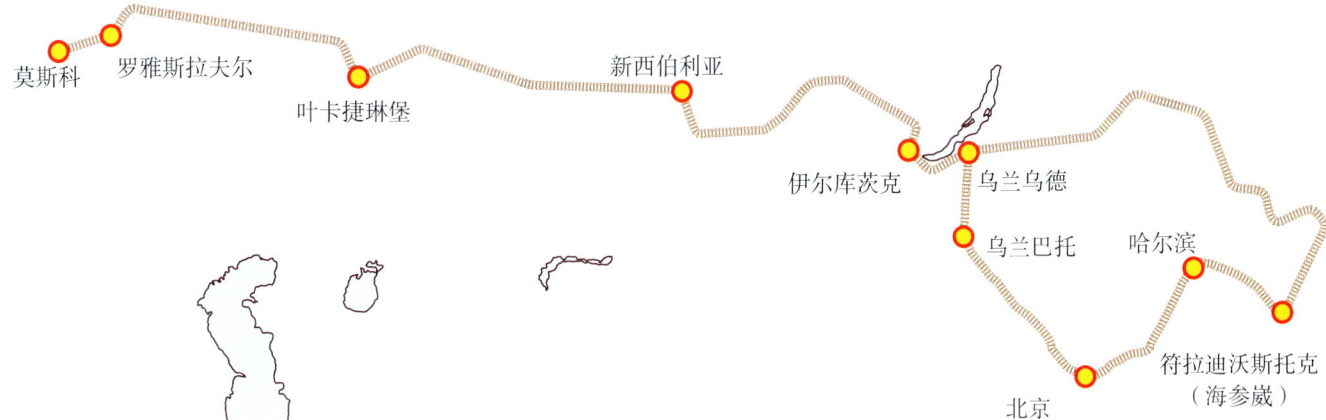

一等座；库佩尼（Kupeyny）相当于二等座；第三种是普拉茨卡特尼（Platskartny）即三等座，由开放式车厢组成，能方便地改造成野营房而不是分成隔间。这种座位最受欢迎。

一等车厢中，每个隔间有两个座位、两个铺位；二等车厢的隔间里，则是4个座位和4个铺位。列车不设淋浴，但至少有俄式茶壶提供热水，从而为喝茶提供了方便。三等车厢与列车其他部分相隔，但在一等、二等车厢之间有一节餐车。无论如何，在列车停靠的每个车站都设有便利店，乘客可以很方便地买到吃的。令人不解的是，列车每个车厢里的时钟，总是保持在莫斯科时间，而莫斯科和符拉迪沃斯托克之间横跨7个时区，因此在列车驶过两三个时区后，不可避免地会令乘客产生混淆。

只要你有旅行社帮你办理签证，帮助在你想去的城市预订酒店，你就可以独自去乘西伯利亚列车，而不会遇到任何麻烦。要是你想走下全程，同时享受豪华列车上的美食和服务，建议选择"金鹰"号西伯利亚快车。这是近年才开通的"梦想列车"，车上提供的是无可挑剔的五星级服务，与已名声在外的"西伯利亚虎"号快车不相上下。12节卧铺车厢，每节都提供淋浴、地暖、视听设备，包括液晶显示器和DVD播放器，而车上餐饮能够和欧洲最好的餐馆媲美。都算上的话，列车共有21节车厢，其中大部分是新产品，由俄罗斯锆石服务（Russian Zircon Service）制造。上述两种列车于每年5—11月运营，旅程时间11~21天不等。在行程的第一段，列车是由P36系列的蒸汽机车牵引（这是俄罗斯唯一一种由私营部门运行的机车），这种机车于近期专门为此目的而做了更新。

▍第304-305页 在两辆柴油机车牵引下的西伯利亚快车，驶过未开发的原野，驶向符拉迪沃斯托克。

▍第305页 "金鹰"号快车的车厢内饰，极尽奢华与精致之能事，令漫长的旅程轻松而愉悦。

"车轮上的宫殿"号

印度

现在，要想造访王公（Maharaja）时代的印度，乘坐豪华老式列车就能实现，只需选择"车轮上的宫殿"号列车所提供的一个经典行程即可；这是真正的路轨上的宫殿，而且对所有旅客开放。这一行程所使用的列车，无疑是世界上最漂亮的列车之一。无论怎样，这是唯一的能够再造出英国统治期间印度氛围的列车。

列车由14节车厢组成（当然全部装有空调），车厢内的舒适度无以复加。不过，车内的附着装置和配饰，才是各车厢真正的精彩之处。这在每个车厢都不一样，但都服务于同一主题，那就是通过绘画、挂毯、镶嵌物及丝绸，讲述印度过去的故事。每节车厢都用过去的拉杰普特（Rajput）邦的名字命名，以便与具有过去皇家特点的内饰风格相匹配。每节车厢还有一个小型食品柜，以保证随时供应冷饮和必备的茶饮。正餐在两节餐车中供应，餐车的名字分别是"王公"和"王公妃"（Maharani），所配备的家具体现着典型的地方风格。菜品种类多样，均由精于西餐、中餐及印度餐的一流厨师当场烹调，甚至还有地道的拉贾斯坦（Rajasthan）邦菜。换言之，整部列车就像一曲颂歌，歌颂着印度传统，但同时也兼顾如今旅客的需求，装备了有线广播、彩电、DVD播放机，以及卫星电话。每节车厢都有的车内小型图书馆，是个颇为雅致的安排，这也符合过去英国游客的优良传统。乘客可以从这里拿上一本书，到酒吧车厢里边喝边看。

这趟列车的运营方，会组织行程不一的旅游项目，与欧洲的东方快车的项目相类似；但为时一周的、从新德里出发最后又回到新德里的游览线路，是"车轮上的宫殿"号的经典项目，就像伦敦–威尼斯线是东方快车的经典线路一样。该行程始于新德里的萨夫达君火车站（Safdarjung Station），在这里上车的旅客，受到全体乘务人员的欢迎，并将在整个行程中享受他们的周到服务。列车从这里先驶向斋浦尔，这是过去世界上最有名的城市之一。

拉贾斯坦邦的首府、绰号为"粉色之城"的这座城市，由马哈拉贾·萨瓦伊·贾伊·辛格二世于1727年建立。当然，行程包括对所经城市的观光，是在舒适的、

■ 第306页 "车轮上的宫殿"号，以《一千零一夜》故事中的风格，载着乘客穿过拉贾斯坦邦。这列火车有数个不同的行程，但最为经典的，是从新德里出发、最后又回到新德里的行程，为时一周。

■ 第307页 从外观来看，"车轮上的宫殿"号列车没什么特别之处；但到了车厢里面，每节车厢的内饰都不一样，都各自装饰着描述印度历史不同场景的挂毯和绘画。

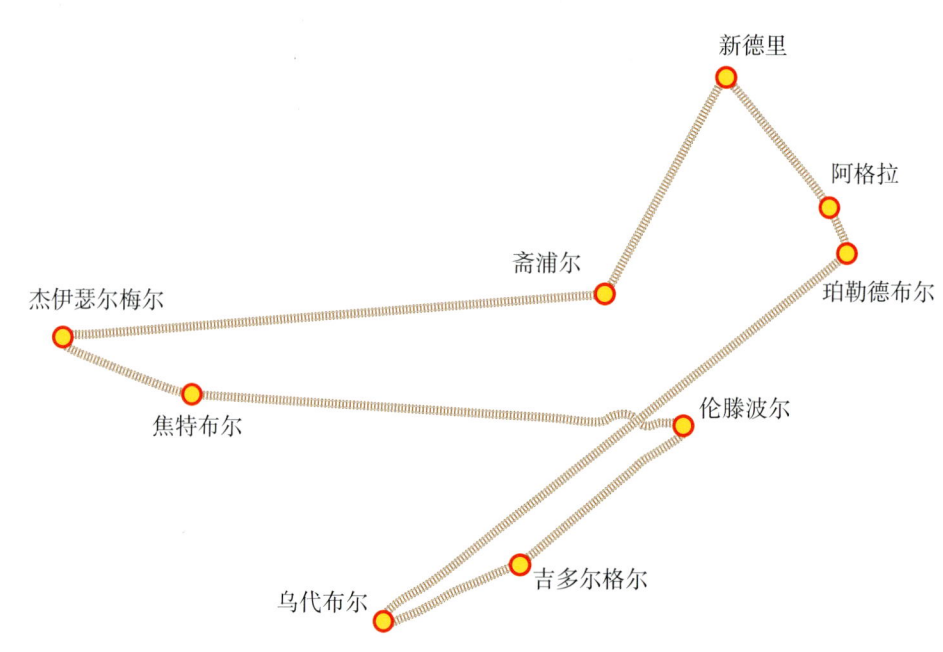

装了空调的车厢内进行，里面还有酒吧。第三天，"车轮上的宫殿"号停靠在位于塔尔（Thar）沙漠中间的杰伊瑟尔梅尔（Jaisalmer），这里的堡垒最为有名，完全用砂砖建造，是全城最高建筑。

游客们在这里还可以骑骆驼。列车当晚驶向焦特布尔（Jodhpur），次日早上抵达。这里是拉贾斯坦邦的第二大城市，以其精致的手工艺品和岩石构成的梅兰加尔（Mehrangarh）堡垒闻名于世。在萨瓦伊·马托布尔（Sawai Madhopur）的短暂停留期间，安排有在清晨时分参观美丽的伦滕波尔国家公园（Ranthambhor National Park），如果足够幸运的话，游客还能看到老虎。

"车轮上的宫殿"号随后驶向吉多尔格尔（Chittaurgarh），之后抵达乌代布尔（Udaipur）。行程现已接近尾声，但仍会经过两个重要城市，珀勒德布尔（Bharatpur）和大名鼎鼎的阿格拉（Agra）；在阿格拉参观有"世界七大奇迹之一"之称的泰姬陵，是一项不可或缺的内容。经过难忘的一周，"车轮上的宫殿"号又回到了新德里车站。

大吉岭喜马拉雅铁路

印度

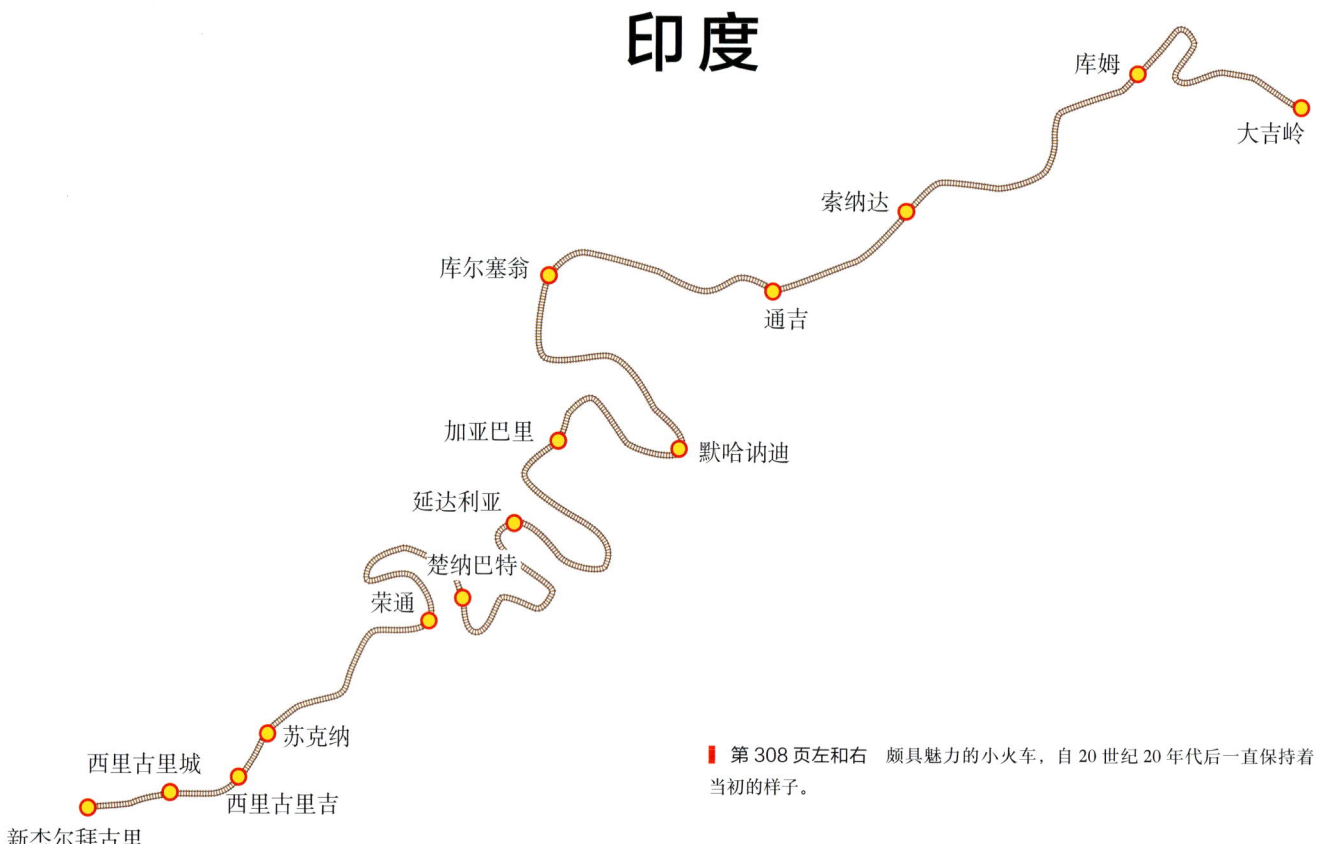

第308页左和右　颇具魅力的小火车，自20世纪20年代后一直保持着当初的样子。

大吉岭喜马拉雅（Darjeeling Himalayan）铁路，也因其运行车辆的小体量而被称为"玩具火车"，于1999年被联合国教科文组织宣布为世界遗产，无疑是世界上最有名的铁路之一。这条铁路位于印度西孟加拉邦（West Bengal），连接了新杰尔拜古里（New Jalpaiguri）和大吉岭，长约88千米，从海拔100米的新杰尔拜古里，攀升到海拔2200米的大吉岭。这是条窄轨铁路，建于1879—1881年，轨道宽度为2英尺即610毫米（比较一下，标轨的宽度是4英尺8.5英寸即1435毫米）。这条路不仅因其所经之处的风光和令人愉悦的蓝色老式机车（其中一些现已被柴油机车替代）而知名，也因列车在爬升陡坡后所到达的2200米的海拔高度而著称。除了开头一段线路相对较直外，铁路的其余部分充满了令人头皮发麻的各种急弯，在最陡的坡道处，列车要用上两种独特的工程技术以提升高度：180°的环线圈；如果空间不够环线圈的话，那就要做6次的迂回曲折，列车先是向后，然后选取另一条更高的轨道来提升高度。这列小火车，总共要经过872处环线圈，通过456座桥，缓慢驶

过153处无人看管的平交路口，经停许多的小站以及散布在无边无际的茶园中的小村庄。列车的背景，是雄伟的、白雪皑皑的喜马拉雅山，这里是印度、尼泊尔和中国的边界。

对任何人而言，这都是一次奇幻旅行，而对那些热衷于铁路及其历史的人，B系列0-4-0ST型机车则不啻是一场盛宴。这款机车制造于1889年至1925年，先是由英国夏普-斯图尔特公司（Sharp, Stewart and Company），后来由英国北方机车公司生产。最初的34辆机车中，现在只有12辆仍在运行。它们体量很小，使用双轴，车轮直径26英寸（660毫米），车轴荷重仅7.75吨，适合情况多变的路轨；机车采用跨式水箱，也就是说水箱横跨于锅炉之上。

在乘坐过日发两三趟的大吉岭喜马拉雅列车后，要是你对印度山地铁路仍然意犹未尽，那么在联合国教科文组织的世界遗产名录中还有另外两处。第一处是尼尔吉里山（Nilgiri Mountain）铁路，是位于泰米尔纳德（Tamil Nadu）邦的全长46千米的一条单线米轨铁路。这条铁路早在1854年就有人提议建造，但由于山地地形带来的困难，其修建工程到1891年才开始，到1908年完工。海拔跨度从326米至2203米的这条铁路，代表着当时的铁路修建水平。第二处是加尔加-西姆拉（Kalka-Shimla）铁路，是全长96千米的单线铁路，建于19世纪中叶，服务于高地城镇西姆拉。无论从技术角度还是从实际情况看，这条铁路仍然是将山地居民与外界联通这一承诺的象征。与大吉岭喜马拉雅铁路一样，这两条铁路也都在正常使用，都会带来引人入胜的体验。

▎第309页　在库姆和大吉岭之间运行的"玩具火车"，在用来攀高的"环线圈"中爬行。列车上方，就是在驶过"环线圈"后将会驶入的轨道。

东方快车

泰国 – 新加坡

桂河（Kwai River）上的大桥，已经不是电影中有名的那座大桥，但乘东方快车（Eastern & Oriental Express）过桥，仍然是一次特别经历。这趟豪华列车，是传奇性的威尼斯 – 辛普伦东方快车在亚洲的翻版，提供穿过泰国、马来西亚和新加坡的一系列梦幻之旅。从曼谷出发，铁路向北到清迈和万象，向南到吉隆坡和新加坡。

马来西亚和泰国一向保持着各自的铁路网，游客在槟榔屿（Penang）火车站需要换车。但根据两国铁路网达成的一项特殊协议，东方快车成为首列能够走完从曼谷到吉隆坡全程而不必中途换车的列车。

东方快车的车厢原制造于日本，由三菱商事会社（Mitsubishi Shoji-Kaisha）于1971年生产，并由新西兰的银星（Silver Star）列车首先使用。银星列车是连接奥克兰和惠灵顿的豪华列车，于1971年至1979年运营，夜间发车，后被夜间有限公司快车（Night Limited Express）所取代。这些车厢由杰拉德·加莱（Gerard Gallet）进行了重组改造，正是这位工程师，恢复了威尼斯 – 辛普伦东方快车以及英国普尔曼列车的车厢。除进行全面整修外，车厢还做了技术改造，以满足这趟列车的要求，尤其是空调的要求，这在亚洲的这个地区必不可少，此外还有餐车的大车窗，便于乘客更好地欣赏周围风光。所有内饰设计的灵感皆出自东方艺术，而且尽可能地使用本地材料。其结果是再造出了具有殖民地时代氛围的一条线路。东方快车提供三种层次的座位：两个总统套间，空间各有11平方米；28个邦国隔间，每间有两张床，都在车厢平层；还有36个普尔曼隔间，这种隔间较小，有上下两个铺位。

东方快车最吸引人的地方是其观景车厢，车厢有个带顶的阳台，两侧开放；在阳台上不仅可以欣赏风景，还能闻到热带地区的乡间气味，听到乡野里的各种声音。车厢内饰用的都是木质贴板，装备了舒适的沙发、座椅。

▎第310页　东方快车满载旅客，在远东的神秘氛围中穿行：从新加坡向北，穿过马来西亚，进入泰国，在泰国会通过南奔白桥。

▎第311页　东方快车穿过马来西亚北海附近浓密的热带森林。向北进入泰国后，列车还会驶过著名的桂河大桥，不过已经不是电影里一举成名的那座。

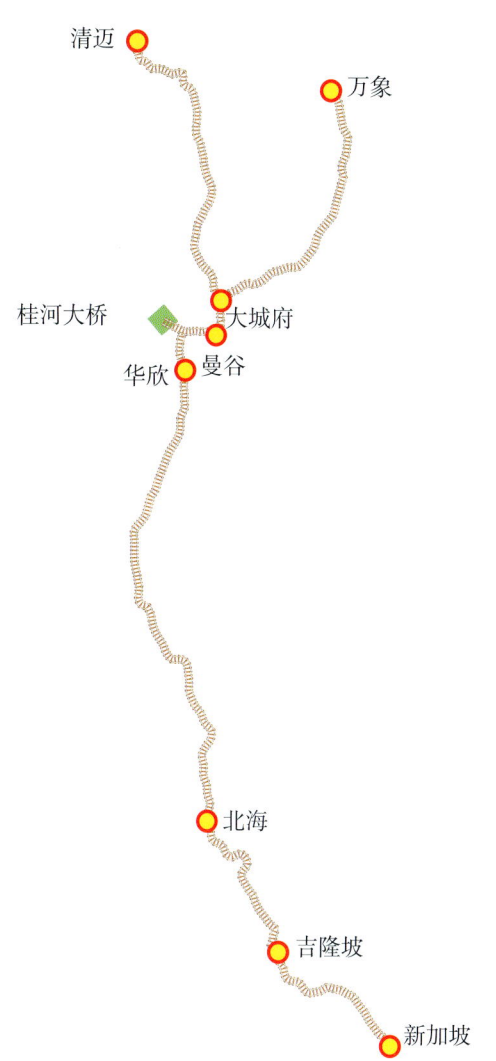

晚间可以在酒吧车厢度过，边喝饮料边欣赏钢琴演奏。

在这条路网上，最主要的是从新加坡到曼谷的为时3天的行程。列车于上午从新加坡的克佩尔路（Keppel Road）车站出发，行驶一整天，于晚间抵达吉隆坡，并在这里停靠。停靠期间，乘客可以下车，欣赏完全以摩尔人风格建造的宏伟的车站。

第二天，东方快车抵达北海（Butterworth），乘客们可以到附近村镇做短途旅行，这将用去白天大部分时间。列车随后开往泰国，次日上午的精彩内容，便是通过著名的桂河大桥。原桥的木质结构，于1943年4月换成了金属材质的，位置也改为向下游200米处。

不过，大桥的圆弧部分，仍保留了原来的结构。旅客们在这里可以下车照相，列车则缓缓驶过大桥，几分钟后又退回，等待旅客上车。在参观了当地寺庙以及埋有第二次世界大战牺牲者的公墓后，列车继续驶向曼谷，并于当天下午结束全部行程。

311

■ 第 312-313 页　东方快车的车厢，原是用于新西兰的"银星"号豪华列车；它们是由为威尼斯－辛普伦东方快车整修国际卧铺车公司车厢的同一工程师修复的。

■ 第 313 页　东方快车的一大特点，是在列车后面设有一节观景车厢，其总统套间也同样漂亮而宽敞。

"非洲之傲"号

南非

从比勒陀利亚（Pretoria）到开普敦纵贯南非，能够让游客欣赏到这个美丽国度的方方面面：比勒陀利亚、约翰内斯堡等现代化都市，北方的草原，位于金伯利（Kimberley）和德阿尔（De Aar）之间的大卡鲁（Great Karoo）一带的沙漠，状似阿尔卑斯山的山地，以及开普省那遍布葡萄园的山坡。

这一奇妙行程，是由世界上最著名的观光列车之一的"非洲之傲"号定期承运的；对南非这个在过去的岁月中已经成为非洲象征的国度，这个名字再也恰当不过。

"非洲之傲"号列车能够搭载72名乘客，车内是舒适的隔间，每个隔间容纳2人。在其1600千米的行程中，牵引机车的有柴油机车、电动机车，也有南非最有名气的数辆蒸汽机车。列车车厢古色古香，尽管为了提升车内舒适度已做过局部调整。其中有的车厢甚至可以回溯到1911年，它们曾在南非铁路网最遥远的地方被遗弃多年，修复后现又得以再度使用。

例如，制造于1924年的195号餐车"尚加尼"（Shangani），是在艾伯顿（Alberton）的一条旁轨上发现的，之后进行了全面整修。柚木支柱中有3根曾被移走，这些都按原样精心制作，恢复到维多利亚时代的模样。

第314页上 列车由南非铁路公司的19D系列机车牵引，这一事实无疑增加了"非洲之傲"号的吸引力。这些机车是由运营公司非洲之傲列车公司专门为此目的而采购的。

除了卧铺车厢，列车还有两个各有42座的餐车，一节沙龙车厢，以及车尾部分一节32座带露台的观景车厢。当然，为保持列车的旧式风格，车上没有电视，也没有无线电。"非洲之傲"号列车由首都公园站发车，这里也是该车运营商非洲之傲列车公司（Rovos）总部所在地。

首都公园是个小站，附于一条旁轨；在蒸汽机车时代，这条旁轨能够容纳140节车厢。非洲之傲列车公司对这条旁轨进行了修复，打算将其改造成为一个部分时段开放的铁路博物馆；不能全时开放的原因，是因为轮流牵引"非洲之傲"号的6辆蒸汽机车仍以这里为基地，其中最老的也是体量最小的一辆是制造于1893年的蒂芬妮（Tiffany）6系列的439号机车。

另外3辆19D系列的机车则更为现代，制造于20世纪30年代，没有遭到被遗弃的命运。它们在经过普遍整修后，于1989年重新服役。最后两辆则是6辆蒸汽机车中的旗舰车型，分别为3483"马乔里"号（Marjorie）和GMAM"加勒特"号（Garrat）：前者是辆体形庞大的25NC型机车，这辆机车因为有附加的煤水车，在穿越大卡鲁时，能够连续行驶700千米而无须停下来加水，表现非凡。从比勒陀利亚到开普敦的经典线路，"非洲之傲"号列车走完全程需72小时，每周对开三班。第一天，列车先到安静的小站首都公园待命，这里就是运营公司的总部所

在地。列车下午出发，车内供应晚餐；第二天上午，列车在金伯利停靠，乘客们可以去参观"大井眼"（Big Hole），这是位于市中心的原来钻石矿的露天大坑。"大井眼"深达215米，据说是世界上最深的、完全靠人工挖出来的坑洞。在行驶一整夜穿过德阿尔（De Aar）后，列车于次日上午抵达马奇斯方丹（Matjiesfontein）并在这里停靠，以便乘客参观这里的历史村落。午饭时分，列车再度启动，于当天下午抵达终点站——开普敦火车站的24号站台。

第314页下 "非洲之傲"号的传统线路是从比勒陀利亚到开普敦，但列车往往会一直到维多利亚瀑布，乘客在这里可以乘坐飞机，拍到像图中这张照片一样漂亮的照片。

第315页 从沙漠到状似阿尔卑斯山的山区，南非的风景多种多样。从比勒陀利亚到开普敦的1600千米的旅程，为游客欣赏这个国家的不同风光提供了绝好的机会。

"甘"号
澳大利亚

"甘"号（Ghan）列车是用 48 小时从北向南纵贯整个澳洲大陆的客车，行程全长 2979 千米，从达尔文港经艾丽斯斯普林斯到阿德莱德。由澳大利亚中部铁路公司（Central Australian Railway）运营的这趟列车，名字是其此前的绰号"阿富汗特快"（The Afghan Express）的缩写版，源自"阿富汗骆驼"火车。在铁路出现前，走同样的路，人们得用阿富汗骆驼（澳大利亚中部地区是沙漠）。

现在的"甘"号列车，是趟舒适而豪华的客车，车上所需各种设施应有尽有。这趟列车的主要目的是观光，走这样长的路去上班，在澳大利亚并非没有先例，不过往往是乘飞机或直升机（去往偏远地区，大多会用这种手段）。

我们再回到这趟列车以及跨大陆铁路线。现在的"甘"号列车，于 2004 年 2 月 4 日开始运行，当时的第一辆客车，从阿德莱德出发，沿着新的、替代了原来窄轨线路的铁路线，驶向了达尔文。而早在 1878 年 1 月 18 日，老线的建造工程，就已在北线的奥古斯塔港开始。不过，直到 1929 年 8 月 6 日，铁路铺设到艾丽斯斯普林斯后，这一工程才告完工。实际上，北线和南线的路轨，即阿德莱德 – 艾丽斯斯普林斯线（Adelaide–Alice Springs）和艾丽斯斯普林斯 – 达尔文线（Alice Springs–Darwin）铁

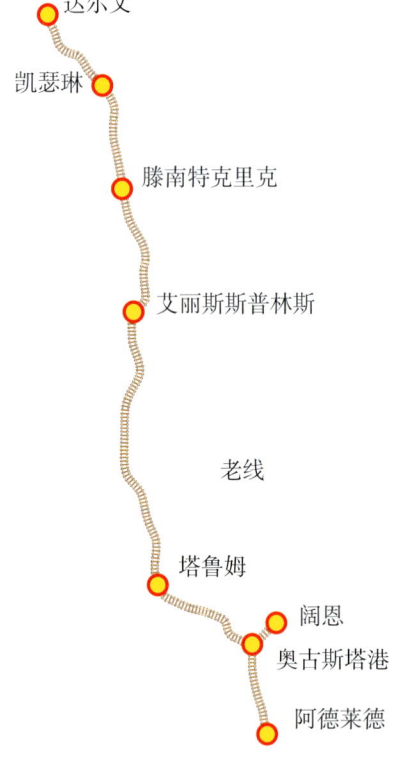

■ 第316页上 "甘"号是"阿富汗"号（The Afghan）的缩写，是为了纪念过去曾在这个国家穿行的骆驼拉的篷车，这也是澳大利亚这款列车标志的来源。

■ 第316-317页 "甘"号列车在其从北向南纵贯澳大利亚的旅程中，要穿越大片的沙漠地带。

■ 第317页上 "甘"号列车的行程始于澳大利亚北海岸的达尔文，跨越2979千米后，抵达南海岸的阿德莱德。这趟列车于2004年2月才开始运营。

路，彼此并不相连，但旧的"甘"号列车依然开始了运营，显然，乘客半路需要换车。

在老线中，只有从阔恩（Quorn）到奥古斯塔港这一小段目前还在使用；在一段不长的距离中，新线和老线还相互平行，不过隔开了一定距离。这一段名为皮奇里奇（Pichi Richi）的老线［名字来自当地一种叫作皮土里（Pituri）的植物］，在澳大利亚颇有名气；2002年后，凭借大量修复了的老式设备、蒸汽机车、车厢等，这里还成了一个铁路博物馆。乘"甘"号列车穿越澳洲大陆后，再乘坐一下老线火车，有助于让人理解过去的旅行何其艰难。

今天，"甘"号列车每周两班走过全程，其间在凯瑟琳（Katherine）和艾丽斯斯普林斯各停靠4个小时，游客们可以利用这一机会做短途旅行，也叫作"哨声旅行"。到达尔文之后，还能选乘另外两辆豪华列车，即"印度太平洋"号（Indian Pacific）或"跨陆"号（Overland），继续前行，分别到悉尼和墨尔本。

像这个等级的所有其他列车一样，"甘"号列车为其乘客提供了舒适的车厢；但与其他列车不一样的是，车上可以选择两个级别的服务：提供单床或双床隔间的金袋鼠服务，和更为经济的红袋鼠服务，后者提供可以为过夜而改装的隔间或躺椅。

车内餐食也分两类：轻奢型或经济型。"甘"号列车还提供4种特殊车厢的出租服务：总裁车厢，可容纳8人，配有两间卧室，1间休息室，以及专享厨房；威尔士亲王车厢，1919年为威尔士亲王的皇家访问而特制的沙龙车厢，现已恢复到其最初状态；州长车厢，与威尔士亲王车厢类似，不过是在1917年为横跨澳大利亚铁路的正式开通而造；此外还有约翰·福雷斯特（John Forrest）爵士车厢，这是节现代车厢，可用于召开各种会议。

"加拿大人"号 | 加拿大

横贯美洲大陆的"加拿大人"号列车，连接了大湖区的多伦多和太平洋岸边的温哥华。这是世界上最迷人的铁路线之一，建造于1881—1885年，所经之处自然风光绮丽，至今仍保持着一个多世纪前的魅力。

这一行程现在可以乘"加拿大人"号重温。这是国有的加拿大维亚铁路（VIA）轨道公司"皇家公司"（Crown Corporation）最有名的列车，自1978年后，该公司一直致力于加拿大的城市间客运服务。

起初，这趟列车是由加拿大太平洋铁路公司运营；第二次世界大战后，该公司很快决定紧跟时代潮流，以非常现代的流线型不锈钢车厢，替代老式火车车厢，并由美国费城的巴德公司（Budd）专门制造。他们为此订购的173节车厢中，也包括挂在车尾的观景车厢，以及装有全透明穹顶的观景车厢，后者的中间部分要高出车顶。这趟列车的30节车厢中，还有卧铺车厢、餐车及沙龙车厢——全部豪华配备，此外自然还有行李车厢。

今天，维亚铁路（VIA Rail）仍在"加拿大人"号上使用这些历史性车厢，这列火车也已名闻全球。当然，车厢内部已提升至当代的舒适水准。这趟列车的客户群定位在了观光客而不是商旅人员，每周仅运行3次。

从多伦多的联合火车站，到温哥华的太平洋中央火车站，全程持续3天。不过，由于"加拿大人"号提供的是普通客运服务而不是包车，因此可以在中间任何站买票上车，之后在任何站下车。购票时，可以在两种座位间自选：舒适座更为经济（全程仅需428美元），提供后背能够调整的沙发，就像航空座椅那样，但座位之间有更多空间；银蓝座提供卧铺车厢以及头等餐车餐饮

▌第318页 在"加拿大人"号列车尾部，有一节带有全景式穹顶的观景车厢。

▌第319页 "加拿大人"号驶过"波光湖"（Sparkling Lakes），背景处是加拿大落基山脉。

（含在票价中）。

此外还有专门为度假情侣准备的"路轨温情"项目，含双人床套间、红酒、鲜花和相关服务。当然，行程中最精彩的内容，还是坐在穹顶车厢的上层观景台，欣赏周围的美丽风光，尤其是加拿大的落基山脉。

除了乘"加拿大人"号旅行，维亚铁路还提供若干颇有吸引力的旅行套餐，行程中会照顾到主要景点，而且照顾到"背包客"和那些喜欢探险、喜欢运动的游客，这就是在萨德伯里枢纽站（Sudbury Junction）和温尼伯之间提供的"特别站点"服务：只要提前足够时间告知希望列车停下的准确里程标志牌，游客就可以在野外任何地方下车，这是深受背包客欢迎的一项安排。

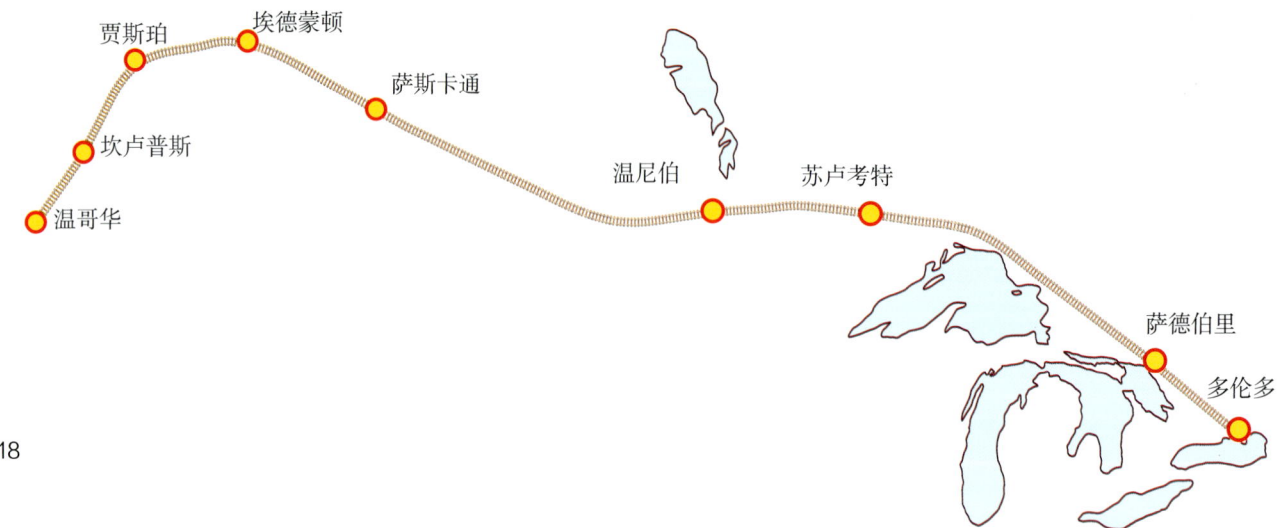

杜兰戈和锡尔弗顿窄轨铁路

美国

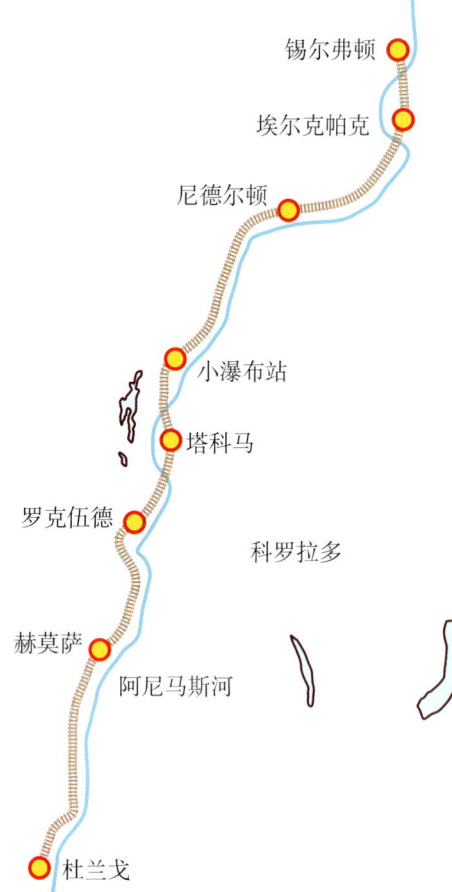

杜兰戈和锡尔弗顿（Durango & Silverton）窄轨火车，是在美国运行的最著名的博物馆列车之一。这要归功于火车所穿行的南科罗拉多州（Southern Colorado）那漂亮的山景，也要归功于令蒸汽机车免遭报废命运的修复工作，以及今天仍在使用的那些最初的老式客、货车厢。杜兰戈（Durango）镇由丹佛和里奥格兰德铁路公司（Denver & Rio Grande Railway）于1879年设立。1881年8月5日，铁路修到了杜兰戈；同年年底，由这里到锡尔弗顿的线路开始铺设，到1882年7月完工。有人可能会猜到，锡尔弗顿的名字来自"银镇"（silver town），这条铁路的目的，正是为了服务于该

▍第320-321页　杜兰戈和锡尔弗顿铁路是世界上最著名的窄轨博物馆铁路。在其 72 千米的行程中，穿越科罗拉多州壮观的山区地带。

▍第321页上　杜兰戈和锡尔弗顿铁路使用原汁原味的老式车厢和机车，而且尽可能保持其原始状态，难怪有 18 部影片都在这条铁路上拍摄。

地区的金矿和银矿。

约 72 千米长的这条铁路是如此独具风格，以致在几年时间内，它就成了一个游客云集的所在。1951 年，货运完全告停，让位于客运。多年以来，前后有 18 部电影在这条铁路上拍摄，其中包括《萨巴达万岁》（*Viva Zapata*）和《环游世界八十天》（*Around the World in Eighty Days*）。20 世纪 60 年代，杜兰戈－锡尔弗顿铁路被注册为"国家历史地标"，但这并未能令其躲过一段困难时期。1969 年，丹佛和里奥格兰德铁路公司决定终止杜兰戈以南的运输，这条线路眼看就要遭到遗弃。

幸运的是，到锡尔弗顿的路段，后转入小查尔斯·布拉德绍（Charles Bradshow Jr.）之手，他对这段铁路进行了漫长而造价高昂的修复。除了整修蒸汽机车，轨道也重新铺设，10000 余个木轨枕得到替换。1985 年，他的公司买下了锡尔弗顿火车站，将其再度投入使用。到次年，每天已有 4 趟火车开往锡尔弗顿，另外还有一趟开往瀑布峡谷（Cascade Canyon Wye）。

今天，这条铁路属于美国铁路遗产公司（American Heritage Railways），但旅游观光项目终年都在继续，而且使用保持在原始状态的蒸汽机车。每节车厢的卫生间都很有特色，冬天还会加热；在夏天，游客还能乘坐敞篷车厢。对那些不想跟其他人掺和的游客，他们还可以选择带有特殊车厢的班次，例如两节豪华的、装饰成维多利亚风格的"总统车厢"。列车基本是沿阿尼马斯河（Animas River）一线而行，其间穿过相对平缓的树林，但也有时沿陡峭的岩石峡谷上坡，穿越北美铁路风格独特的高架桥。

321

完整的行程需要一天，包括午饭和回杜兰戈之前在锡尔弗顿市观光。要是时间有限，还可以乘铁路公司提供的大巴返回。在这条铁路线上服役的车辆数量可观：杜兰戈和锡尔弗顿窄轨铁路公司旗下共有7辆蒸汽机车，其中3辆是由美国机车工厂（American Locomotive Works）于1923年制造的K28系列，4辆是由鲍德温公司于1925年制造的K36b系列。此外它们还有5辆柴油机车，其中3辆的制造时间可以追溯到20世纪50年代。车厢总数有50多个，其中有的车厢制造于1880年，例如阿尔摩萨（Almosa）车厢、帕尔默将军（General Palmer）车厢。

第322-323页 杜兰戈和锡尔弗顿火车的一名机车司机，在出发前向煤水车里的煤洒水，以防煤灰干扰由车窗向外看的乘客。

秘鲁列车

秘鲁

海勒姆·宾厄姆（Hiram Bingham），这是那位美国探险家的名字——他是耶鲁大学教授，1911年7月23日中午时分，在爬上一面陡坡后，他成了发现马丘比丘的第一人。这是印加人的一座消失了的城市，位于秘鲁的海拔2700米的乌鲁班巴（Urubumba）山谷。

今天，海勒姆·宾厄姆也是秘鲁铁路公司一趟豪华列车的名字，这趟列车自2003年8月开始，为人们舒服地游览迷人的马丘比丘提供了方便。列车上午9点从波罗因（Poroyn）火车站出发〔这里离库斯科（Cuzco）市中心约20分钟〕，临近黄昏时返回。与其他秘鲁铁路线不同，从库斯科到马丘比丘是窄轨铁路，而且这是造访这一历史遗迹的唯一途径。这一地区绝对不建道路，近来甚至连观光直升机也被禁止。

这条铁路出名的原因，在于它在克服高度的巨大变化方面采用的聪明方法，这个方法既不用轮齿路轨，也不用长的弯道，而是用名为"Z字路"的方法，与楼梯的建筑理论相同，也就是先在一边建斜坡楼梯，之后是楼梯平台，然后在另一边朝相反的方向建楼梯，如此循环，直至楼顶。这里的斜坡是路轨急剧上升的部分，之后是比列车稍长的一段备用段，相当于楼梯的平台。从这里，又开始另一段方向相反的斜坡，一直上升到下一个线路反转处：这是一种经济然而缓慢的方式，因为每

第324页上 海勒姆·宾厄姆列车全景车厢里，一组秘鲁传统乐手的演奏，令车厢内充满活力。这趟豪华列车连接了库斯科和马丘比丘，每次只搭载84名乘客。

第324-325页 秘鲁的典型一幕：由4节车厢组成的海勒姆·宾厄姆列车，缓缓驶向阿瓜斯卡连特斯（Aguas Calientes）及其热热闹闹的市场，这里离马丘比丘仅1.6千米。

第325页 在连接库斯科和的的喀喀湖的铁路上，秘鲁铁路公司的一辆火车驶过拉亚（Raya）山口。离山口不远的拉亚火车站，海拔4313米，是世界上最高的火车站之一。

走一个斜坡，火车司机都要换驾驶舱。当地人称这种方式为"Z字路"。

海勒姆·宾厄姆列车仅有4节车厢，全部漆成优雅的蓝色和金色，能够搭载84名乘客。除了厨房占了1个车厢，其余的是两节餐车和1节带酒吧的观景车厢。其内饰令乘客感觉穿越时光，回到20世纪20年代，回到那时的豪华列车，只不过那种车从没在这种线路上行驶过。列车单程约需3小时，往返过程中提供早饭、各种鸡尾酒和以当地菜肴为特色的晚餐，晚上回到库斯科。

对那些无法或不想搭乘海勒姆·宾厄姆列车的游客，还有一个出色的替代方案：在同一线路上，秘鲁铁路公

司还有另外一趟更受欢迎而且同样有意思的列车，能够带你参观印加人的这座消失的城市。这趟车有一节现代的全景式车厢，车厢顶几乎透明，被称为"观光列车"（Vistadome），方便游客欣赏四周的安第斯山脉；还有一节为带着背包和睡袋的游客准备的"背包客"车厢，内饰简朴，与秘鲁的普通车厢一致。用这种方式，好奇心强的游客也能了解秘鲁人的旅行方式，而又不必去真正面对那种种不适。

在车厢内，运营方为乘客提供小吃和饮料。这两节车厢还用于其他两条旅游线路：神圣谷-马丘比丘线（Sacred Valley-Machu Picchu）和库斯科-的的喀喀湖线（Cuzco-Lake Titicaca）。在这两条线路上，秘鲁铁路公司还有另外一种车型，由餐饮车厢、沙龙车厢及观景车厢组成，装饰成20世纪初运行的欧洲普尔曼车厢的风格。通往的的喀喀湖的线路，与中国的连接北京和拉萨的新线一道，是世界上最高的、正常运营的铁路线。拉亚（La Raya）火车站，海拔4313米，是世界上最高的火车站之一。

作者简介

佛朗哥·塔内尔（Franco Tanel），著名记者，摄影师，1979 年在 D-Day 摄影社开始职业生涯，并在数个意大利主流图片新闻社供职。塔内尔先生的研究聚焦于交通运输和基础设施、可持续旅游、环境以及与移民相关的问题。在其作品中，他一直注重摄影和新闻报道的相互结合。

多年以来，塔内尔先生以交通运输和城市规划为主题，持续为《24 小时太阳报》（Il Sole 24 Ore）杂志供稿。意大利铁路新闻主流杂志《全部列车》（Tutto Treno）创刊后，他一直是供稿人之一。塔内尔先生参与创建了"绿色物流博览会"，这是意大利首个以交通运输和可持续物流为主题的巡回展览；在这个领域内，塔内尔先生还监管着几家公司的对外联络，被誉为交通运输领域的专家。

参考文献

Hamilton Ellis, *The Pictorial Encyclopedia of Railways*, Hamlyn, 1968.

Peter Lorie & Colin Garrat, *Iron Horse*, 1987.

W.J.K. Davies, *Diesel Rail Traction*, Almark, 1973.

Dee Brown, *Un fischio nella prateria*, Mondadori, 2000.

Wassily Leontief and Paolo Costa, *Il trasporto merci e l'economia italiana*, Marsilio, 1996.

Dino Salomone, *La trazione elettrica trifase*, Edizioni Graf, 1976.

Fabio Maria Ciuffini, *Sul filo del binario*, Edizioni CAFI, 1988.

Dino Salomone, *L'evoluzione della carrozza ferroviaria*, Grafiche Gloos, 1980.

Remo Cesarano, *Treni di carta*, Mariotti, 1993.

Filippo Tajani, *Storia delle ferrovie italiane*, Garzanti, 1944.

Kalla-Bishop, *Italian State Railways Steam Locomotives*, Tourret Publishing, 1986.

Carlo Marco, *Locomotive*, Roux Editori, 1890.

AA VV, *Ferrovie dello Stato 1900–1940*, Rassegna, 1980.

Giovanni Tey, *La locomotiva a vapore*, Duegi Editrice, 2003.

Pierangelo Caiti, *Artiglieria ferroviaria e Treni blindati*, Albertelli, 1981.

AA VV, *La ferrovia nel 2000*, Duegi Editrice, 1991.

图片来源

Pages 2-3 Milepost 92 1/2/Corbis
Pages 4-5 Steve McCurry/Magnum Photos/Contrasto
Page 7 Scott T. Smith/Corbis
Pages 8-9 Union Pacific Museum
Pages 10-11 José Fuste Raga/zefa/Corbis
Pages 12-13 Science Museum/Science & Society Picture Library
Pages 14-15 Roger Viollet/Archivio Alinari
Page 15 Rue des Archives
Pages 16-17 top and bottom Roger Viollet/Archivio Alinari
Pages 16-17 center Bridgeman Art Library/Archivio Alinari
Page 18 Bridgeman Art Library/Archivio Alinari
Pages 18-19 The Art Archive
Pages 20-21 DK Limited/Corbis
Page 21 top Roger Viollet/Archivio Alinari
Page 21 center Bridgeman Art Library/Archivio Alinari
Page 22 Roger Viollet/Archivio Alinari
Pages 22-23 Photoservice Electa/AKG Images
Page 24 top Science Museum/Science & Society Picture Library
Page 24 bottom Mary Evans Picture Library
Page 25 top NRM/Science & Society Picture Library
Page 25 bottom Roger Viollet/Archivio Alinari
Page 26 top and bottom NRM/Science & Society Picture Library
Pagg 26-27 NRM/Science & Society Picture Library
Pages 27 top NRM/Science & Society Picture Library
Page 28 Bettman/Corbis
Pages 28-29 Mary Evans Picture Library
Page 29 top The Art Archive
Page 29 bottom NRM/Science & Society Picture Library
Page 30 NRM/Science & Society Picture Library
Page 31 Science Museum/Science & Society Picture Library
Page 32 Mary Evans Picture Library
Pages 32-33 Hulton-Deutsch Collection/Corbis
Pagg. 34-35 NRM/Science & Society Picture Library
Pages 36-37 NRM/Science & Society Picture Library
Page 37 Marc Charmet/The Art Archive
Page 38 NRM/Science & Society Picture Library

Pages 38-39 NRM/Science & Society Picture Library
Page 39 Science Museum/Science & Society Picture Library
Page 40 top Austrian Archives/Corbis
Page 40 bottom NRM/Science & Society Picture Library
Page 41 NRM/Science & Society Picture Library
Pages 42-43 NRM/Science & Society Picture Library
Page 43 NRM/Science & Society Picture Library
Pages 44-45 NRM/Science & Society Picture Library
Page 45 NRM/Science & Society Picture Library
Pages 46-47 Mary Evans Picture Library
Page 47 Roger Viollet/Archivio Alinari
Page 48 top Milepost 92 1/2
Page 48 center Milepost 92 1/2
Page 48 bottom Time Life Pictures/Mansell/Getty Images
Pages 48-49 Collection J. M. Combe
Page 49 Milepost 92 1/2
Page 50 Giovanni Dagli Orti/The Art Archive
Pages 50-51 Giovanni Dagli Orti/The Art Archive
Page 52 Photoservice Electa/AKG Images
Pages 52-53 AISA
Pages 54-55 top Henry Guttmann/Getty Images
Pages 54-55 bottom Corbis
Page 56 top and bottom Corbis
Page 57 Hulton Archive/Getty Images
Page 58 Corbis Sygma/Corbis
Page 59 top Hulton-Deutsch Collection/Corbis
Page 59 bottom Collection Cinéma/Photo12.com
Pages 60-61 Corbis
Page 62 Canadian Pacific Railway Archives NS.12576
Pages 62-63 Canadian Pacific Railway Archives A.30861
Pages 64-65 Canadian Pacific Railway Archives NS.4811
Page 66 Mary Evans Picture Library
Pages 66-67 Mary Evans Picture Library
Page 67 Corbis
Pages 70-71 Archivio Scala
Page 71 Archivio Scala
Page 72 top and bottom Archivio Alinari
Page 73 Swim Ink 2, LLC/Corbis
Pages 74-75 Archivio Alinari

Page 75 top Bettman/Corbis
Page 75 bottom Archivio Alinari
Pages 76-77 Chris Hellier/Corbis
Page 77 top Library Of Congress/Getty Images
Page 77 bottom Bettmann/Corbis
Pages 78-79 Corbis
Page 79 top Rue Des Archives
Page 79 bottom Roger Viollet/Archivio Alinari
Page 80 Bridgeman Art Library/Archivio Alinari
Page 81 Hulton Archive/Getty Images
Page 82 Bettmann/Corbis
Page 83 top Hulton-Deutsch Collection/Corbis
Page 83 bottom Corbis
Page 84 Archivio Scala
Page 85 Hulton Archive/Getty Images
Page 86 top Colin Garratt; Milepost 92 1/2/Corbis
Page 86 bottom Rue Des Archives
Page 87 Roger Viollet/Archivio Alinari
Page 88 Giovanni Dagli Orti/The Art Archive
Page 89 top Rue Des Archives
Page 89 bottom Bridgeman Art Library/Archivio Alinari
Page 90 Rue Des Archives
Page 91 Swim Ink 2, LLC/Corbis
Page 92 left and right Swim Ink 2, LLC/Corbis
Page 93 Swim Ink 2, LLC/Corbis
Page 94 Hulton-Deutsch Collection/Corbis
Page 95 Hulton-Deutsch Collection/Corbis
Page 96 top Rue Des Archives
Page 96 bottom Roger Viollet/Archivio Alinari
Page 97 Rue Des Archives
Page 98 Rue Des Archives
Pages 98-99 Bettmann/Corbis
Page 99 top and bottom Roger Viollet/Archivio Alinari
Pages 100-101 Bettmann/Corbis
Page 101 Bettmann/Corbis
Page 102 Wallace Kirkland/Time & Life Pictures/Getty Images
Pages 102-103 Bettmann/Corbis
Page 106 Franco Tanel/Duegi Editrice
Pages 106-107 Colin Garratt; Milepost 92 1/2/Corbis

326

Page 107 Colin Garratt; Milepost 92 1/2/Corbis
Page 108 top Colin Garratt; Milepost 92 1/2/Corbis
Page 108 left Franco Tanel/Duegi Editrice
Pages 108-109 Franco Tanel/Duegi Editrice
Pages 110-111 Milepost 92 1/2/Corbis
Page 111 Colin Garratt; Milepost 92 1/2/Corbis
Page 112 Paul A. Souders/Corbis
Pages 112-113 Jim Sugar/Corbis
Page 114 Union Pacific Museum
Page 115 Union Pacific Museum
Page 116 Collection J.M. Combe
Page 117 top Collection J.M. Combe
Page 117 bottom Malcom Collop
Pages 118-119 Photo Archive SBB Historic, Berna
Page 119 left NRM/Science & Society Picture Library
Page 119 right Francesco Pozzato/Collezione F. Tanel
Page 120 Stefano Paolini
Page 121 Franco Tanel/Duegi Editrice
Pages 122-123 W.A. Sharman; Milepost 92 1/2/Corbis
Page 123 Milepost 92 1/2
Page 124 Malcom Collop
Page 125 Swim Ink 2, LLC/Corbis
Page 126 Malcom Collop
Pages 126-127 Franco Tanel
Page 128 Hulton-Deutsch Collection/Corbis
Pages 128-129 Hulton-Deutsch Collection/Corbis
Pages 130-131 NRM/Science & Society Picture Library
Page 131 top NRM/Science & Society Picture Library
Page 131 center Enrico Ceron/Duegi Editrice
Pages 132-133 Milepost 92 1/2
Page 133 top and bottom Malcom Collop
Page 134 Hulton-Deutsch Collection/Corbis
Pages 134-135 Bettman/Corbis
Page 135 Malcom Collop
Page 136 Malcom Collop
Page 137 Union Pacific Museum
Pages 138-139 Vince Streano/Corbis
Page 139 Malcom Collop
Pages 140-141 Milepost 92 1/2
Page 141 left Minnesota Historical Society/Corbis
Page 141 right Malcom Collop
Page 142 Swim Ink 2, LLC/Corbis
Page 143 top Condé Nast Archive/Corbis
Page 143 bottom UPPA/Photoshot
Page 144 Malcom Collop
Page 145 Franco Tanel/Duegi Editrice
Page 146 Marco Bruzzo/Collezione F. Tanel
Page 147 Milepost 92 1/2
Page 148 PEMCO - Webster & Stevens Collection; Museum of History and Industry, Seattle/Corbis
Pages 148-149 Corbis
Page 149 Corbis
Pages 150-151 Hulton-Deutsch Collection/Corbis
Page 151 Collezione Franco Tanel
Page 179 Rue Des Archives
Page 180 NRM/Science & Society Picture Library
Page 181 left and right Topical Press Agency/Getty Images
Pages 182-183 NRM/Science & Society Picture Library
Page 183 top and center Jacques Boyer/Roger Viollet/Archivio Alinari
Page 183 bottom Time & Life Pictures/Getty Images
Page 184 Hulton Archive/Getty Images
Page 185 top Arthur Jones/Evening Standard/Getty Images
Page 185 bottom Hulton Archive/Getty Images
Page 186 Swim Ink 2, LLC/Corbis
Page 187 NRM/Science & Society Picture Library
Page 188 top and bottom Milepost 92 1/2
Page 189 Phil Schermeister/Corbis
Pages 190-191 Phil Schermeister/Corbis
Page 191 top Phil Schermeister/Corbis
Page 191 bottom Mark AND. Gibson/Corbis

Page 192 Francesco Pozzato/Collezione F. Tanel
Pages 192-193 W.A. Sharman; Milepost 92 1/2/Corbis
Page 193 NRM/Science & Society Picture Library
Page 194 Franco Tanel/Duegi Editrice
Pages 194-195 Gianfranco Berto/Duegi Editrice
Page 195 Milepost 92 1/2
Page 196 top Francesco Pozzato/Duegi Editrice
Page 196 bottom Marco Bruzzo/Duegi Editrice
Pages 196-197 Marco Bruzzo/Duegi Editrice
Page 197 left Marco Bruzzo/Duegi Editrice
Page 197 right Marco Bruzzo/Duegi Editrice
Pages 198-199 Giuseppe Prelanni
Page 199 top, center and bottom Stefano Paolini
Page 200 Deutsche Bahn AG
Page 201 Swim Ink 2, LLC/Corbis
Page 202 Swim Ink 2, LLC/Corbis
Page 203 top Milepost 92 1/2
Page 203 bottom Bettmann/Corbis
Page 204 top Charles E. Rotkin/Corbis
Page 204 center Union Pacific Museum
Page 204 bottom Charles E. Rotkin/Corbis
Page 205 Richard T. Nowitz/Corbis
Page 206 top and bottom Milepost 92 1/2
Pages 206-207 Milepost 92 1/2
Pages 208 and 209 NRM/Science & Society Picture Library
Page 210 Milepost 92 1/2
Pages 210-211 Milepost 92 1/2
Page 211 top Marco Bruzzo/Duegi Editrice
Page 211 bottom Milepost 92 1/2
Page 212 Stefano Paolini
Page 213 top and bottom Malcom Collop
Page 214 Swim Ink 2, LLC/Corbis
Page 215 K. J. Historical/Corbis
Pages 216-217 Marco Bruzzo/Collezione F. Tanel
Page 217 Photo Archive SBB Historic, Berna
Pages 218-219 Stefano Paolini
Page 219 top Xavier Subias/Agefotostock/Marka
Page 219 bottom Milepost 92 1/2
Pages 222-223 Wes Thompson/Corbis
Page 245 Carlos Alvarez/Getty Images
Pages 246-247 David Herraez Calzada/Shutterstock
Page 247 top V_E/Shutterstock
Page 247 bottom Jesus Hellin/Europa Press News/Getty Images
Page 248 NRM/Science & Society Picture Library
Page 249 top and bottom Milepost 92 1/2
Page 250 Milepost 92 1/2
Pages 250-251 Milepost 92 1/2
Pages 252-253 Colin Garratt; Milepost 92 1/2/Corbis
Page 253 top Andrew Errington/Getty Images
Page 253 bottom Marco Bruzzo/Duegi Editrice
Page 254 top left www.hollandfoto.net/Shutterstock
Page 254 top right Thierry Monasse/Getty Images
Pages 254-255 Markus Mainka/Shutterstock
Page 255 Bilal Kocabas/Shutterstock
Pages 256-257 Rusheng Yao/iStockphoto
Page 257 top left Ping Han/123RF
Page 257 top right Ping Han/123RF
Page 258 Jiaye Liu/Shutterstock
Pages 258-259 Chuyu/123RF
Pages 260-261 Eric Gregory Powell/The Image Bank/Getty Images
Page 262 Topic Photo Agency/Corbis
Pages 262-263 Topic Photo Agency/Corbis
Pages 264-265 ortodoxfoto/123RF
Page 265 AFP/Getty Images
Pages 266-267 Pejo/123RF
Page 267 top Vacclav/123RF
Page 267 center Christian Science Monitor/Getty Images
Page 267 bottom Alstom Group
Page 268 CatwalkPhotos/Shutterstock
Pages 268-269 AHMAD FAIZAL YAHYA/Shutterstock

Pages 270-271 John Morris/Alamy Stock Photo
Page 271 top left Timm Schamberger/picture alliance/Getty Images
Page 271 top right Courtesy of Siemens Press
Page 272 top Colin Underhill/Alamy Stock Photo
Page 272 bottom Ceri Breeze/Alamy Stock Photo
Pages 272-273 Robert Lazenby/Alamy Stock Photo
Page 274 top left Krisztian Bocsi/Bloomberg/Getty Images
Page 274 top right Bernd Settnik/picture alliance/Getty Images
Pages 274-275 Michael Reiche/picture alliance/Getty Images
Page 276 James Leynse/Corbis
Pages 276-277 Kevin Lee/Stringer/Getty Images
Page 277 James Leynse/Corbis
Pages 278-279 Everett Kennedy Brown/epa/Corbis
Page 279 top Hu Yaojie/China News Service/Getty Images
Page 279 bottom Kyodo News/Getty Images
Pages 280-281 andrey_l/Shutterstock
Page 281 top Kate Allen/Getty Images
Page 281 bottom Cristina Quicler/Getty Images
Page 282 Milepost 92 1/2
Pages 284-285 Michael Yamashita/Corbis
Page 286 Robert Haidinger/Anzenberger/Contrasto
Pages 286-287 Robert Haidinger/Anzenberger/Contrasto
Page 287 Angelo Colombo/Archivio White Star
Page 288 top CuboImages srl/Alamy
Page 305 bottom GW Travel Limited
Page 306 top Lindsay Hebberd/Corbis
Page 306 bottom Angelo Colombo/Archivio White Star
Page 307 Lindsay Hebberd/Corbis
Page 308 left T photography/Shutterstock
Page 308 right Zoonar GmbH/Alamy Stock Photo
Page 309 David Sutton/Alamy Stock Photo
Page 310 Orient Express Hotels, Trains & Cruises
Page 311 top Angelo Colombo/Archivio White Star
Page 311 bottom Ian Lloyd/Orient Express Hotels, Trains & Cruises
Pages 312-313 Maurice Joseph/Alamy
Page 313 top and bottom Orient Express Hotels, Trains & Cruises
Page 314 top Alain Proust/Rovos Rail
Page 314 bottom Richard Dobson/Rovos Rail
Page 315 top Angelo Colombo/Archivio White Star
Page 315 bottom Peter Rudi-Meyer/Rovos Rail
Page 316 top and bottom Angelo Colombo/Archivio White Star
Page 316-317 David Hancock/Anzenberger/Contrasto
Page 317 Sylvain Grandadam/Agefotostock/Marka
Page 318 top Photo High Martel/Via Rail
Page 318 bottom Angelo Colombo/Archivio White Star
Page 319 Matthew G. Wheeler
Page 320 Angelo Colombo/Archivio White Star
Pages 320-321 Chuck Haney/DanitaDelimont.com
Page 321 Lowell Georgia/Corbis
Pages 322-323 Lowell Georgia/Corbis
Page 324 Mel Longhurst/Photoshot
Pages 324-325 Tony Waltham/Robert Harding World Imagery/Corbis
Page 325 top Angelo Colombo/Archivio White Star
Page 325 bottom Stockfolio/Alamy

Cover
An Art Deco illustration of the luxurious Orient Express. © Courtesy of Scott Plumbe

Back Cover
An East Japanese Railways train, also known as "a mini-Shinkansen."
© Milepost 92 1/2

图书在版编目（CIP）数据

火车：压缩时空的革命者 /（意）佛朗哥·塔尼尔著；孟新译. -- 北京：中国科学技术出版社，2025. 5. -- ISBN 978-7-5236-1157-9

Ⅰ. F531.9

中国国家版本馆 CIP 数据核字第 2024NZ8267 号

著作权合同登记号：01-2023-3995

WS While Star Publishers® is a registered trademark property of White Star s.r.l
©2022 White Star s.r.l.
Piazzale Luigi Cadorna 6,
20123 Milan, Italy
www.whitestar.it

本书中文简体版由意大利白星出版社通过中华版权代理有限公司授权中国科学技术出版社有限公司独家代理，未经出版者许可不得以任何方式抄袭、复制或节录任何部分

致谢

作者将这部作品献给为铁路工作献出生命的祖父乔治（Giorgio）。作者感谢吉安弗兰科·贝托（Gianfranco Berto），感谢他为作品的整体构思提供的帮助；感谢马可·布鲁佐（Marco Bruzzo），感谢他非凡的记忆力帮助我描写一些事件。同时，感谢出版社的所有员工，感谢他们耐心帮助我完成了这本非凡的作品。

版权方真诚感谢下列机构，它们为此书的出版给予了大力支持。机构如下：

Heritage Foundation SBB, Berna, Thomas Koeppel, Jean-Marc Combe, Conservateur du Musée français du chemin de , fer de Mulhouse, Colin Nash, Milepost 921/2, Newton Harcourt, Malcom Collop, Stefano Paolini, Giuseppe Preianò, Rhaetian Railway AG, Chur, Sandra Beeli., Rail Traction Company Spa, Roma, Miriam Mascolo, El Transcantabrico Feve, Oviedo, Naira Pedregal Marcos, GW Travel Limited, Altrincham, Nichola Absalom, Canadian Pacific Railway, Montréal, R.C. Kennell, Union Pacific Railroad Museum, Council Bluffs (Iowa), John Bromley, Deutsche Bahn AG, DBMuseum Fotosammlung, Norimberg, Orient Express Hotels, Trains & Cruises, Rovos Rail, Pretoria, Garyth Den, VIA Rail Canada Inc., Montréal, GrandLuxe Rail Journeys, Evergreen (Colorado), Tamra L. Hoppes, Chemins de Fer de Provence, Nizza, Mylène Bénichou, Patentes Talgo S.A., Madrid, Loreto Almodovar, Matthew G. Wheeler, Durango & Silverton Narrow Gauge RR, Durango, Yvonne Lashmett, and Andrea Seid, Palace On Wheels Inc., Princeton (New Jersey), TransEurop-Eisenbahn AG, Basilea

总策划	秦德继
策划编辑	单 亭　许 慧
责任编辑	徐世新　陈 璐
封面设计	麦莫瑞
正文设计	中文天地
责任校对	邓雪梅
责任印制	李晓霖

出　　版	中国科学技术出版社
发　　行	中国科学技术出版社有限公司
地　　址	北京市海淀区中关村南大街 16 号
邮　　编	100081
发行电话	010-62173865
传　　真	010-62173081
网　　址	http://www.cspbooks.com.cn

开　　本	880mm×1230mm　1/16
字　　数	450 千字
印　　张	20.5
版　　次	2025 年 5 月第 1 版
印　　次	2025 年 5 月第 1 次印刷
印　　刷	北京华联印刷有限公司
书　　号	ISBN 978-7-5236-1157-9 / F·1332
定　　价	198.00 元

（凡购买本社图书，如有缺页、倒页、脱页者，本社销售中心负责调换）